KB214861

복 있는 사람

오직 여호와의 율법을 즐거워하여 그 율법을 주야로 묵상하는 자로다.
저는 시냇가에 심은 나무가 시절을 좇아 과실을 맺으며 그 잎사귀가 마르지 아니함 같으니
그 행사가 다 형통하리로다. (시편 1:2-3)

설교를 준비하며 '우리 청년들은 변해가고 있는데 나는 그들과 함께 변하고 있는가' 하고 자책한 적이 있습니다. 청년들이 교회 안과 밖에서 무슨 고민을 하는지 들여다보고, 적절한 대안을 제시하며, 하나님 안에서 거룩한 정체성을 찾을 수 있도록 돕는 일을 게을리하고 있지는 않은지 돌아보는 시간이었습니다. 이 책『교회 구석에서 묻는 질문들』은 종교에 대한 불신과 무관심으로 가득 찬 이 시대를 살아가는 청년 그리스도인들이 한 번쯤 고민했지만 쉽게 꺼내지 못했던 16가지 질문들을 담고 있습니다. 무엇보다 동시대를 살아가는 한 청년이 끊임없이 묻고, 의심하고, 고민하는 가운데 수많은 사람들과 솔직하고 진지하게 토론하고 통찰한 시간들의 결과물이기에 많은 청년들의 관심과 공감을 불러일으키리라 믿습니다. 한국 교회가 여러 가지 이유로 지나쳐 왔던 신앙 안에서의 질문들을 그리스도의 견고한 토대 위에 함께 풀어가는 디딤돌이 되기를 소망하며 기쁜 마음으로 이 책을 추천합니다.

이찬수 분당우리교회 담임목사

『교회 구석에서 묻는 질문들』은 유튜브 시대의 『순전한 기독교』이다. C. S. 루이스가 영국 BBC 라디오 방송에서 기독교 신앙에 관해 강연하고 질문들에 답한 것이 묶여 『순전한 기독교』가 탄생했다면, 그로부터 70년이 지나 유튜브 채널 '다마스커스TV'에서 다루었던 질문과 토론이 뼈대가 되어 이 책이 만들어졌다. 라디오에서 유튜브로 미디어는 변했지만, 새로운 미디어를 통해 저자가 차분하면서도 열정적으로 설명하는 하나님과 복음은 70년의 시간을 넘어 여전하다. "차마 하지 못했던 청년들의 질문"이라는 부제가 가슴 아프다. 신앙이란 진정 삶의 모든 부분과 관련된 것이기에, 사실 우리는 얼마나 질문이 많았던가. 그러나 그 질문들을 종교적 체면과 관습 때문에 차마 말하지 못하고 묻어 두면서 우리 신앙은 생기와 진정성을 잃어버렸다. 술과 우울증으로 인한 고민, 예수천당 불신지옥에 대한 답답함, 성경에서 말하는 듯한 차별에 대한 불만, 과학으로 인한 신앙의 회의 등에 대한 저자의 차분한 탐구와 마음이 담긴 설명이 참 고맙다. 저자의 말 그대로 이 질문들이 신앙을 약하게 만드는 곤란한 질문들이 아니라, 이웃을 위한 빛나는 질문들이기 때문이다. 유튜브에 담긴 청년 이웃을 향한 저자의 사랑이 이 책을 낳았다면, 이제는 이 책이 다시 십만, 아니 백만 구독 유튜브를 만들 수 있기를 진심으로 바란다. 이제 구독과 좋아요, 댓글에 알람설정이 독자의 몫이다.

전성민 밴쿠버기독교세계관대학원 원장, 유튜브 채널 '민춘살롱' 운영자

현시대의 청년들은 믿기 위해 이해가 필요합니다. '랜선선교사 다메섹'으로 불리는 오성민 대표는 '이성과 합리'라는 현대적 도구로 복음을 전달하는 뛰어난 사역자입니다. 그는 이 책에서 교회에서 묻기 힘든 현대 그리스도인들의 현실적인 궁금증을 명쾌하게 해결해 줍니다. 또한 성경 이야기와 여러 가지 이론들을 조화롭게 버무리고 다양한 사례들을 곁들여 독자를 설득합니다. 저자의 가장 큰 장점은 목회자가 아니라는 사실입니다. 그는 철저하게 평신도의 입장에서 묻고 답합니다. 내용 또한 결코 가볍지 않습니다. 그의 이야기는 이미 자신의 유튜브 채널을 통해 검증되었습니다. 이 책을 조금 더 일찍 만났다면, 제 청년 시절의 한 꼭지도 분명 달라졌을 것입니다.

이종찬 유튜브 채널 '종리스찬TV' 운영자

오성민 대표는 신학생을 부끄럽게 만드는 청년입니다. 저자의 치열한 신학적 고민과 방대한 독서, 그리고 비기독교인과 주저 없이 복음을 주제로 토론하는 모습은 저에게 큰 영감과 울림을 주곤 했습니다. 그 결실이 마침내 한 권의 책으로 출간된 것을 보니 가슴이 웅장해집니다. 랜선을 뜨겁게 달구었던 16가지 질문이 이제 오프라인으로 흘러가 소통의 벽을 허물길, 구석에서 시작된 신학적 상상력이 고여 버린 한국 교회 변화의 마중물이 되길 기대합니다.

장민혁 유튜브 채널 '오늘의 신학공부' 운영자

교회 구석에서 묻는 질문들

차마 하지 못했던,　　　　　우리 시대 청년 그리스도인의 16가지 질문

오성민 지음

교회 구석에서 묻는 질문들

교회 구석에서 묻는 질문들

2022년 6월 7일 초판 1쇄 발행
2024년 10월 25일 초판 7쇄 발행

글쓴이 오성민
펴낸이 박종현

(주) 복 있는 사람
주소 서울특별시 마포구 연남동 246-21 (성미산로23길 26-6)
전화 02-723-7183 (편집), 7734 (영업·마케팅) 팩스 02-723-7184
이메일 hismessage@naver.com
등록 1998년 1월 19일 제1-2280호

ISBN 979-11-91987-72-0 03230

"저는 태양이 떠오른 것을 믿듯 기독교를 믿습니다.
그것을 보기 때문이 아니라,
그것에 의해 다른 모든 것을 보기 때문입니다."
C. S. 루이스

일러두기

이 책에 인용된 성경구절은 『개역개정』과 『새번역』과 『메시지』입니다.
『새번역』과 『메시지』를 사용한 경우 별도로 표기했습니다.

프롤로그

약 10년 전, 뉴욕에 위치한 우리 교회에는 'Thank You'라는 선교 프로그램이 있었습니다. 매년 여름이면 참가자들이 모여 5박 6일 동안 미국 동부 지역의 여러 도시로 선교 여행을 떠나곤 했지요. 그 당시 이십대를 보내며 대학에 다니고 있던 저는 이 프로그램의 3기에 참여했습니다. 보스턴의 명문 대학가에서 기독교에 대한 반론을 듣고 어려움을 겪었다는 2기팀의 이야기는 저의 의욕을 불태우기에 충분했습니다. 그때 저는 일 년 정도 기독교 변증 공부에 몰두해 있던 터라 신앙을 주제로 토론하면 누구를 만나든 이길 수 있다고 생각했습니다.

　　선교지로 이동하는 차 안에서 팀원을 붙잡고 토론 연습을 했습니다. 둘 중 한 사람이 무신론을 신봉하는 과학자 역할을 맡고, 일차 연습이 끝나면 역할을 바꿔서 또다시 연습했습니다. 사실 지금 돌아보면, 복음을 전하는 것보다 하버드의 학생들과 토론할 생각에 더욱 마음이 설레었던 것 같습니다. 마치 만화 속 주인공이라도 된 것 같은 기분이었습니다. 제 기독교 변증이 어디까지 먹힐지도 무척 궁금했습니다.

　낯선 도시에 도착해 거리를 지나는 사람들과 대화하기 시작하자, 저의 기대는 보기 좋게 무너졌습니다. 처음에는 사람들의 거부에 기죽지 않고 신앙의 근거를 전해 주려 노력했습니다. 어떤 반론에도 대응할 준비가 되어 있었습니다. 하지만 저의 불타는 열정에 사람들은 무관심으로 대응할 뿐이었습니다. 일 분 이상 대화하기조차 쉽지 않았습니다.

　이전까지는 기독교를 믿지 않는 사람들이 신앙을 부인하기 위해 논쟁도 불사할 것이라 믿었습니다. 하지만 현실은 인터넷 종교 토론장이 아니었습니다. 길거리 어느 곳에서도 인터넷에서 마주치던 전투적 무신론자들을 찾아볼 수 없었습니다. 사람들은 그저 종교에 대해 논하기를 꺼릴 뿐이었습니다. 특히 과거에 신앙을 가졌던 사람, 교회나 성당에 다녀 본 적이 있는 사람일수록 대화를 피하려는 것이 느껴졌습니다. 신앙생활을 하던 시절 찾아온 의심이 그들에게 깊은 무관심을 불러온 것 같았습니다.

　그 이후로 유튜브와 SNS 등을 활용한 미디어 선교 사역을 시작한 지 어느덧 8년 차에 접어들었습니다. 온라인 공간의 특성상 매일 다양한 사람들과 대화하게 됩니다. 그리스도인이지만 신앙을 의심하는 이들도 자주 만납니다. 정말 자신에게 신앙이 있는지 모르겠다는 이메일도 종종 받습니다. 이러한 의심이 찾아오는 이유는 저마다 다양할 것입니다. 이성적인 의문이 들었기 때문일 수도 있고, 교회에 대한 실망이나 인간관계의 실패로 낙심했기 때문일 수도 있고, 고통스러운 삶에 침묵하시는 하나님께 불만이 쌓였기 때문일 수도 있습니다. 그 밖에 뚜렷한 이유 없이 의심이 찾아오는 경우도 있을 것입니다.

한번 의심의 감정이 몰려오면, 내가 지금까지 허튼 신념을 믿어 온 것은 아닌가 하는 회의감이 듭니다. 특히 교회에 대한 실망을 더불어 경험한 사람들은 신앙을 변호하려는 모든 시도에 환멸을 느낄 수 있습니다. 그러한 의심을 그대로 방치하면, 결국 제가 선교지에서 만난 사람들처럼 종교적 무관심에 빠지고 말 것입니다.

하지만 의심이 꼭 우리를 잘못된 길로 인도하지는 않습니다. 의심은 여전히 우리가 신앙에 큰 관심을 보이고 있다는 증거입니다. 하나님을 끝까지 붙들며 밤새 씨름하던 야곱의 모습을 떠올려 보십시오. 그는 결국 이스라엘이라는 새로운 정체성을 얻었습니다(창 32:24-28). 이처럼 의심 앞에서 이성적으로 숙고했던 경험은 신앙인에게 큰 자산이 됩니다. 믿음이 흔들릴 때 우리를 붙들어 줄 뿐 아니라, 신앙생활을 하며 그동안 당연시하던 내용들을 객관적인 눈으로 점검할 수 있게 해줍니다. 다른 동료 그리스도인이 자신과 동일한 과정을 겪을 때 도와줄 수 있고, 종교에 관심 있는 비신앙인과의 대화에서 물꼬를 트는 역할도 감당합니다. 부풀어 오르는 감정을 잠시 내려놓고 차분히 대응한다면, 우리의 의심은 이전보다 훨씬 깊은 신앙을 확립하는 징검다리가 되어 줄 것입니다.

이 책『교회 구석에서 묻는 질문들』은 제가 현재 운영 중인 유튜브 채널 '다마스커스TV'에 공개했던 영상 내용을 바탕으로 집필되었습니다. 영상을 보고 다양한 사람들에게 받은 의견은 저의 생각과 관점을 확장하는 데 많은 도움이 되었습니다. 예를 들어, 열두 번째 질문의 근간이 되는 동성애 관련 영상은 현재 조회수 77만 뷰와 4천여 개의 댓글을 기록하고 있습니다. 이 모든 내용은 결국 훌륭한 피드백이 되어 글을 더욱 정교하게 다듬고 보완하는 데 밑거름이 되었습니다. 물론 이 책을 작업하며 완전히 새롭게 집필한 부분도 있습니다.

이 책은 총 열여섯 가지 질문으로 구성되어 있는데, 각각의 질문들을 '신앙생활', '교회', '말씀', '하나님'이라는 큰 주제 아래 분류했습니다. 질문의 성격에 따라 이성적인 설명에 집중하는 장이 있는가 하면, 개인적인 경험과 통찰에 집중하는 장도 있습니다. 질문을 선별한 기준은 청년들의 삶과의 연관성입니다. 그들이 현실을 살아가며 궁금해하거나 고민해 보았을 법한 주제들을 우선적으로 담았습니다. 이 책에서 미처 다루지 못한 질문들은 '다마스커스 TV'를 통해 계속해서 이어 나가고 있습니다. 책에서 선별한 주제들이 마음에 들었다면, 유튜브 채널에도 방문하여 함께 고민하고 나누면 좋을 것 같습니다.

저 또한 한 명의 청년 그리스도인으로서 수많은 의심과 싸워 왔습니다. 교회에서의 인간관계에 치여 매주 우울감에 시달리는가 하면, 교회에서 이용만 당하는 것 같다는 생각에 분을 품은 적도 있습니다. 기독교가 잘 만들어진 하나의 지배 체계로 보이기도 했고, 예수님의 부활을 전처럼 쉽게 믿지 못하는 제 자신에게 놀라기도 했습니다. 끝내 하나님은 존재하지 않는다는 결론에 근접했고, 신 없이도 살아갈 이유를 찾기 위해 고뇌했습니다. 결국 이유를 찾지 못하자, 차라리 살지 않는 편이 낫겠다고 생각하기도 했습니다. 사실 이 모든 의심을 하는 동안에도 교회를 출석하며 선교와 양육으로 섬겼습니다. 그러니 겉으로는 아무런 티도 나지 않았을 것입니다.

저와 같은 경험을 하면서도 누구에게도 털어놓지 못

하는 청년들이 많을 것이라 생각합니다. 이 책에 수록된 질문들은 그동안 제 스스로 던져 온 질문이며, 또한 글과 영상을 통해 만난 수만 명의 사람들과 함께 공유해 온 고민이기도 합니다. 하지만 이 책의 내용이 무조건적인 정답으로 여겨지지는 않기를 바랍니다. 오히려 더 깊고 풍성한 나눔을 위한 마중물이 되었으면 합니다. 이 미약한 발걸음이 신앙에 대해 진지하게 고민하고 회의하는 이들, 믿음의 지적 토대를 점검하고 싶은 이들, 그리고 그들을 섬기는 리더들에게 실제적인 도움이 되었으면 합니다(각 질문 마지막에 '나눔을 위한 질문'을 수록하였습니다).

마지막으로, 이 책이 출간되기까지 도움을 준 분들께 감사의 말을 전합니다. 다마스커스의 팀원들과 랜선교회의 운영진들은 여러 고민을 함께 나누며 저를 격려해 주었습니다. 맨해튼 뉴프론티어 교회는 이 책의 내용이 영상으로 만들어지던 시기에 아낌없는 지원과 지지를 보내 주었고, 팀원이자 친구인 이준희는 평소 이 책의 여러 주제와 관련하여 깊은 대화 상대가 되어 주었습니다. '다마스커스 TV'의 시청자 분들은 애정어린 관심과 공감, 날카로운 비판으로 저의 주장을 돌아보고 보완하도록 도와주었습니다. 원고를 읽고 귀한 피드백을 보내 준 철학과 박사과정생 윤유석 님, 곧 하버드 대학에서 신학을 공부할 정은택 팀원, 탁월한 분석과 영감을 준 오지훈 작가님, 그리고 번뜩이는 아이디어를 제공한 엠마오 연구소 차성진 목사님께도 감사의 말을 전합니다. 또한 이 책의 출간을 흔쾌히 허락해 준 복 있는 사람 박종현 대표님과, 부족한 원고를 섬세하고 멋지게 편집해 준 문준호 편집자님, 표지와 내지를 아름답게 꾸며 준 임지선 디자이너님께 감사드립니다. 마지막으로, 원고를 완성하기까지 격려를 아끼지 않고 이 모든 작업을 진행하는 데 큰 의미가 되어 준 아내 강주형에게 감사의 인사를 전합니다. 이토록 많은 이들의 도움에도 불구하고 여전히 남겨진 부족한 점들은 전적으로 저자인 저에게 책임이 있습니다.

2022년 5월
오성민

차례

Q1. 그리스도인이 되려면
이전 생활을 모두 포기해야 할까?

우리가 중국집에서 짜장면과 짬뽕 중 무엇을 주문할지 고민하는 이유는 하나를 먹으면 다른 것은 포기해야 하기 때문입니다. 그렇다고 짬짜면이 대안이 될 수는 없습니다. 처음 짬짜면이 세상에 등장했을 때, 사람들은 비로소 완전한 만족을 얻을 것이라 기대했습니다. 그러나 결국 우리 곁에 남은 것은 무엇 하나 제대로 먹은 것 같지 않은 허전함이었습니다. 그렇기에 짬짜면이 등장한 지 오랜 세월이 지난 지금까지도 여전히 '짜장면이냐 짬뽕이냐'는 인류 최대의 질문 중 하나로 남아 있습니다.

이는 우리 인생에도 그대로 적용됩니다. 인간에게 선택할 자유가 있다는 말은 사실 막중한 책임감을 의미합니다. 무엇 하나를 선택하는 순간, 나머지 선택지들을 스스로 잘라내는 결과를 초래하기 때문입니다. 사랑하는 사이를 예로 들면, 누군가가 한 남자 혹은 여자를 사랑하여 결혼한다는 사실은 결국 지구상의 모든 이성과 사랑에 빠질 가능성을 포기하는 일입니다.

그렇다면 우리의 신앙생활에는 그것이 어떻게 적용

될까요?[1] 사실 단순히 교회에 출석하거나 등록하는 일에는 그리 많은 포기가 필요하지 않습니다. 주말마다 즐기던 낮잠을 양보하는 선에서 끝나기 때문입니다. 그러나 복음을 받아들이고 진정한 그리스도인이 되는 일은 다릅니다. 그리스도인이 되고 나면 세계관적 포기가 시작됩니다. 여기서 세계관이란 세상을 바라보는 관점을 뜻합니다. 인류, 역사, 정치, 사회, 예술, 철학, 사상 등 세상의 모든 것을 바라보는 옛 시각을 모두 바꾸게 되는 것입니다. 하지만 여기서 말하는 세계관의 변화는 기독교를 믿기 위한 조건이 아니라 오히려 믿은 뒤의 결과라는 점을 중요하게 인식할 필요가 있습니다.

기독교를 선택한다는 것

저는 예수님을 믿지 않는 친구들과 기독교에 관해 종종 이야기를 나누곤 합니다. 그들 중 몇 명은 대화 가운데 복음에 관해 적극적인 관심을 보입니다. 그럼에도 대부분의 친구들은 신앙생활을 시작해 보라는 제안에 단호하게 거부 의사를 표합니다. 아마도 삶의 방식과 가치관을 먼저 바꿔야만 비로소 신앙생활을 시작할 수 있다고 생각하는 것 같습니다. 그들이 생각하는 교회란 앞에서는 친절한 척하지만 결국 훌륭한 종교인으로 보이지 않으면 언제라도 안 좋은 소리를 들을 수 있는 장소입니다. 아무리 그것이 실제 예수님의 모습과 차이가 있다고 말해도 소용없습니다. 한번 강하게 남은 인상은 걷어 내기가 쉽지 않습니다.

때로는 그리스도인들조차 예수님을 믿으려면 이전의 삶이나 좋지 못한 습관들을 먼저 버려야 한다고 생각합니다. 물론 틀린 이야기는 아닙니다. 복음의 내용을 마음속 깊이 받아들이면 예전의 삶의 방식이 서서히 변할 수밖에 없습니다. 그러나 순서의 문제는 여전히 중요합니다. 삶이 변했기에 복음을 받아들이는 것이 아니라, 복음을 받아들 였기에 삶이 변하는 것이 기독교가 말하는 바입니다. 우리 가 사랑을 받을 만큼 괜찮은 존재가 되어 하나님께 받아들 여진 것이 아닙니다. 오히려 철저히 죄인일 때 받아들여졌 습니다. 가치관의 변화는 복음의 감격에 대한 반응으로 자 연스럽게 나오는 것입니다.

이처럼 기독교는 예전에 누리던 것들을 포기하라고 협 박하지 않습니다. 오히려 더 나은 선택지를 제시하여 자발적 으로 선택하도록 합니다. 만일 누군가가 하루 일당 백만 원 을 제시하며 일터에 나오라고 말한다면, 강제로 휴식할 자유 를 빼앗는다고 불평할 사람이 있을까요? 복음과 하나님 나 라의 가치에 설득된 사람들은 그 나라를 위해 살기로 자발 적 결정을 내립니다. 예수님의 비유처럼, 그들은 자신이 가 진 것을 다 팔아서 보물이 묻혀 있는 밭을 사는 것입니다(마 13:44). 사실 기독교를 믿지 않는 이들은 이 선택을 매우 비이 성적이라 생각할 것입니다. 보물의 존재를 믿지 않거나, 설 령 믿더라도 그렇게 가치가 있는 것이라 생각하지 않기 때문 입니다.

이 보물이 우리가 현재 지닌 재산과는 비교도 안 되게 가치 있다는 사실을 확고히 믿는다고 가정해 봅시다. 그렇 다면 모든 재산을 팔아 보물이 묻혀 있는 밭을 사는 행동은 지극히 이성적인 행동일 것입니다. 논쟁이 가능한 주제는 실제로 그 밭에 최고의 보물이 담겨 있느냐는 것뿐입니다. 만일 그렇다는 확신이 있다면, 밭을 사지 않는 것이야말로 비이성적인 행동입니다.

선택은 결국 기회비용의 문제입니다. 보물의 가치보다 포기할 재산이 더 크게 느껴지면 밭에 투자할 수 없습니다. 특히 밭을 샀다고 떠드는 사람들이 그것을 가치 있게 여기는 모습을 보여주지 못한다면, 보물에 대한 신뢰성은 더욱 떨어질 수밖에 없을 것입니다.

포기할 재산 1: 자기사랑

요즘 대부분의 미디어와 자기계발서의 메시지는 자신을 사랑하라는 데 초점이 맞추어 있습니다. 인기를 끄는 책이나 영상들을 살펴보면 단번에 알 수 있습니다. 현대인의 지혜는 자신의 유익을 최우선으로 삼는 것이며, 자신에게 해를 입힐 만한 것들은 모조리 멀리하는 것입니다. 그 결과, 객관적인 옳고 그름은 없다고 주장하는 많은 사람들이 자기를 사랑하라는 메시지만큼은 옳은 것으로 받아들이게 되었습니다.

기독교는 마음과 뜻을 다해 하나님을 사랑하고, 우리의 몸과 같이 이웃을 사랑하라고 말합니다. 간혹 이웃을 네 몸과 같이 사랑하려면 너 자신을 먼저 사랑해야 한다고 말하는 경우를 봅니다. 하지만 이는 행간을 지나치게 많이 파고든 해석으로 보입니다. 결국 이 말씀의 방점은 이웃을 사랑하는 부분에 찍혀 있습니다. 특히 누가복음에는 해당 구절이 등장한 이후 곧바로 선한 사마리아인의 비유가 이어집니다. 레위인과 제사장은 자신을 더 사랑해서 피했지만, 선한 사마리아인은 자신의 손해를 감수하고서라도 끝까지 강도 맞은 이를 도왔습니다.

예수님은 자신의 제자가 되려면 자기를 부인하고 자기 십자가를 져야 한다고 말씀하십니다(막 8:34). 물론 이 말이 곧 모든 자기애를 억지로 지워야만 한다는 뜻은 아닙니다. 오히려 자신을 혐오하는 것보다는 사랑하는 편이 훨씬 건강해 보이기도 합니다. 하지만 일부 병적인 경우를 제외하고는, 자신을 사랑하는 일은 누가 시키지 않아도 알아서 되는 일입니다. 그러니 성경이 건강한 자기애 유지에 대해 굳이 강조할 필요는 없었을 것입니다. 반대로 너무 심하니 억누르라는 명령에는 충분한 개연성이 있습니다. 이처럼 이웃을 사랑하려고 반드시 자신에 대한 사랑을 포기해야 하는 것은 아닙니다. 일반적인 경우에는 그 두 가지가 모순되지 않습니다.

하지만 복음서는 좀 더 급진적인 이웃 사랑과 제자도를 가르칩니다. 예수님이 드는 예시에는 이웃을 돕거나 하나님의 말씀을 따르기 위해 자신을 부정해야만 하는 양자택일의 경우가 종종 등장합니다. 이러한 상황 앞에 놓였을 때 우리가 무엇을 선택할지 물으시는 것입니다. 그리고 제자도는 언제나 자신보다 남을 먼저 사랑할 것을 도전합니다. 마치 예수께서 십자가를 피하고 싶으셨으나 결국 우리를 위해 기꺼이 짊어지신 것처럼 말입니다.

그렇다면 기독교는 우리의 자존감에는 전혀 관심이 없을까요? 그렇지 않습니다. 결국 자기를 부인하여 비워진 공간에 다른 것을 채워야 하는데, 이곳은 바로 그리스도의 자리입니다. 나의 관심을 이웃에게 돌리느라 비워진 공간은, 십자가에서 자신의 아들을 내어 주신 하나님의 그 사랑으로 온전히 채워질 수 있습니다. 기독교는 우리의 모든 것을 빼앗을 것처럼 다가와서 결국 모든 것 이상으로 돌려줍니다.

우리가 아직 약할 때에, 그리스도께서는 제때에, 경건하지 않은 사람을 위하여 죽으셨습니다. 의인을 위해서라도 죽을 사람은 거의 없습니다. 더욱이 선한 사람을 위해서라도 감히 죽을 사람은 드뭅니다. 그러나 우리가 아직 죄인이었을 때에, 그리스도께서 우리를 위하여 죽으셨습니다. 이리하여 하나님께서는 우리들에 대한 자기의 사랑을 실증하셨습니다.

롬 5:6-8, 새번역

예수님은 우물가의 여인에게 영원히 목마르지 않는 생수를 주겠다고 약속하십니다(요 4:14). 이 약속을 믿기로 작정한 사람은 결국 선택해야만 합니다. 자신을 최우선적으로 사랑할 것인가, 아니면 하나님과 이웃을 먼저 사랑할 것인가? 여인은 자신의 물동이를 버려두고 마을로 달려가 예수님과의 만남을 사람들에게 증언했습니다.

포기할 재산 2: 다른 세계관

만일 한 가지의 세계관을 택한다면 다른 세계관은 자연스럽게 포기해야만 합니다. 누군가는 모든 종교가 똑같은 것을 말하지만 표현 방식이 다른 것일 뿐이라고 말합니다. 그것이 관용적이고 세련된 주장처럼 들리지만 명백히 틀린 말입니다. 각 종교에는 조화될 수 없는 서로 다른 주장들이 존재합니다. 가장 가깝게 여겨지는 유대교와 기독교만 해도, 예수라는 인물의 정체성에 대해 결코 양보할 수 없는 핵심적인 차이를 보입니다. 만일 그리스도인이 모든 종교가 동일하게 옳다고 주장하려면, 예수님이 하나님의 유일한 아들이자 신이라는 교리를 포기할 수밖에 없습니다. 유대교도 마찬가지로 이 사실을 인정해 줄 수 없는 노릇입니다. 이처럼 한쪽의 핵심적인 교리를 수정하거나 급진적으로 재해석하지 않는 이상, 유대교와 기독교가 둘 다 옳을 수는 없습니다.

그와 반대로, 욕망을 제거할 것을 해결책으로 내세우는 세계관도 존재합니다. 이는 동양의 사상과 종교에서 주로 발견됩니다. 이것은 짜장면과 짬뽕 둘 다 못 먹게 하여 인류 최대의 딜레마 자체를 무의미하게 만드는 것입니다. 심지어 기독교 내에도 이러한 금욕주의적 사고가 우세했던 지역과 시기가 존재합니다. 한 예로, 종교개혁자 마르틴 루터는 엄격한 금욕주의를 내세우는 아우구스티누스 수도원에서 생활하며 끝없는 죄책감과 싸워야만 했습니다. 그러던 중 그는 로마서를 강해하는 가운데 사람이 의롭게 되는 것은 금욕주의적 선행에 근거하는 것이 아님을 깨달았습니다.

만일 세상에 진리란 것이 있다면, 금욕은 분명 그중 한편을 구성하는 매력적인 선택지로 보입니다. 그러나 인간은 원래부터 무언가를 열망하도록 만들어졌습니다. 이는 옛적부터 많은 지혜자나 철학자들이 주장해 온 내용이고, 심지어 뇌과학적으로도 증명할 수 있습니다. 그러므로 욕망을 없애려는 방식은 결국 성공할 수 없거나, 성공하더라도 극소수의 능력자들에게나 해당되는 해결책입니다.

낮은 성공 가능성보다 더 큰 문제가 있습니다. 어떤 사람이 애써 짜장면과 짬뽕을 모두 포기했다고 가정해 봅시다. 그 후에는 "아니, 나는 안 먹는데 아직도 저런 저급한 음식 논란에 빠져 인생을 허비하는 자들은 대체 뭐야?" 하며 일침을 날리고 싶은 욕망이 자연스럽게 올라옵니다. 이는 일종의 종교적인 열망으로, 금욕에 성공하기 전보다도 인간을 더욱 탐욕스럽게 만듭니다. 기독교에서는 이런 종교적인 열망을 일컬어 교만이라고 부릅니다.

결론: 보물에 대한 자연스러운 열망

기독교는 모든 것을 다 포기하고 소유를 금하라고 말하지 않습니다. 오히려 올바른 선택에 집중하기를 강조하며, 선택한 뒤에는 그것을 열망하도록 장려합니다. 복음과 하나님 나라라는 가치에 모든 선택을 집중함으로써 나머지 세계관과 목적들을 부인하는 것입니다. 이처럼 기독교의 자기부인은 고행이나 선행으로 이루어지는 것이 아니라, 그리스도를 다른 무엇보다도 강하게 열망함으로 이루어집니다.

예수께서는 천국은 침노하는 자의 것이라고 말씀하십니다(마 11:12). 기독교는 자신과 욕망을 부인하라는 금욕적 가르침을 전하는 것처럼 보이다가도, 갑자기 천국을 침노할 정도로 열망하라며 뒤통수를 칩니다. 누군가에게는 이것이 모순적으로 보일 수 있습니다. 이러한 모순적인 아이러니의 궁극적인 단계가 있는데, 바로 순교입니다. G. K. 체스터턴은 기독교가 언제나 자살과 순교를 양 극단에 배치시켰다고 말합니다. 하나는 악한 행위로, 다른 하나는 선한 행위로 말입니다.[2] 자살자는 그 어느 것도 열망하지 않기로 작정하지만, 순교자는 무언가를 자신의 생명보다 더 열망한다고 선언합니다. 따라서 순교야말로 천국을 침노하는 가장 강력한 행위가 되는 것입니다.

엘리야는 구약에 등장하는 선지자의 대명사로 여겨졌던 사람입니다. 이스라엘을 위해 할 일이 태산이던 그가 후계자 엘리사에게 모든 것을 맡기고 부르심을 따라 하늘로 올라갑니다(왕하 2장). 사역자로서 커리어의 정점에 다 다른 시점이었으나, 그에게는 아무런 미련도 사명감도 남아 있지 않은 것처럼 보였습니다. 하나님이 회복시키실 이스라엘에 대한 열망이 너무나 컸기에, 이미 자신의 모든 것을 불태워 소진했던 것입니다.

예수님이 십자가 위에서 "아, 나에게 삼 년만 더 주어졌더라면!" 하고 아쉬워하거나 미련을 보이셨던가요? 그렇지 않습니다. 그분은 "다 이루었다" 하고 외치셨습니다(요 19:30). 예수님을 따르는 사람들도 마찬가지입니다. 하나님 나라를 열망하여 자신의 인생을 산 제사로 태울 것을 다짐하는 이에게 능치 못할 일은 없습니다.

우리가 무엇을 선택하고 열망할 것인지를 고민한다면, 이 세상에서 사라질 가치보다는 영원한 가치를 선택하고 열망하는 편이 합리적입니다. 그래서 인류 역사상 이 사실을 가장 일찍 깨달은 사람이 이렇게 기록하고 있는 것입니다.

우리는 십자가에 못 박힌 그리스도를 전하니 유대인에게는 거리끼는 것이요 이방인에게는 미련한 것이로되 오직 부르심을 받은 자들에게는 유대인이나 헬라인이나 그리스도는 하나님의 능력이요 하나님의 지혜니라.　고전 1:23-24

나눔을 위한 질문 1

무언가를 선택하기 위해 다른 소중한 것을 포기해 본 적이 있나요?
그 결정은 현재 좋은 기억으로 남아 있나요,
아니면 아쉬움으로 남아 있나요?

_____

_____

_____

_____

나눔을 위한 질문 2

그리스도인이 되기 위해 포기하는 것과
그리스도인이기에 포기하는 것 사이에는 어떤 차이가 있을까요?
각각에 해당되는 경험을 나누어 봅시다.

_____

_____

_____

_____

나눔을 위한 질문 3

종교적인 열망과 그리스도를 향한 열망은
어떤 점에서 다를까요?
내 안에 그리스도와 관련 없는 종교적인 열망이 있는지 생각해 봅시다.

_____

_____

_____

_____

Q2. 그리스도인이 술을 마셔도 될까?

술은 기독교 유튜브에서 가장 자주 다루는 주제 가운데 하나입니다. 다른 한편으로 교회에서 자연스럽게 나누지 못하는 주제 가운데 하나이기도 합니다. 술과 관련된 질문을 하는 성도 가운데는 이미 술을 마시고 있는 경우가 많고, 질문을 받는 교역자들 또한 그 사실을 잘 알고 있기 때문입니다. 특히 이런 모습은 교회 내 청년부에서 두드러지는데, 고민을 털어놓지 못하고 갈 곳을 잃은 청년들은 일부러 교인들이 잘 다니지 않는 동네까지 가서 술을 마시는 경우도 있습니다.

기독교 유튜브의 단골 주제인 만큼, 다른 사람들이 이 주제에 관해 어떻게 말하는지 궁금했습니다. 그래서 온라인상에 공개된 관련 영상을 모두 살펴보았습니다. 저마다의 의견을 하나하나 분석해 보니 크게 세 입장으로 분류할 수 있었습니다. 먼저 '술을 마시는 것 자체가 죄다'라는 입장, 또한 '술을 마셔도 괜찮지만 취하는 것은 죄다'라는 입장, 마지막으로 '술 마시는 것이 죄는 아니지만 덕을 위해 절제하라'는 입장입니다. 그 가운데 '흥청망청 마음대로 마서도 된다'는 의견은 없었습니다. 이 부분에 대해서는 그리스도인뿐 아니라 대부분의 사람들이 동의할 것이므로 논할 필요가 없을 것 같습니다.

성경은 술에 관해 무엇이라 말하는가

먼저 '술을 마시는 것 자체가 죄다'라고 주장하는 이들은 보통 성경의 주요 구절들을 제시합니다. 예를 들어, 바울이 술 취하지 말라는 말을 했다고 말하거나(엡 5:18), 잠언에 술은 처다보지도 말라고 씌어 있다고 말하는 것입니다(잠 23:31). 술 마시는 게 죄가 아니라는 이들은 거기에 대한 반대 구절들을 제시하곤 합니다. 하지만 이런 식으로 성경구절을 가져와 결론을 내리려는 시도는 결국 아무런 의미가 없습니다.

그 이유가 궁금하다면, 직접 성경 앱이나 성경읽기 사이트에 가서 검색해 보기를 권합니다. 성경 전체에서 '포도주'라는 단어를 검색하여 결과를 살펴보면, 개별 구절을 근거로 술이 죄인지 아닌지를 논할 수 없다는 사실을 알게 됩니다. 개역개정 성경 기준으로 포도주라는 단어는 모두 185번 등장합니다. 전체 구절을 대략적으로 분류해 보니 그 결과는 다음과 같습니다. 포도주에 대해 조금이라도 부정적인 뉘앙스를 담은 구절은 51개이고, 긍정적인 뉘앙스를 담은 구절이 58개이며, 중립적이거나 하나님께 포도주를 바치라는 구절이 76개입니다. 다소 모호한 구절들도 있어서 그 숫자가 조금 달라질 수는 있겠지만, 전체적으로 이 정도의 분포를 보입니다.

물론 포도주뿐 아니라 '술'이나 '독주'라는 단어를 추가로 검색하면 결과가 달라질지도 모릅니다. 하지만 어떤 의견을 지지하는 구절이 더 많은지 여부는 중요하지 않습니다. 성경이 술을 긍정적이면서 동시에 부정적으로 이야기하고 있다는 점이 중요합니다. 예를 들어, 격언을 모아 놓은 잠언은 포도주를 한결같이 부정적으로 표현합니다. 그런데 시편에서는 포도주가 풍성함을 "주께서 내 마음에 두신 기쁨"과 비교합니다(시 4:7). 민수기에서는 모세가 직접 술을 마시지 말라고 종용하는 한편(민 6:3-4), 아가서는 포도주를 로맨틱한 사랑의 표현으로 여러 번 사용할 정도로 칭송합니다(아 1:2, 4, 4:10). 창세기에서 포도주는 복의 상징으로 등장합니다. 가령 장자에게 축복할 때, "하나님이 풍성한 포도주를 네게 주시기를 원하노라"는 표현이 나옵니다(창 27:28). 그런데 같은 창세기 안에 노아가 포도주를 마시고 취하여 추한 모습을 보이는 장면도 등장합니다(창 9:21).

　　선지서를 보면 더 헷갈립니다. 이사야서 5장은 "포도주를 마시기에 용감하며 독주를 잘 빚는 자들은 화 있을진저"라고 말합니다(사 5:22). 그런데 25장을 보면, 여호와 하나님이 직접 오랫동안 저장해 두었던 포도주로 파티를 열어 주신다고 말씀하십니다(사 25:6). 예레미야서도 마찬가지입니다. 포도주를 정죄하다가도, 회복의 때에는 하나님이 포도주를 베풀어 주실 것이라 말합니다(렘 23:9, 31:12).

　　도대체 왜 이런 일이 일어날까요? 그것은 성경이 법조문이 아니라 여러 책들의 모음집이기 때문입니다. 성경에 적혀 있는 모든 구절이 모든 사람에게 보편적으로 통용되지 않는다는 뜻입니다. 대다수의 성경구절은 특정한 시대의 저자들이, 특정한 시대 상황 속에서, 특정한 독자들에게 쓴 것입니다. 물론 하나님은 지금도 성경을 통해 우리에게 말씀하고 계십니다. 하지만 시대의 간격이 있는 만큼 신중하게 그 말씀을 해석해야 합니다.

성경을 있는 그대로 받아들이지 말고 해석하라는 말이 불경하게 느껴지는 사람도 있을 것입니다. 그러나 해석을 하라는 것은 전혀 이상한 요구가 아닙니다. 모든 책은 해석을 해야만 읽을 수 있습니다. 『어린 왕자』를 한번 예로 들어 보겠습니다. 이 책을 읽은 독자라면 여우가 어린 왕자에게 "날 길들여 줘"라고 말하는 감동적인 장면을 기억할 것입니다. 그런데 어떤 독자가 이 구절을 보고 이렇게 따집니다. "길들인다고? 『어린 왕자』는 정말 가학적인 소설이군. 오늘부터 판매 금지 시위를 벌여야 해!" 만일 이렇게 반응하는 독자가 있다면 정말 황당하지 않겠습니까? 그런데 성경을 문맥 없이 읽는다는 것은 이보다 더 황당한 일입니다. 최소한 『어린 왕자』는 수천 년 전에 쓰여진 글은 아니기 때문입니다.

이사야나 예레미야 선지자가 포도주를 마시는 자들을 지탄하는 이유는, 당시 나라의 분위기가 말할 수 없이 어수선했기 때문입니다. 이스라엘 전체가 하나님을 배반하고 강대국들에게 멸망당하기 직전인데, 매일 술을 마시고 파티를 벌인다면 선지자들이 어찌 분노하지 않을 수 있겠습니까. 하나님이 나중에 포도주로 파티를 열어 주시는 이유는, 이 모든 고난이 끝나고 회복의 때가 올 것이기 때문입니다. 시편이 말하듯, 하나님은 기쁨을 위해 포도주를 허락하셨습니다. 그러니 기쁜 날이 오면 기쁨으로 마실 수 있는 것입니다.

군이 성경까지 갈 필요도 없이, 무분별한 음주 문화가 수많은 범죄나 간음, 폭력, 도덕적인 죄를 불러온다는 것은 누구나 아는 사실입니다. 그런 의미에서 한국의 첫 개신교 선교사들이 금주 운동을 벌인 것은 일리 있는 행동이었습니다. 예나 지금이나 한국의 음주 문화가 건전하지 못하다는 사실은 부인할 수 없습니다. '마시고 죽자'는 분위기나 주량으로 허세를 부리는 문화, 그리고 사라지고 있다고는 하지만 직장이나 학교 선후배 사이의 술 강요도 있습니다. 성경이 직접적으로 술 마시는 게 죄라고 말하지 않는다 할지라도, 다른 확실한 죄들을 저지르지 않기 위해서 술을 피하는 것은 지혜로운 행동이라 볼 수 있습니다.

그런데 술을 마시는 모든 사람이 인사불성이 되어서 방탕한 삶을 사는 것은 아닙니다. 개인적인 경험을 말씀드리면, 제가 술을 처음 접한 것은 개인적인 방황으로 신앙생활을 거의 포기하다시피 하던 시기였습니다. 술이 너무 좋아서 학교에 다니면서도 거의 일주일에 세 번은 취할 때까지 마셨습니다. 그 당시에 마셨던 술은 명백히 죄와 연결되어 있었다고 생각합니다. 술로 인해 발생한 여러 잘못과 실수들이 있었고, 무엇보다 마음의 중심에 그리스도가 없던 시절이었기 때문에 기쁜 일이나 슬픈 일이 생기면 술부터 찾았습니다. 한마디로, 예수님보다 술을 더 사랑했던 것입니다. 기독교는 예수님보다 우선시하고 의존하는 것이 있는 상태를 우상숭배와 연결시킵니다.

다른 한편으로, 조절이 가능하다면 술이 무조건 죄와 연결된다고 보기가 어렵습니다. 음주 경험이 거의 없는 그리스도인들은 그게 통제가 되느냐고 반문하곤 합니다. 하지만 이런 질문은 마치 고등학생에게 젓가락질이 잘 되느냐고 묻는 것과 같습니다. 대다수의 성숙한 사람들은 특별한 경우가 아니라면 술을 인사불성이 될 때까지 마시지 않습니다. 그렇지 않다면 나이 들어서도 통제하지 못하는 사람이 손가락질을 받을 이유가 어디 있겠습니까? 그들이 특이한 경우일 뿐입니다.

술을 마신 상태에서는 하나님을 찾을 수 없고, 그저 죄를 짓게 될 뿐이라는 의견도 있습니다. 음주 후에 찬양을 하거나 기도를 드리는 것은 불가능하다는 주장도 많이 들었습니다. 그러나 술을 마신 뒤에 오히려 하나님께 간절히 매달리는 경우도 많이 있습니다. 술자리를 통한 전도나 성도 간의 교제도 충분히 가능합니다. 수많은 경험담과 실제 증언을 무조건 일축하는 것은 신중하지 못한 태도입니다. 술을 마시지 않는 자기절제는 건강의 측면에서 존경할 만한 일이지만, 경험해 보지 못한 영역을 함부로 재단해서는 안됩니다.

비그리스도인 친구들과 어울리다 보면 그 자리가 자연스럽게 술자리가 될 때가 많습니다. 그러나 우리가 평소에 지닌 최대 관심사가 예수님이라면, 자연스럽게 예수님이나 교회에 관한 주제로 이야기를 나누게 될 때도 있습니다. 평소에 어느 종류의 술을 얼마나 마시면 어떤 상태가 되는지 잘 파악하면 적절히 조절할 수 있습니다. 무엇보다 그 어떤 상황에서도 술을 예수님보다 좋아하지 않는다면 크게 문제가 될 이유가 없습니다. 앞서 말했듯이, 성경은 술을 부정적으로만 보지 않기 때문입니다.

다음으로 가능한 반론은 '왜 굳이 술을 마셔야 하는가'라는 말입니다. 보통 "예수님보다 술을 더 사랑할 위험이 있는데, 왜 굳이 술을 마시려고 해? 그냥 안 마시면 되잖아"라는 식으로 질문이 전개됩니다. 그러나 잘 생각해 보면, 우리는 즐길 만한 요소를 지닌 모든 것에 중독될 수 있습니다. 예수님보다 그 모든 것을 더 사랑할 수 있다는 이야기입니다. 그렇다면 모든 그리스도인은 자신의 모든 행동에 대해 해명해야만 합니다. 왜 굳이 쇼핑을 하고, 드라마와 영화를 보고, 음악을 듣고, 인터넷을 하고, 커피를 마시고, 햄버거를 먹어야 하는지 해명해야 합니다. 그러나 우리가 이 모든 것을 전부 해명하며 살 수는 없습니다.

무분별하게 먹고 즐겨도 괜찮다는 말을 하려는 게 아닙니다. 오히려 그 반대입니다. 우리가 경계해야 할 것이 술뿐 아니라 모든 것이란 뜻입니다. 우리는 무엇을 하든 예수님보다 그것을 더 사랑하게 될 것을 두려워해야 합니다. 그렇지만 그 모든 것을 안 하고 살 수는 없습니다. 왜냐하면 꼭 나쁜 것뿐 아니라 좋은 것처럼 보이는 것들도 예수님보다 더 사랑할 수 있기 때문입니다. 가족, 친구, 공부, 운동, 일, 하다못해 교회 사역까지 예수님보다 더 사랑하게 될 수 있습니다. 그렇다면 이 모든 것이 그리스도인에게 죄가 될 수 있다는 뜻입니다.

교회가 술을 끊으라고 가르치는 것은 어쩌면 당연할 수도 있습니다. 특히 청년부의 경우, 술을 마시지 말라고 가르치는 것 외에 별다른 방법이 없을 것입니다. 교회 내에는 절제할 수 있는 사람도 있지만 그렇지 못한 사람도 있기 때문입니다. 그렇다고 신앙 테스트를 거쳐 술을 마실 수 있는 허가증을 따로 내어 줄 수도 없는 노릇입니다. 연령에 따라 허락하는 것도 모호합니다. 이미 사회에서 동일한 이유로 음주 연령을 정해 놓았기 때문입니다. 그러니 공동체

입장에서는 그저 마시지 말라고 할 수밖에 없습니다.

술을 끊으면 찾아오는 위험성

문제는 교회가 이를 경고하는 방식입니다. 여러 사정을 자세히 설명하면 되는데, 그저 '술을 마시는 것은 무조건 죄다'라는 식으로 설명하는 경우가 있습니다. 이는 성경적이지도, 논리적이지도 않습니다. 더 큰 문제는 술을 마시다가 끊은 뒤에 생길 수 있는 위험성에 대해서는 교회가 전혀 가르치지 않는다는 사실입니다.

평소에 술을 마시던 그리스도인은 술을 끊었을 때 더 큰 위험에 노출될 수 있습니다. 사탄은 플랜 A에 실패하면 바로 플랜 B를 발동합니다. 플랜 A는 단순히 쾌락에 중독되게 하는 것이고, 플랜 B는 방탕하게 만들지 못할 바에는 교만하게 만드는 방법입니다. 교만한 사람의 특징은 정죄하고 선을 긋는 것입니다. 처음부터 마시지 않았던 사람이면 몰라도, 자신의 노력으로 끊은 사람은 엄청난 자부심이 생기게 마련입니다. 건강을 위해 끊은 사람은 말이 없는데, 신앙적 이유로 끊은 사람은 더욱 그렇습니다.

플랜 B에 꼼짝없이 당해 본 사람이라면 누구나 압니다. 그렇게 좋아하던 술을 끊고 나면, 술을 못 끊는 그리스도인들이 한심해 보이기 시작합니다. 저는 술을 끊고 나서, 술을 마시자고 연락하는 비그리스도인 친구들을 한동안 만나지 않았습니다. 대놓고 표현하지는 않았지만, 저 자신도 모르는 사이에 그들보다 우월하다고 생각했던 것 같습니다. 겉보기에는 성경도 많이 알고, 술과 담배도 안 하고, 매주 찬양팀으로 섬기고, 주일에는 소그룹 리더를 맡는 스물한 살의 신앙 유망주였지만, 실제로는 사람들을 은근히

깔보면서 오만한 모습을 지닌 미성숙한 인간이었습니다. 그리고 그 중심에는 술을 끊었다는 자부심이 있었습니다.

이와 비슷한 생각을 가졌던 대표적인 무리가 성경에 등장하는데, 바로 바리새인들입니다. 그들은 예수님을 먹보요 술꾼이며 세리와 죄인들의 친구라고 불렀습니다(눅 7:34). 그들은 율법과 출신 성분을 기준으로 거룩한 자신들과 더러운 타인을 구분했습니다. 우리 또한 마찬가지입니다. 자신이 술 끊은 것을 좋은 신앙의 근거로 사용하는 순간, 바리새인을 닮은 선민의식이 자라납니다.

사실 술뿐 아니라 모든 율법적 행위가 그렇습니다. 하지만 술이나 담배만큼 겉으로 구분하기 쉬운 표지가 없습니다. 탐욕, 미움, 질투와 같은 마음의 죄는 감추기도 쉽고 눈에 잘 보이지 않습니다. 그러나 술은 마시면 마시는 것이고, 아니면 아닌 것입니다. 여기서 의인과 죄인이 깔끔하게 구분됩니다. 마시지 않는 나는 자유롭고 깨끗한 사람이고, 마시는 저 사람은 적어도 이 부분에서는 타락한 자입니다.

예수님이 바리새인들에게 말씀하십니다. "입으로 들어가는 것이 사람을 더럽히는 것이 아니라, 입에서 나오는 것, 그것이 사람을 더럽힌다"(마 15:11, 새번역). 베드로가 이 비유의 뜻이 무엇인지 묻자 예수님은 이렇게 설명해 주십니다. "입으로 들어가는 것은 무엇이든지, 뱃속으로 들어가서 뒤로 나가는 줄 모르느냐? 그러나 입에서 나오는 것들은 마음에서 나오는데, 그것들이 사람을 더럽힌다. 마음에서 악한 생각들이 나온다. 곧 살인과 간음과 음행과 도둑질과 거짓 증언과 비방이다"(마 15:17-19, 새번역). 예수님은 우리가 무엇을 먹고 마시는지에 대해서는 큰 관심이 없으신 것 같습니다. 그보다 우리가 마음속으로 무슨 생각을 하고 입으로 무슨 말을 하는지에 훨씬 더 관심이 많으십니다.

술을 끊는 모든 그리스도인이 곧 바리새인이 된다고 말하는 것은 아닙니다. 자신의 마음을 지혜롭게 잘 다스리는 이들도 많습니다. 하지만 술에 대한 경계를 가르치는 것만큼이나 플랜 B에 대해서도 확실한 경고를 해주어야 합니다. 이는 술을 마시느냐 마시지 않느냐의 문제보다 훨씬 중요한 문제입니다. 그것은 내 삶의 주인이 예수님인지 그렇지 않은지의 문제이기 때문입니다. 내가 가장 중요시하는 대상이 예수님이 아니라면, 술은 물론이고 술을 마시지 않는다는 자부심 또한 우리를 타락시킬 수 있습니다.

술 마시는 것을 정죄하는 대표적인 주장들

술을 마시는 것이 죄라고 말하는 이들이 흔히 주장하는 몇 가지 다른 논리도 함께 살펴볼까 합니다. 우선, '우리 몸이 성전인데 어떻게 술로 더럽히느냐'는 주장이 있습니다. 이 논리에 따르면, 우리의 몸을 건강하게 유지하지 않고 술을 마시는 것은 죄입니다. 하지만 와인 한 잔보다 햄버거나 피자가 몸에 더 나쁘다는 사실은 잘 알려져 있는 사실입니다. 그렇다면 햄버거나 피자도 성전을 망가지게 하니 금지해야 합니다.

만일 당신이 빅맥 세트를 열심히 먹고 있는데, 두건을 쓴 금욕주의자 집단이 다가와서 거룩한 하나님의 성전을 정크푸드로 더럽히지 말라고 정죄한다면 무엇이라 답할 것입니까? 이러한 주장은 성전인 몸을 보존하기 위해 술을 끊어야 한다는 논리와 정확히 일치합니다. 성전 논리로 술을 반대해 온 사람은 극단적 햄버거 반대자론자들을 설득할 수 없습니다. 설득하더라도 자기모순에 빠지고 맙니다.

원어를 기반으로 한 반대 논리도 있습니다. 예수님이 드신 포도주는 헬라어로 '오이노스'인데, 포도주가 아니라 일종의 포도즙이나 포도주스로 해석해야 옳다는 것입니다. 그러나 이는 성경 속 상황과 맞지 않는 주장으로 보입니다. 가나 혼인잔치 구절을 살펴보면, 예수님이 물을 포도주로 바꾼 뒤에 잔치를 맡은 이가 그것을 맛보고 나서 신랑에게 이렇게 말합니다. "누구든지 먼저 좋은 포도주를 내놓고, 손님들이 취한 뒤에 덜 좋은 것을 내놓는데, 그대는 이렇게 좋은 포도주를 지금까지 남겨 두었구려!"(요 2:10, 새번역)

이 엑스트라 한 명의 대사 덕분에 의심의 여지가 없게 되었습니다. 예수님이 만드신 것은 포도즙이나 포도주스가 아닙니다. 명백히 취하는 술이자, 파티의 흥을 돋우는 도구입니다. 더구나 같은 '오이노스'라는 단어가 쓰인 성경 구절들을 별도로 조사해 봐도, 문맥상 포도주로 보는 것이 자연스러운 경우가 훨씬 많습니다.

만일 술을 못 마시게 하려고 성경을 왜곡한다면, 빈대 잡으려다 초가삼간 다 태우는 일이 됩니다. 물론 그 당시의 포도주가 지금처럼 정제된 와인은 아니었습니다. 알코올 함유량도 다를 것입니다. 그러나 분명한 사실은 알코올이 들어 있었다는 것입니다. 흔히 제시되는 주장처럼 오늘날의 포도주보다 알코올이 훨씬 적었다고 가정합시다. 어떤 청년이 와서 도수가 낮은 맥주나 막걸리는 괜찮은지 물으면 무엇이라 답할 것입니까? 과연 알코올 함유량 몇 도부터 죄라고 볼 수 있을까요? 성경이 이를 제시해 주고 있습니까? 이 모든 해석적 모순은 술 마시는 행위를 무리하게 죄로 규정한 순간부터 예고된 수순입니다.

그 밖에 문화를 기반으로 한 반대 논리도 존재합니다.

핵심만 요약하자면, 1세기 당시 이스라엘에는 물이 부족해서 포도주를 마실 수밖에 없는 문화였다는 것입니다. 이런 식의 주장은 특별히 성경을 있는 그대로 지키려는 사람들에게는 치명적인 자충수입니다. 죄의 기준이 문화에 따라 언제든 바뀔 수 있음을 인정하는 셈이 되기 때문입니다.

만일 누군가가 대한민국의 직장 문화에서 술을 안 마시는 것은 불가능하기에 마셔도 된다고 주장한다면 어떻게 답하겠습니까? 유럽의 경우 맥주를 물처럼 마시는 문화권이니 죄가 아니라고 주장한다면 어떻게 답하겠습니까? 만일 술을 금하는 이유가 처음부터 문화적 권면 정도였다면 상관이 없습니다. 그러나 여전히 많은 교회는 술 마시는 것 자체를 죄로 금하고 있습니다. 이런 상황에서, 1세기는 포도주를 많이 소비하는 문화였기에 괜찮았다는 변명은 당혹감만 증폭시킬 뿐입니다.

어떤 이들은 고린도전서 8장의 우상에게 바친 고기 먹는 문제를 근거로 삼습니다. 술 마시는 것이 공동체와 믿음이 약한 이들에게 덕이 안 되니 먹지 말자는 것입니다.

그러나 우리에게는 아버지가 되시는 하나님 한 분이 계실 뿐입니다. 만물은 그분에게서 났고, 우리는 그분을 위하여 있습니다. 그리고 한 분 주님이신 예수 그리스도가 계십니다. 만물이 그분으로 말미암아 있고, 우리도 그분으로 말미암아 있습니다. 그러나 누구에게나 다 지식이 있는 것은 아닙니다. 어떤 사람들은 지금까지 우상을 섬기던 관습에 젖어 있어서, 그들이 먹는 고기가 우상의 것인 줄로 여기면서 먹습니다. 그들의 양심이 약하므로 더럽혀지는 것입니다. 그러나 "우리를 하나님 앞에 내세우는 것은 음식이 아닙니다." 음식을 먹지 않는다고 해서 손해 볼 것도 없고, 먹는다고 해서 이로울 것도 없습니다. 그러나 여러분에게 있는 이 자유가 약한 사람들에게 걸림돌이 되지 않도록 조심하십시오. 고전 8:6-9, 새번역

이 말씀의 문맥을 살펴보면, '약한 사람들'이 초신자를 뜻하는 게 아님을 금세 알 수 있습니다. 바울은 '만물이 하나님에게서 났고, 예수 그리스도로 말미암아 있다는 지식을 가지고 있지 않은 사람들'이 곧 약한 사람들이라고 말하고 있습니다. 다시 말해, 먹는 문제로 왈가왈부하는 사람들이 곧 믿음이 약한 사람들이라고 말하는 셈입니다.

바울은 그 사람들이 걸려 넘어지지 않도록 자신은 평생 고기를 먹지 않겠다고 다짐합니다(고전 8:13). 그러나 이것은 명령이 아니라 바울 본인의 의지일 뿐입니다. 평소에 술을 마시는 사람들도 자신의 의지로 교회 사역을 맡는 도중에는 금주하는 경우가 많이 있습니다. 바울의 말처럼 믿음이 약한 사람들이 걸려 넘어질까 염려되기 때문입니다. 하지만 바울의 다짐은 형제가 걸려 넘어지는 문제가 그토록 큰 문제라는 사실을 드러내기 위한 결의의 표현일 뿐입니다. 말하자면, "그럴 바에는 차라리 내가 안 먹고 말지!" 하는 강조법으로 보입니다. 단순히 바울의 글에 등장했다고 해서 이를 모든 사람이 똑같이 지켜야 한다는 의미로 해석할 수는 없습니다. 더구나 우리는 바울이 정말로 고기를 끊었는지 여부도 알 수 없습니다.

어떤 사람들은 이렇게 말합니다. "술을 마시지 않으면 안 믿는 친구들이 진정 구별된 그리스도인이라고 말해 줄 거야. 그러니까 그들에게는 무조건 금주하는 모습을 보여 주는 게 좋지 않을까?"

사실 금주 핑계로 만나 주지 않는다고 서운해하는 친구들은 많았어도, 실제로 이런 말을 하는 지인은 아직까지 본 적이 없습니다. 오직 그리스도인들의 가정법 안에서만 존재하는 줄로 알았습니다. 하지만 이후 조사를 위해 수소문해 보니 실제로 이런 경우를 경험한 이들도 종종 있었다고 합니다. 술자리에 가서도 금주하며 좋은 모습을 보여주려는 것은 정말 훌륭하고 존경스럽기까지 합니다.

하지만 이 맥락에서 중요한 사실이 있습니다. 그렇게까지 해서 주변 사람들에게 전하고 싶은 메시지가 과연 '나 이 정도로 좋은 그리스도인이야'일까요? 그렇지는 않을 것입니다. 대부분의 그리스도인들은 기독교가 진리라는 사실을 전하고 싶어 합니다. 만일 그렇다면, 술을 안 마셔서 진정한 그리스도인이라는 소리를 들었을 때 불편해야 마땅합니다. 그들은 무언가를 스스로 절제해서 자력으로 좋은 사람이 되는 것이 곧 기독교라고 착각하고 있습니다. 그렇다면 단지 칭찬을 들었다고 기뻐할 일이 아닙니다. 당장 기독교에 대한 오해를 풀어 주지 않으면 그들은 결국 신앙을 가지지 못할지도 모릅니다. 술을 끊어야만 비로소 그리스도인이 될 수 있다고 생각할 것이기 때문입니다.

어떤 이들은 이렇게 말합니다. "평소에 술자리에서 금주했더니 나중에 그 친구들이 힘들 때 고민을 털어놓더군요." 이러한 간증은 전국의 교회에 공통적으로 존재하는 것 같습니다. 이 또한 존경스러운 일입니다. 그런데 과연 단순히 술을 안 마셔서 주변 사람들이 고민을 털어놓은 것일까요? 평소에 그리스도인다운 행실과 인성을 보여주어서 그런 것은 아닐까요? 평소 행실이 그리스도인답지 못하다면, 술을 안 마시는 게 아니라 물을 안 마시고 사는 기행을 보여도 사람들이 찾아오지 않을 것입니다.

결론: 복음이 주는 자유함을 가지고

예수님은 "진리를 알지니 진리가 너희를 자유롭게 하리라"(요 8:32)고 말씀하셨습니다. 그런데 대부분의 사람들은 기독교를 믿으면 자유를 빼앗길 것이라 생각합니다. 물론 아무렇게나 마음대로 하는 것은 자유가 아니라 방종입니다. 하지만 성경이 죄라고 확정 짓지도 않는 규율 하나를 지키려고 온 정신이 팔려 있는 모습 또한 자유함과는 거리가 멉니다. 그것을 기준으로 좋은 신앙인인지 아닌지 구분하는 문화가 팽배해 있다면 더더욱 그렇습니다.

복음은 우리를 그 무엇의 노예도 되지 않도록 만듭니다. 예수 그리스도의 복음이 삶의 최고 가치인 사람은 술을 마시든 안 마시든 그리스도의 향기를 전합니다. 가요를 듣든, 영화와 웹툰을 보든, 게임을 하든, 거기에 온 정신을 빼앗겨 중요한 일을 그르치지 않습니다. 그것이 바로 복음이 주는 자유함입니다. 물론 우리는 여전히 죄인이기에 마음을 빼앗길 가능성도 있습니다. 하지만 정말 복음에 사로잡힌 사람은 그 징조를 알아차리고 절제할 수 있습니다. 예수께서는 우리에게 뱀과 전갈을 밟으며 원수의 모든 능력을 제어할 권세를 주셨습니다(눅 10:19). 이제는 이 자유함을 가지고, 낮은 차원의 문제를 넘어 참으로 복음을 살아내는 것이 무엇인지를 고민해야 할 때입니다.

그리스도인으로서 술을 마시는 문제로
진지하게 고민해 본 적이 있나요?

_____

_____

_____

_____

_____

술, 담배 이외에 신앙의 표면적인 평가 기준이
될 수 있는 것들에는 무엇이 있을까요?
이것들을 잘 지켜서
도리어 남을 더 판단하게 된 경험이 있다면 나누어 봅시다.

_____

_____

_____

무언가를 완전히 끊지 않고도
그것으로부터 자유를 느껴 본 경험이 있나요?
복음이 가져다주는 참된 자유가 무엇인지 나누어 봅시다.

_____

_____

_____

_____

Q3. 그리스도인끼리
질투하지 않을 수 없을까?

교회를 떠나는 사람 중 상당수는 인간관계가 원인이라고 합니다. 그중에서도 시기와 질투의 문제는 공동체에 대한 정을 떨어뜨리는 가장 큰 요소 중 하나입니다. 물론 사람이라면 누구나 질투심을 느낍니다. 가벼운 부러움 정도에서 끝난다면 아무런 문제가 없는 자연스러운 감정입니다. 하지만 시기와 모욕, 집단 린치로까지 이어지는 질투도 분명히 존재합니다. 키보드 클릭 몇 번으로 사람을 죽일 수 있는 이 시대에는 질투의 파괴력이 더욱 강력해졌습니다.

질투로 인해 벌어지는 폭력은 그 원인이 은폐되기 쉽습니다. 가해자는 결코 자신이 하는 행동이 질투 때문에 벌어졌음을 인정하지 않습니다. 오히려 질투로 인한 공격임에도 피해자의 행실이나 문제를 꼬투리 삼는 경우가 많습니다. 그 예로 2007년에 일어난 비극적인 사건을 들 수 있습니다. 그 당시 한 예능 프로그램에 40킬로그램을 감량한 여고생이 출연하였는데, 이 학생은 당시 최고의 인기를 누리던 아이돌 그룹의 멤버와 다정하게 기념사진을 찍었다가 악성 팬들의 악플을 감당하지 못해 결국 스스로 목숨을 끊었습니다. 이때 달린 악플 중에는 이 학생이 성형수술을 하여 살을 빼 놓고 부정직하게 방송에 출연했다거나, 성 상납을 통해 인기 그룹 멤버와 친해졌다는 등의 루머가 상당 수 담겨 있었습니다. 그러나 이 사건을 바라보는 대부분의 사람들은 비극의 원인이 팬들의 질투 때문이라는 사실을 쉽게 눈치챌 수 있었습니다.

질투는 그저 나쁘기만 할까

기본적으로 질투는 인간의 본성입니다. 하지만 질투 자체가 악하거나, 세상의 타락으로 생겨난 결과물은 아닌 것 같습니다. 하나님도 분명히 질투하시기 때문입니다. 개역개정 성경에서 '질투'라는 단어가 포함된 구절을 전부 살펴본 적이 있는데, 총 32개 중 21개가 하나님의 질투를 나타내고 있음을 발견했습니다. 물론 '시기'와 같이 질투와 유사한 단어까지 포함하면 인간의 질투를 나타내는 경우도 많겠지만, 중요한 것은 분명히 하나님도 질투하신다는 사실입니다.

　그렇다면 하나님은 언제 질투하실까요? 대부분의 경우 우리가 우상숭배를 할 때 질투하십니다. 우리와 진실된 사랑을 하기를 원하시기 때문입니다. 예전에 '마녀사냥'이라는 예능 프로그램에서 '쿨 몽둥이'라는 단어가 유행한 적이 있습니다. 연인을 두고 다른 이성과 놀러 다니면서도 상대방에게 쿨해지기를 강요하는 사람에 대한 에피소드였는데, 이런 사람은 쿨 몽둥이로 맞아야 한다는 한 패널의 대사가 많은 사람들에게 공감을 얻었습니다. 이런 맥락에서 건전한 질투는 어쩌면 자연스러운 사랑의 표현이 될 수도 있습니다. "네가 나만 사랑했으면 좋겠어. 내가 이만큼 너의 유일한 사람이 되고 싶어." 이런 질투는 지탄의 대상이 아니라 오히려 사랑하기에 생기는 당연한 감정입니다.

아가서를 보면 강렬한 질투를 사랑의 표현으로 적기도 합니다. "너는 나를 도장 같이 마음에 품고 도장 같이 팔에 두라. 사랑은 죽음 같이 강하고 질투는 스올 같이 잔인하며 불길 같이 일어나니 그 기세가 여호와의 불과 같으니라"(아 8:6). 이는 굉장히 무서운 표현입니다. 스올은 구약의 세계관에서 죽은 뒤에 가는 지하세계를 뜻합니다. 질투를 스올에 비유한다는 것은 그만큼 잔인하고 강렬한 질투가 사랑의 성질 중 하나라는 뜻입니다.

굳이 사랑하는 관계가 아니더라도 건전한 질투는 삶의 큰 원동력이 되어 주기도 합니다. 우리 시대 최고의 축구선수인 호날두와 메시가 서로에 대해 질투하지 않았을까요? 당연히 서로가 지닌 뚜렷한 강점을 질투한 적이 있을 것입니다. 좋은 라이벌 관계는 건전한 질투심이 없으면 형성되지 않는 경우가 많습니다. 상대방이 잘할 때 자신도 잘하고 싶다는 마음이 무언가를 이루는 데 큰 동기부여가 되기 때문입니다. 공부 잘하는 친구를 보면 똑같이 잘하고 싶고, 회사에서 누군가가 승진하면 자기도 열심히 일하고 싶어집니다. 선의의 경쟁에 뛰어들어 본 사람이라면 적당한 질투는 건전한 감정이라는 사실을 깨닫게 됩니다.

모방 욕망과 질투의 파괴성

문제는 질투가 쉽게 변질된다는 점입니다. 프랑스의 인류학자 르네 지라르는 인간의 욕망이 기본적으로 모방적이라는 사실을 발견합니다. 사람들은 대부분 다른 사람이 가진 무언가를 간접적으로 욕망합니다. 저의 경우를 예로 들면, 한국에서 자라며 좋은 동네에서 살아 보거나 부유한 가정의 친구들을 사귄 적이 없었습니다. 가난한 개척교회 목사의 아들로 자라며 좋은 물건을 가져 보지 못했을뿐더러 갖고 싶은 생각조차 해본 적이 없었습니다.

그런데 아버지가 사역지를 옮기면서 미국에 오게 된 뒤, 그동안 한 번도 만나 본 적 없는 부유한 사람들과 어울리게 되었습니다. 어느 날 같은 학교에 다니던 형이 온라인 쇼핑몰 링크를 보내며 예쁜지 한번 봐 달라고 했는데, 링크를 열자 한국 돈으로 무려 200만원에 가까운 시계가 나왔습니다. 그게 뭐 그리 대단하냐고 말할 이들도 있겠지만, 중요한 것은 그 당시 제가 고등학생이었다는 사실입니다. 미국 친구들은 말할 것도 없었습니다. 벤츠나 BMW 자동차를 타고 등교하는 모습을 어렵지 않게 볼 수 있었습니다.

이런 환경에 들어서자 어린 마음에 욕망이 생기기 시작했습니다. 그 전까지는 한 번도 시계를 가지고 싶은 마음이 든 적이 없었는데, 결국 네 달 정도 점심을 굶어서 25만원짜리 시계를 마련했습니다. 원래 그보다 더 좋은 것을 사려고 했지만, 몸무게가 7킬로그램 정도 빠진 것을 보고 정신이 들어 그만두었습니다. 이것은 모방 욕망이 자기파괴적인 형태로 나타나는 흔한 예입니다.

자기파괴도 곤란하지만, 그것이 다른 사람에 대한 폭력으로 변질되는 것이 더 큰 문제입니다. 교회 내의 상황을 가정하여 예를 들어 보겠습니다. A는 찬양 사역을 정말로 하고 싶은데 노래 실력이 부족합니다. 그래서 선뜻 찬양팀에 지원하지 못하고 있습니다. 그런데 갑자기 A와 성별도 같고 동갑인데 노래를 박효신 뺨치게 잘하는 B가 찬양 인도를 맡게 되었습니다. 자연스럽게 질투가 날 수 있습니다.

이 감정을 발판 삼아 "나도 찬양을 더 듣고 연습하고 묵상해서 꼭 찬양 인도를 해야지"라고 다짐하는 사람은 의외로 드뭅니다. 그보다 B를 시기하게 될 확률이 훨씬 높습니다. 심지어 어느 순간 미워하고 비방하는 단계까지 나아갑니다. 가장 큰 문제는, A는 절대로 B를 질투하고 있다고 생각하지 않는다는 점입니다. 질투심 가운데 있으면 자신의 모습이 객관적으로 보이지 않습니다.

A의 머릿속에 불현듯 이런 생각이 떠오릅니다. "B는 노래에 기교가 너무 많이 들어갔어. 찬양 인도를 하는 거야, 콘서트를 하는 거야?" 조심스럽게 다른 친구들한테 자신의 걱정을 나눕니다. "B는 내가 진짜 좋아하는 친구이고 하나님 앞에서 진정 바로 섰으면 하는 마음에서 하는 말인데, 요즘 좀 달라진 것 같지 않아? 찬양에 진심이 안 느껴져. 마치 자기 노래에 도취된 것 같아. 이런 모습을 과연 하나님이 기뻐하실까? 오해하지마. B를 위해서 어제 기도해보고서 하는 말이야."

교회에서는 특별히 비방할 이유를 붙이기가 너무나 쉽습니다. 그저 마법의 단어 몇 개만 붙이면 됩니다. '중심', '치우침', '분별', '사랑 없음', '기도가 부족함', '사람의 시선을 신경 씀', '머리만 큼', '하나님이 나에게 이런 마음을 주셨음' 등의 말을 갖다 붙이면 세상의 모든 사람을 비방할 수 있게 됩니다. 그러한 가운데 상황이 악화되어 소문이 나쁘게 퍼지면, 찬양 인도를 하던 B가 교회를 떠나는 일까지 발생할 수 있습니다.

질투에 관한 예수님의 경고를 한번 살펴봅시다. "속에서 곧 사람의 마음에서 나오는 것은 악한 생각 곧 음란과 도둑질과 살인과 간음과 탐욕과 악독과 속임과 음탕과 질투와 비방과 교만과 우매함이니"(막 7:21-22). 여기서 질투와 비방은 연속으로 등장합니다. 하나님도 질투하시니 그것 자체를 악으로 규정하기 어렵지만, 질투가 비방으로 이어진 상태는 죄입니다. 그 과정에서 자신이 질투하고 있음을 눈치채지 못하고 비방을 위한 거짓말까지 하게 되면 더 큰 죄가 됩니다. 십계명에는 "네 이웃에 대하여 거짓 증거하지 말라"고 적혀 있습니다. "살인하지 말라"는 계명과 동일한 목록에 말입니다(출 20:14, 16).

그렇다면 십계명의 마지막 계명은 어떠할까요? "네 이웃의 집을 탐내지 말라. 네 이웃의 아내나 그의 남종이나 그의 여종이나 그의 소나 그의 나귀나 무릇 네 이웃의 소유를 탐내지 말라"(출 20:17). 우리는 마지막 계명의 독특한 특징을 하나 발견하게 됩니다. 십계명의 1계명부터 9계명까지는 전부 행동에 관한 금지 조항입니다. "살인하지 말라", "간음하지 말라" 등이 그러한 예입니다(출 20:1-16). 그런데 마지막 계명만 인간의 마음 상태에 관한 것입니다. 탐내는 마음 자체를 갖지 말라고 명령하는 것입니다.

르네 지라르는 해당 구절을 해석하면서, 탐심 자체가 질투가 폭력으로 이어지려는 징조를 가리키기 때문이라고 말합니다.[1] 표준국어대사전에서 '탐하다'라는 말의 뜻을 보면, '어떤 것을 가지거나 차지하고 싶어 지나치게 욕심을 내다'라고 표기되어 있습니다. 원어 또한 동일한 뜻입니다. 그의 생각에 따르면, 다른 계명들인 살인, 도둑질, 간음, 거짓 증거 등은 전부 이 탐심으로부터 도출됩니다. 모든 욕망이 기본적으로 모방적이기 때문입니다. 친구가 큰 집에서 배우자와 행복하게 사는 것을 보고 탐심을 부리면, 결국에는 유혈사태까지 일어날 수 있는 씨앗이 뿌려진 셈입니다.

사실 예수님도 질투에 의한 폭력을 당하셨습니다. 복음서를 자세히 읽어 본 사람은 바리새인들이 신성모독죄 때문에 예수님을 죽이려 한 것이 아니라는 사실을 알 수 있습니다. 이는 단지 표면적인 죄명일 뿐이며, 바리새인들이 댄 핑계에 가깝습니다. 그들은 예수님의 선지자적 면모와 촌철살인, 엄청난 인기를 보며 기분이 나빴던 것입니다. 가장 존경을 받는 선생의 자리는 원래 자신들의 것이었습니다. 그렇다고 함정을 파서 제거하려 해도 매번 말싸움에서 패배하니 더더욱 질투가 났을 것입니다. 그래서 이들은 머리를 꽁꽁 싸매고 어떻게 하면 예수님을 죽일까 의논했습니다. 그분이 법정에 섰을 때, 이들은 거짓 증인을 세우고 온갖 거짓말로 비방했습니다. 질투의 씨앗이 하나님의 아들까지 십자가에 못 박고 만 것입니다.

즐거워하는 자들과 함께 즐거워하라

로마서 12장에 잘 알려진 말씀이 있습니다. "즐거워하는 자들과 함께 즐거워하고 우는 자들과 함께 울라"(롬 12:15). 이 구절은 특히 사회적으로 아픈 일이 일어날 때 그리스도인들이 많이 사용하는데, 그런 맥락에서 대부분의 경우에는 "우는 자들과 함께 울라"는 말씀만 강조해서 쓰이곤 합니다. 우는 자들을 위로하는 것도 중요하지만, 여기서 눈여겨보고 싶은 부분은 "즐거워하는 자들과 함께 즐거워하라"는 명령입니다.

언뜻 보면 왜 이렇게 당연한 일을 강조하고 있는지 의아할 수 있습니다. 하지만 주변 사람이 잘될 때 함께 기뻐해 주는 것이 마냥 쉬운 일이 아닙니다. 학창시절에 절친했던 사이라도 나이가 들수록 소득과 생활수준 격차 때문에 멀어지는 경우가 있습니다. 함께 기뻐해 주는 일이 어렵다는 사실을 보여주는 단적인 예라 할 수 있습니다. 오히려 우는 자들과 함께 우는 게 더욱 쉽게 느껴질 때도 있습니다.

캐나다의 심리학자이자 유명 논객인 조던 피터슨이 한 인터뷰에서 이렇게 말한 적이 있습니다. "강연이 끝나고 나서 저에게 고맙다고 찾아오는 청년들 중 많은 수가 제대로 된 격려나 칭찬을 받지 못하고 삽니다." 그들의 이야기를 들어 보면, 남들에게 자신이 최선을 다해서 이룬 것들을 말했을 때 아무도 진지하게 반응해 주지 않았다는 것입니다. 무언가를 열심히 이루고도 혼자 조용히 삼키는 청년들이 많습니다. 이것이 곪으면 마음의 상처가 됩니다. 우리는 끊임없이 주변의 격려와 인정과 칭찬을 받고 살아야 하는 존재입니다. 수용받지 못한 사람은 우울감과 권태에 빠지기도 합니다.

그리스도인들은 대체로 기쁜 일이 있을 때 함께 기뻐해 주는 경우가 많습니다. 그래도 사회보다는 건강한 수준의 자랑과 수용이 일상화되어 있는 듯합니다. 그러나 사역적인 성취나 신앙의 문제에서는 오히려 박한 경향이 있습니다. 온갖 이유를 들어 가며 성취를 깎아내리곤 합니다. 특히 교회 외부적인 사역에 참여하거나 새로운 일을 시작하는 청년들에게 "머리만 커지지 않겠니?", "교만해지지 않겠니?", "기도를 좀 더 해봐야 하지 않겠니?" 등의 말이 돌아오는 경우를 자주 봅니다. 물론 이런 조언이 때에 따라 필요하다는 사실은 부정할 수 없습니다. 하지만 스스로 깨닫는 것과 남들이 강요하는 것은 다릅니다. 때로 조언해 주는 사람이 질투심에 그런 말을 하는지 스스로 되돌아볼 필요가 있습니다.

따뜻한 인정의 말 한마디에 굳어 있던 마음이 풀리고 기뻐할 성도들이 많습니다. 그러한 이들을 발견하면 가서 어깨 두드려 주며 "잘했다", "수고했다", "네가 최고다", "정말 멋지다", "네가 있어서 든든하고 감사하다"고 해주면 좋겠습니다. "네가 없어도 사역은 잘 돌아가. 그걸 인정하는 게 사역의 첫걸음이지. 교만해지지 않게 조심해." 이런 말들은 에둘러서라도 하지 않으면 좋겠습니다. 낙담시키는 조언은 최대한 삼가고 차라리 성경을 많이 읽도록 권면하는 편이 좋습니다. 교만을 경계하도록 하는 수많은 구절들을 읽고 스스로 영적 싸움을 시작할 수 있도록 말입니다.

이러한 훈련이 되면, 교회 밖에서 비그리스도인들을 격려하는 일에도 익숙해질 것입니다. 그들을 칭찬하고 세워 주다 보면 종교인에 대한 거부감도 많은 부분 사라질 것입니다. 어쩌면 자연스럽게 복음을 전할 기회가 생길지도 모릅니다.

결론: 실제적인 해결책은 무엇인가

그렇다면 질투 문제를 해결할 수 있는 실제적인 방법은 무엇일까요? 그저 성경말씀이 하지 말라고 하니 억제해야만 할까요? 그렇게 간단한 문제라면, 이 땅은 이미 하나님 나라일 것입니다. 우리의 인격은 그 정도로 성숙하지 못합니다. 비록 발버둥 치는 수준이라 할지라도 실질적인 방법이 필요합니다. 지금까지 제가 깨달은 방법을 두 가지 소개하고자 합니다.

첫째는 자신이 질투하고 있음을 깨닫는 것입니다. 조던 피터슨이 방송으로 전화 상담을 하던 도중 한 여성과 통화를 하게 됩니다. 그녀는 다른 사람들이 잘되는 것에 대해 너무나 질투가 나서 못 견디겠는데, 이 문제를 어떻게 해결할 수 있을지 그에게 물었습니다. 그러자 피터슨은 "이미 당신이 질투하고 있음을 인정하는 것으로 문제가 반은 해결되었습니다"라고 말합니다.

이것은 상당히 일리 있는 이야기입니다. 질투하고 있음을 깨닫는 것이 곧 문제 해결의 시작입니다. 만일 그것을 인정하지 않는다면 아무것도 시도할 수 없습니다. 그렇다면 그리스도인은 어떻게 자신이 질투하고 있음을 깨달을까요? 정공법이라 할 수 있는데, 예수님의 십자가를 묵상할 것을 제안합니다. 십자가를 바라보면, 결국 우리가 질투와 비방을 통해 예수님을 희생양으로 만들었음을 깨닫게 됩니다. 그 자리에 바리새인이나 빌라도가 아니라 우리가 있었어도 달라지는 것은 없었습니다.

만일 누군가를 미워하거나 인정하기 싫은 마음이 들면, 우리가 예수님을 어떻게 십자가에 못 박았는지 떠올려 봅시다. 미워하는 마음이 들 때마다 가슴에 십자가 모양을 그린다든지, 온갖 방법을 동원해서 습관으로 만들수록 도움이 됩니다. 이런 식으로 스스로 질투하고 있음을 깨닫고 나서 망치로 머리를 한 대 얻어맞은 것 같았던 경험이 한두 번이 아닙니다. 자신이 질투하고 있다는 사실을 인지하는 순간, 그 감정을 조절하기가 굉장히 쉬워집니다. 마치 의사로부터 진단을 받은 뒤에야 불안이 해소되고 병을 치료할 확률이 높아지는 것과 마찬가지입니다.

질투 문제를 해결하는 두 번째 방법은, 바라는 가치 체계를 바꾸는 것입니다. 사실 질투가 문제라기보다는 바라고 욕망하는 대상 자체가 문제일 때가 많습니다. 선한 대상이 아니라 우상을 욕망하고 있는 것입니다. 만일 돈을 가장 크게 욕망하면, 돈 많은 사람을 질투합니다. 교회에서 남들 눈에 멋진 사역자로 보이는 것을 욕망하면, 그런 사람을 질투합니다. 유튜브를 하면서 구독자를 늘리는 것이 목적이면, 다른 대형 유튜버들을 질투할 것입니다. 중요한 것은 자신이 그렇게 유치한 질투를 할 리 없다고 우기는 것이 아니라 겸허하게 받아들이는 것입니다.

궁극적인 해결책은 욕망하는 대상을 바꾸는 것입니다. 다른 것보다 하나님 나라와 궁극의 선을 욕망하면 질투의 문제가 많이 해결됩니다. 완전한 선을 추구하는 것은 굉장히 어렵고 부자연스러운 일이기 때문입니다. 이런 것들을 욕망하다 보면 질투를 느낄 틈이 없습니다. 가장 급진적인 예로, 예수님의 선하심을 한번 질투해 보면 어떨까요? 이는 정말로 어려운 일입니다. 누가 원수를 위해 자기 목숨을 내어놓는 모습을 질투할 수 있을까요? 선을 욕망하는 것은 그 자체로 엄청난 노력이 필요한 일입니다.

삼위일체 하나님은 서로 간에 질투하지 않으십니다. 예수님이 하나님을, 하나님이 예수님을 질투하신다는 구절은 성경에 없습니다. 성부, 성자, 성령님 모두 하나님 나라와 복음이라는 가장 선한 가치를 바라보며 동역하고 계시기 때문입니다. 만일 하나님이 그리하셨다면, 그리스도를 통해 그분의 자녀가 된 우리들도 그리할 수 있습니다.

누군가를 크게 질투해 본 경험이 있나요?
언제 자신이 질투하고 있음을 깨달았나요?

_____

_____

_____

_____

_____

선한 질투에는 어떤 예가 있을까요?
나의 질투를 떠올려 보고, 그것을 선한 질투로 바꾸려면
어떻게 해야 할지 나누어 봅시다.

_____

_____

_____

_____

예수님의 선하심을 다른 무엇보다
열망하기 위해서는 어떻게 해야 할까요?

_____

_____

_____

_____

_____

Q4. 우울증을 기도로만 극복할 수 있을까?

뉴스에서 간간이 듣는 유명인의 자살은 이제 더 이상 어제 오늘의 이야기가 아닙니다. 우리는 그러한 소식을 들을 때마다 애도하는 마음과 더불어 우리 자신을 들여다보게 됩니다. 그만큼 정신질환에 대한 관심도 늘어나고 있습니다. 그중에서도 우울증은 현대인의 감기로 불릴 만큼 흔하면서 자살충동까지도 일으킬 수 있는 무서운 병입니다. 사회적으로도 마찬가지지만, 특히 교회 안에 우울증에 대한 여러 가지 잘못된 생각들이 존재하는 것 같습니다.

2016년을 기준으로 한국에서 64만여 명이 우울증 진단을 받았습니다. 하지만 이는 병원에서 진단을 받은 숫자일 뿐이고, 실제로는 214만 명 정도가 우울증을 앓고 있는 것으로 추정된다고 합니다.[1] 열 살이 되지 않은 인구를 제외하고 계산해 보면, 대략 백 명 중 네 명 정도는 우울증이라는 의미가 됩니다. 굉장히 많은 숫자라고 볼 수 있습니다. 특히 한국은 우울증 치료제를 사용하는 비율이 OECD 국가 평균보다 세 배 낮습니다.[2] 다른 국가들에 비해 훨씬 치료를 안 받는다는 뜻입니다. 우울증은 초기에 상담하고

치료하면 완치율이 70퍼센트 이상에 육박합니다. 그럼에
도 치료를 받지 않고 방치하여 심각한 상황까지 이르는 경
우가 많다는 것은 비극적인 사실입니다.

과거에는 육체적인 병을 영적 상태와 결부하는 경우
가 많았습니다. 누군가가 아프면 죄가 원인이라고 함부로
말하는 일들이 종종 있었고, 환자 입장에서는 병에 걸린 것
도 서러운데 죄책감까지 떠안아야 했습니다. 과거보다 이
런 일들이 줄어든 만큼, 이제 정신 질환 또한 영적인 원인
으로 쉽게 재단하는 일을 삼가야 할 것입니다. 이번 질문에
서는 우선 약사로 일하는 입장에서 필요한 정보를 드린 뒤,
그리스도인은 우울증을 어떻게 바라보아야 할지 함께 살
펴보려고 합니다. 마지막으로, 기도와 말씀으로 우울증을
극복하는 것이 가능한지도 살펴보겠습니다.

우울증이란 무엇인가

우울증이란 무엇일까요? 단순히 슬프고 근심스러우며 답
답한 감정이 지속되는 상태를 가리켜 우울증이라 판단하
는 것은 정확한 진단 방법이 아닙니다. 마땅히 슬플 만한
일이 있어서 슬픈 것은 오히려 지극히 정상적인 일입니다.
우울증은 슬픔보다는 의욕에 좀 더 관련이 있습니다. 만일
평소에 굉장히 좋아하던 취미생활이나 열정을 쏟던 일들
이 전부 싫어졌다면, 그리고 이런 상태가 오래 지속된다면
우울증을 의심하여 전문가를 찾아가는 것이 좋습니다. 이
외에도 수면장애나 죄책감, 에너지 손실, 집중력 저하, 입
맛 없음, 자살충동 등의 증상 중 여러 가지가 한꺼번에 나
타난다면 의심해 볼 만합니다.

제가 유튜브 영상으로 이 내용을 소개하기 위해 준비

하던 중, 한 기독교 방송에서 어느 정신과 의사와 한 목사가 우울증에 대한 주제로 이야기를 나누는 것을 보았습니다. 평소 이 프로그램에 패널로 출연하는 목사들이 지식과 신앙 간 높은 균형 감각을 지니고 있다고 생각했던 터라, 그날 방송에 출현한 목사의 한마디 말에 유난히 의구심이 들었습니다. 그는 우울증과 관련하여 몸이 원인이 되는 우울증과 정신이 원인이 되는 우울증 두 가지를 나눌 수 있다고 생각하고 있었습니다.

그의 의도를 굳이 분석하자면 이렇습니다. 몸의 우울증은 뇌의 기능이 저하된 상태이기에 의학적인 치료를 받아야 고칠 수 있지만, 이와 대조되는 정신적인 우울증은 신앙과 기도로 이겨 낼 수 있다는 것입니다. 정신과 의사가 이러한 생각에 다소 모호하게 반응하자, 그 목사는 몸의 우울증과 별개로 정신적인 우울증은 어떻게 고쳐야 하는지 재차 질문을 던집니다. 평소 다른 학문에 조예가 있다고 여기던 사람도 이렇게 생각할 정도면, 실제로 많은 성도들의 우울증 이해도 별반 다르지 않을 것으로 예상됩니다.

결론부터 말하자면, 모든 우울증은 결국 몸의 우울증입니다. 몸과 별개로 진행되는 정신적인 우울증이란 존재하지 않습니다. 뇌 또한 몸의 일부라는 당연한 사실을 상기할 수 있다면 말입니다. 질문을 받은 정신과 의사 또한 그리스도인이었는데, 계속되는 질문에 마지못해 대답합니다. "우울증의 경우 세로토닌 저하로 일어나는 경우가 대부분입니다. 하지만 간혹 과도한 스트레스 때문에 일어나는 경우도 있습니다."

스트레스를 받을 때 나오는 코르티솔은 결국 세로토닌 수치를 낮추는 역할을 합니다. 한마디로, 정신과 의사는 모든 우울증이 세로토닌 분비 저하와 연관이 있다는 말을 한 것입니다. 여기서 세로토닌은 흔히 '행복 호르몬'이라 불리는데, 의욕이나 열정, 자존감 등과 관련이 있습니다. 이것이 일정 수치 이하로 내려가서 안 올라오면 우울증 증세가 나타나는 것입니다. 마치 혈압 수치가 높아지면 슬슬 머리가 어질어질해지는 것과 마찬가지입니다.

우울증의 증상과 치료는 기계적이라 불러도 좋을 정도입니다. 현재 가장 보편적으로 쓰이는 항우울제 카테고리는 세로토닌 재흡수 억제제 SSRI로 불리는데, 이 약이 작동하는 방식을 간단히 설명하면 이렇습니다. 우리 뇌에는 신경전달세포가 있습니다. 이를 뉴런이라고 부릅니다. 수많은 뉴런들이 서로 정보나 호르몬을 전달합니다. 이 과정에서 세로토닌 역시 하나의 뉴런에서 다음 뉴런으로 전달됩니다. 그런데 다음 뉴런으로 세로토닌이 전달되기 전에, 이전의 뉴런이 세로토닌 중 일부를 다시 흡수합니다. 그러면 다음 뉴런으로 전달이 안 되어서 세로토닌의 절대적인 양이 일정 수준 이상 증가하지 않습니다.

정상적인 사람의 경우, 재흡수가 적당량의 세로토닌을 유지해 주는 역할을 합니다. 어떤 호르몬이든 너무 많으면 문제가 생기기 때문입니다. 그런데 우울증 환자는 애초에 세로토닌 자체가 적은 상태이기 때문에 이러한 재흡수 작용이 치명적인 것입니다. 이때 우울증 약물인 SSRI는 재흡수를 못 하도록 막는 역할을 하는데, 그러면 세로토닌이 뇌 안에 적정 수준으로 남아 있게 되고 일시적인 우울감 감소와 의욕 증진 효과가 나타납니다.

누군가가 이렇게 물을 수도 있습니다. "뇌에서 나오는 호르몬 말고, 사탄이나 악한 영들이 영혼을 직접 공격하는 경우는 없나요? 직접 공격해서 우울하게 만들고, 자살 충동을 일으키고, 심지어 귀신 들리게 하는 경우에는 기도로밖에 이길 수 없지 않습니까?"

이 또한 결론부터 말씀드립니다. 기도는 우울증 치료에 도움이 되면서도 안 됩니다. 이상하게 들릴 수도 있는데, 조금 더 설명해 보겠습니다.

무엇이 영적인 일인가

이 이야기를 하려면 먼저 영적인 것과 육적인 것에 대해 살펴볼 필요가 있습니다. 이 책의 열네 번째 질문('과학과 철학의 발전이 신을 죽였을까?')을 먼저 읽어 보시면 더욱 이해하기 쉬울 것입니다. 우리는 영적인 현상이라는 말을 다음과 같은 의미로 사용합니다. "하나님, 사탄, 천사와 같은 영적인 존재가 자연법칙을 거치지 않은 신기한 방식으로 무언가를 일으키는 것."

사람들은 흔히 기적과 영적인 일이 동의어라고 생각합니다. 하지만 모든 영적인 일이 자연법칙을 초월해야만 하는 것은 아닙니다. 만일 당신이 오늘 아침에 요한복음을 읽고 묵상했다면, 그 또한 넓은 의미로 영적인 일을 한 것입니다. 그렇지만 성경읽기가 자연법칙을 벗어난 기적은 아닙니다. 이처럼 무엇이 영적이고 무엇이 영적이지 않은지를 나누는 일은 매우 어렵습니다. 확실한 사실은 기적의 여부가 유일한 판단 기준이 될 수 없다는 것입니다.

중세 신학자이자 스콜라 철학의 대부인 토마스 아퀴나스는 하나님을 모든 것의 제일 첫 번째 원인으로 규정합니다. 모든 원인을 따지고 올라가면 하나님이 있다는 것입니다. 그는 제1원인 다음으로 두 번째 원인이 있다고 말하는데, 그것이 바로 자연법칙입니다. 그의 주장을 요약하면 이렇습니다. 자연법칙 자체를 제1원인인 하나님이 디자인 하셨기 때문에, 자연법칙에 의해 진행되는 모든 일도 궁극적으로는 하나님이 하고 계신 일입니다. 다시 말해, 제1원인이신 하나님은 제2원인인 자연법칙을 통해 이 세상을 운행하십니다.

그런데 많은 사람들이 이렇게 이야기합니다. "고대의 미개한 사람들은 전자기력을 몰랐으니 제우스나 하나님이 번개를 던진다고 생각했겠지만, 우리는 번개가 치는 원인을 과학적으로 밝혀냈어. 그러니 신 따위는 이제 더 이상 필요 없어!"

그런데 조금만 깊이 생각해 보면, 이것은 굉장히 순진한 생각입니다. 하나님이 전자기력이라는 자연법칙을 사용하여 번개가 치도록 설계하셨을 수도 있지 않습니까? 만일 그렇다면, 번개의 과학적 원인을 몰랐던 시대와 비교해서 오늘날 달라진 것은 없습니다. 단지 하나님이 어떤 방식으로 일하는지에 대한 우리의 지식이 증가했을 뿐입니다.

하나님이 제2원인을 통하지 않고 직접적으로 행하시는 경우를 가리켜 우리는 기적이라 부릅니다. 성경의 예를 들면, 그리스도의 부활이 있을 것입니다. 하지만 하나님이 이런 식으로 일하시는 경우는 극히 드뭅니다. 매일 일어난다면, 그것은 기적이 아니라 법칙이라 불려야 합니다. 그런데 기적 자체는 정의상 거의 모든 상황에서 일어나지 않을 법한 일입니다. 여기서 거듭 강조하고 싶은 부분은, 제1원인이신 하나님이 꼭 기적을 통해서만 일하실 필요는 없다는 사실입니다.

원인이 하나님이 아니라 사탄이라고 말하는 경우에

도 마찬가지입니다. 사람들은 영적인 원인으로 발생하는 질병이나 불행이 따로 있다고 믿고 싶어 합니다. 여기서 영적인 원인이라고 한다면, 악한 영 혹은 사탄의 공격 등이 될 것입니다. 그런데 여기서 살펴볼 구절이 하나 있습니다. 요한복음 9장을 보면, 예수님이 길을 걷다가 한 시각 장애인을 만납니다. 그에 대해 제자들이 묻습니다.

> "선생님, 이 사람이 눈먼 사람으로 태어난 것이, 누구의 죄 때문입니까? 이 사람의 죄입니까? 부모의 죄입니까?" 예수께서 대답하셨다. "이 사람이 죄를 지은 것도 아니요, 그의 부모가 죄를 지은 것도 아니다. 하나님께서 하시는 일들을 그에게서 드러내시려는 것이다."
>
> 요 9:2-3, 새번역

그리스도인이 영적인 원인과 육적인 원인을 두부 자르듯 나누다 보면 큰 문제가 생깁니다. 해결 방법 또한 별도로 존재할 것이라 믿기 때문입니다. 예를 들어, 우울증 환자를 병원에 데려가지 않고 용하다는 사역자가 운영하는 기도원에 데려가는 불상사가 발생할 수도 있습니다. 이렇게 되면 치료 시기를 놓쳐서 상태가 심각해질 수도 있습니다. 특히 환자 본인의 의사를 무시하고 행하는 경우에는 스트레스로 인해 정신질환이 훨씬 악화됩니다.

번개의 원인이 전자기력이자 동시에 하나님일 수 있는 것처럼, 우울증의 원인도 뇌의 문제이자 동시에 죄로 인한 피조세계의 타락이라 볼 수 있습니다. 성경은 죄가 결국 고통과 악을 파생시켰다고 말합니다. 어떻게 이 두 원인이 동시에 가능할까요? 이 두 가지가 서로 다른 차원의 원인이기에 충분히 가능합니다.

C. S. 루이스는 이것을 설명하기 위해 『햄릿』의 예를 드는데, 극 중 나뭇가지가 부러져 오필리아가 익사하는 장면에 주목합니다.[3] 여기서 그녀가 죽은 원인은 나뭇가지가 부러졌기 때문일까요, 아니면 셰익스피어가 그녀의 죽음을 묘사했기 때문일까요? 루이스는 둘 중 어느 쪽을 택하든 상관없다고 말합니다. 여기서는 두 가지 모두가 원인이라고 말해도 좋습니다.

셰익스피어가 『햄릿』이라는 희곡의 창조자임을 인정한다면, 이는 상호 모순이 아닙니다. 같은 맥락에서, 죄를 세상에 들어오기 위해 인류를 처음 유혹한 사탄이야말로 우울증의 제1원인이라 말할 수도 있을 것입니다. 하지만 세로토닌 분비 저하가 원인이기도 합니다. 하나는 과학적 방법으로 발견할 수 있는 부분이지만, 다른 하나는 신학적으로 탐구해야 할 영역입니다.

우울증 환자들이 문제를 밝히지 못하는 이유

그렇다면 우울증 환자들이 교회에서 쉽게 문제를 털어놓지 못하는 이유는 무엇일까요? 우선, 앞서 말했듯이 우울증을 육체와 관련이 없다는 의미에서 영적인 병이라고 생각하는 경우가 많기 때문입니다. 기도와 말씀으로 이겨내라는 식의 충고를 계속 듣다 보면, 환자는 더 이상 공동체에 자신의 상태를 말하지 못하게 됩니다.

둘째로, 우울증을 바라보는 사회의 시선 또한 별로 좋지 않기 때문입니다. 보통 정신질환을 앓고 있는 사람이 정신과를 드나드는 것은 부끄럽고 숨겨야 할 일로 여겨집니다. 이는 굉장히 이상한 일입니다. 정신이 아픈 사람의 정신과 방문은 배가 아픈 사람의 내과 방문과 동일한 수준으로 권장되어야 할 일입니다. 사회에서의 부정적인 시선 때문에 우울증 환자 중 제대로 된 치료를 받는 사람의 비율이 얼마 되지 않는다는 것은 참으로 안타까운 일입니다.

셋째로, 우울증 환자들은 대체로 다른 사람을 힘들게 만듭니다. 고혈압 환자는 자기 혼자만 아플 뿐이지만, 정신 질환을 앓고 있는 사람은 가족을 포함한 주변 사람을 지치게 만들거나 심하면 해를 입힐 가능성까지 있습니다. 그래서 정신질환을 사회적으로 꺼리는 것이 아닌가 싶습니다. 우울증에 깊이 빠진 사람과 대화를 나누다 보면, 똑같은 이야기를 계속해서 반복합니다. 그러면 일반적으로 들어 주는 사람까지 지치고 우울해지고 맙니다. 특히 이미 병이 진행된 지 오래된 경우라면 일반인이 도와줄 수가 없는 경우도 있습니다.

그렇다면 우리는 우울증 환자를 어떻게 대해야 할까요? 다른 병과 마찬가지로, 우울증도 직접 걸려 보지 않고는 완전히 그 기분을 이해하기 어렵습니다. 단순한 우울감과는 차원이 다릅니다. 조금이라도 이해하고 싶다면, 가장 낙담된 경험을 한 직후를 떠올려 보십시오. 무력감 때문에 침대에 누워서 하루 종일 아무 일도 하지 못했던 기억 말입니다. 우울증 환자가 아닌 경우에는 시간이 약입니다. 절대로 못 이겨낼 것 같은 일도 보통 일정 시간이 지나면 일상생활을 할 정도로는 해결이 됩니다. 하지만 우울증은 시간이 약이 안 되는 상태입니다. 자연스럽게 의욕이나 기운이 돌아오지 않습니다.

환자들을 도우려면 우선 그들을 정죄하거나 강요하는 듯한 말을 하지 말아야 합니다. 나가서 운동을 하라거나, 의욕을 내보라거나, 기도와 말씀생활에 좀 더 힘쓰라는 식의 충고는 오히려 상황을 악화시킬 수 있습니다. 이들은 스스로 정신력이나 의지를 낼 수 있는 상태가 아닙니다. 몸의 기능 자체가 저하된 상태이기 때문에 자신이 마음을 먹는다고 회복되는 것이 아닙니다. 마음을 굳세게 먹는다고 당 수치가 낮아지거나 혈압이 떨어지던가요? 설교의 왕자로 불렸던 19세기 영국의 설교자 찰스 스펄전도 스물네 살에 우울증을 얻고 지속적으로 괴로워했습니다.

기도와 말씀이 우울증에 도움이 될까

그렇다면 기도와 말씀을 포함한 신앙생활을 통해서 우울증을 이겨낼 수 있을까요? 앞서 말했듯이, 기도는 우울증에 도움이 되면서도 안 됩니다. 우선 도움이 안 되는 측면을 말씀드리면, 기적적 치유만을 바라는 경우입니다. 여기서 오해하면 안 될 것이, 신앙인이라면 당연히 기도를 통한 기적적 치유가 가능하다고 믿을 수 있습니다. 하지만 대부분의 경우 하나님은 직접 개입하시지 않고 제2원인 곧 자연법칙을 통해서 일하신다는 사실도 알아야 합니다. 그렇다면 질문을 바꿔 봅시다. 기도에 제2원인에 해당하는 효과가 있을까요?

미국의 저명한 신경과학자 앤드류 뉴버그가 종교적 체험을 하는 동안 뇌에서 어떤 일이 일어나는지에 관해 6년간 연구했습니다. 그는 최첨단 영상기술을 사용해 기도나 명상에 몰두한 사람의 뇌의 상태를 촬영했는데, 분석 결과 놀라운 사실을 발견했습니다. 기도나 명상의 절정에 이르렀을 때 비정상적인 뇌 활동이 감지되었는데, 우울증 회복에 가장 많은 영향을 주는 세로토닌뿐 아니라 간접적 영향을 주는 도파민이나 옥시토신 같은 호르몬 분비가 활성화되는 것을 볼 수 있었습니다.[4] 여기서 흥미로운 사실은 옥시토신 분비가 활성화되었다는 점입니다. 이것은 흔히 '관계 호르몬' 혹은 '사랑 호르몬'이라 불리는데, 누군가와 친밀한 관계 속에서 서로 인정과 사랑을 주고받을 때 활성화되며, 스트레스를 감소시키고 행복감과 친밀감, 의욕을 증진시켜 줍니다.

실험을 주도한 뉴버그는 종교인이 아니며, 이 실험 역시 그리스도인만을 대상으로 한 것은 아닙니다. 실험 대상에는 스님이나 수녀 등도 포함되었습니다. 중요한 점은 기도나 명상에 깊이 몰입할 때 긍정적인 호르몬이 분비된다는 것입니다. 더 나아가, 컬럼비아 대학 정신과 미나 와이스먼 교수의 연구팀은 종교를 가진 사람이 그렇지 않은 사람보다 대뇌피질이 더 두껍다는 논문을 발표하였는데, 이 논문은 오랜 기간 신앙생활을 한 종교인의 뇌가 정보처리 속도도 빠르고 자극에도 더 예민하다는 결과를 도출하였습니다.[5]

이러한 실험들을 통해 신에 대해 결론 내릴 수 있는 것은 두 가지 가능성뿐입니다. 우리 뇌가 신을 추구하도록 발달해서 신을 만들어 낸 것이든지, 신이 우리와 교류하기 위해 인간의 뇌를 이렇게 설계한 것입니다. 신앙인은 후자가 진실이라고 믿습니다. 하지만 이는 과학으로 밝혀낼 수 있는 부분이 아니라 믿음의 문제입니다. 결론적으로, 기도에는 우울증 극복의 효과가 있습니다. 굳이 기적적인 효과가 아니더라도, 우리 몸의 작용을 통해서 말입니다.

그렇다면 말씀을 읽는 것은 우울증에 도움이 될까요? 당연히 기독교 교리의 내용 자체도 우울증 극복을 도와줍니다. 우리 시대 가장 주목할 만한 목회자 가운데 한 사람인 팀 켈러는 자신의 공식 SNS 계정에 이런 문장을 남긴 적이 있습니다. "우리는 전 우주의 창조자가 죽어야만 했을 만큼 죄인인 동시에, 전 우주의 창조자가 죽어야만 했을 만큼 사랑받는 존재다." 기독교 세계관에 따르면, 우리 인간은 어차피 스스로의 힘으로 구원을 이루거나 세상을 바꾸기에는 역부족인 존재입니다. 그렇기 때문에 과도한 책임이나 부담을 지닐 필요가 없습니다. 이 사실을 진정으로 이해하고 받아들인 사람의 뇌에는 스트레스가 감소할 수 있습니다.

동시에 우리는 하나님이 자신의 아들을 내어 주실 만큼 큰 사랑과 인정을 받은 존재들입니다. 이 사실은 우리의 자존감을 높여 주어 세로토닌 수치를 상승시킵니다. 또한 하나님과의 관계 안에서의 친밀함은 옥시토신 수치를 상승시킵니다. 그런 맥락에서 신앙생활을 하나님과의 인격적 만남이라고 부르는지도 모르겠습니다. 이처럼 성경말씀을 바탕으로 한 기독교 교리는 우리 뇌와 호르몬 분비에 직접적인 영향을 미칩니다.

열왕기상 19장을 보면, 엘리야가 자신을 죽이려는 이세벨에게 쫓기다가 로뎀 나무 아래에 축 늘어져 있는 장면이 나옵니다. 엘리야는 이때 자살 충동이 들어 하나님께 차라리 자신의 목숨을 거두어 달라고 말합니다(왕상 19:4). 보통 설교에서는 이를 '영적 무기력증'이라는 단어로 표현하는데, 우울증에 빠졌다는 말과 별 차이가 없습니다.

이후로 엘리야의 증세가 회복된 과정을 살펴보면, 하나님이 로뎀 나무 아래에서 자고 있는 엘리야에게 한 천사를 보내십니다. 천사가 그를 어루만지며 말합니다. "일어나 먹으라." 그의 머리맡에는 숯불에 구운 떡과 물 한 병이 놓여 있었습니다. 그는 식사를 한 뒤에 다시 잠이 듭니다. 그리고 하나님의 천사가 다시 와서 그를 어루만지며 말합니다. "일어나 먹으라. 네가 갈 길을 다 가지 못할까 하노라"(왕상 19:5-7).

그가 사십 일 여정 끝에 호렙산에 도착했을 때, 하나님이 직접 그를 만나 주십니다. 그리고 그에게 새로운 임무를 부여하십니다. 그에게 새로운 동료들을 지목해 주시며 왕과 선지자로 세울 것을 명하시는데, 그들이 바로 하사엘과 예후, 그리고 후계자인 엘리사입니다. 다음 세대의 희망을 엘리야에게 미리 보여주신 셈입니다. 또한 하나님은 이스라엘에 그와 같은 편 칠천 명을 남겨 놓을 것이라고 격려하십니다(왕상 19:12-18).

엘리야를 선지자가 아닌 한 명의 우울증 환자로 바라보았을 때, 이 정도의 위로와 격려, 동기부여가 주어진다면 충분히 회복이 가능하다고 봅니다. 이처럼 하나님과의 관계에서 맞닥뜨리는 위로하심과 사랑, 소명의 부여는 우울증을 실질적으로 극복할 수 있게 도와줍니다.

"그러니까 정신과 갈 필요는 없다는 거네? 약 먹을 필요도 없고 그냥 기도하라는 거네?" 지금까지의 설명을 듣고도 이렇게 말한다면 무언가 잘못 읽은 것입니다. 전문적인 상담 및 약 처방을 통한 치료와 더불어, 신앙의 회복 또한 우울증이 보다 효과적으로 치유되는 데 도움이 될 수 있다는 말을 하는 것입니다. 항우울제는 근본 치료가 아니라 증상을 잡는 역할에 불과하므로, 근본 치료에서는 신앙생활이 약보다 더 효과적일 수도 있습니다.

결론: 우리는 어떻게 해야 할까

안타깝게도 한국은 OECD 자살률 1위 국가입니다. 전 세계적으로 자살자의 80퍼센트는 정신질환에 걸린 적이 있고, 50퍼센트는 우울증과 관련되어 있습니다.[6] 자살하는 사람들 중 80퍼센트는 자기 의지보다는 몸의 기능이 저하되어서 안타깝게 죽음까지 몰렸다는 뜻입니다. 결과적으로, 이것은 암으로 죽는 것과 별반 차이가 없는 일입니다. 우리가 해야 할 일은 마음과 뜻과 힘을 다해 정신적 어려움에 빠진 사람들을 돕는 것입니다.

우울증의 원인이 영적인 것인지 따지는 동안, 교회 안의 누군가는 살고 싶지 않을 만큼의 침체에 빠져 허우적거리고 있을 것입니다. 그들이 편하게 자신의 어려움을 나눌 수 있는 환경을 만들어 주어야 합니다. 그리고 그들의 영적 상태나 의지 부족, 숨겨진 죄를 걱정하기에 앞서 호르몬 수치부터 걱정해 주어야 합니다. 비록 우리가 형제와 자매를 위해 암세포를 죽이거나 당 수치를 낮추어 줄 수는 없지만, 세로토닌 수치는 높여 줄 수는 있습니다. 위로하고, 격려하고, 복음에 대해 들려주고, 같이 기도해 주는 것만으로도 실제적으로 도움이 됩니다.

어쩌면 오늘 건네는 당신의 따뜻한 말 한마디가 누군가의 최악의 선택을 방지할지도 모릅니다. 그들을 어루만지고 원기를 북돋아 주어야 합니다. 혹시 엘리야에게 보낸 천사처럼 우리를 사용하실지도 모를 일입니다. 우리의 호르몬을 만드신 하나님이 말입니다.

우울감과 절망에 빠져 있는 이들을 도우려고 노력해 본 경험이 있나요?
만일 그러한 경험이 있다면,
어떤 현실적인 어려움이 있었는지 나누어 봅시다.

_____

_____

_____

_____

육적인 현상을 오직 영적인 현상으로만 해석해 본 적이 있나요?
또는 그 반대의 경험이 있나요?
만일 그렇다면, 왜 그렇게 해석했나요?

_____

_____

_____

_____

그리스도의 복음을 아는 것이
우리의 자존감에 어떤 영향을 줄까요?
자신의 경험을 나누어 봅시다.

_____

_____

_____

_____

Q5. 주일성수가
우리의 신앙을 보장해 줄까?

가끔 미국 교회에 가면 주보를 보고 놀랄 때가 많습니다. 꽤나 규모가 있는 교회임에도 예배 횟수가 생각보다 적기 때문입니다. 지금까지 가본 미국 교회들은 대부분 평일 한두 번의 예배와 주일 예배를 드리는 것이 전부였습니다. 그렇다고 해서 예배를 중요시하지 않는 것은 아니겠지만, 한국 교회의 예배 횟수에 익숙해진 이들에게는 다소 허전한 감이 있습니다. 반대로 생각하면, 그만큼 한국 교회가 예배 빈도와 참석을 강조해 왔다는 뜻이 될 것입니다. 모이기에 힘쓰는 한국 교회의 성향은 가파른 교회 성장과 복음 전파를 가능하게 했고, 열정적인 일꾼들을 키워 냈습니다. 대부분의 한국 교회에는 평일 새벽기도회가 존재하고, 수요일 혹은 금요일 예배(기도회)는 드려야 최소한의 형태가 갖추어집니다. 규모가 크지 않은 교회라도 예배 횟수가 한 주에 7-8회는 넘는 셈입니다.

　이 많은 예배들 중에서도 주일 예배의 경우 특별히 강조됩니다. 교회에 따라 다르겠지만, 주일에 교회에서 시간을 얼마나 보냈느냐에 따라 신앙의 수준이 결정되는 듯한 분위기도 존재합니다. 하지만 주일 예배에 열심히 출석하기만 하면 자신의 신앙이 안전할 것이라 생각하는 것은 커다란 착각일 수 있습니다. 심지어 어떤 이들은 주일성수를 음식점 쿠폰 도장 찍는 것처럼 받아들이기도 합니다. 도장을 다 찍으면 치킨 한 마리를 무료로 얻는 것처럼, 주일 도장을 충실히 찍으면 천국이라는 상품을 얻을 것이라 생각하는 셈입니다.

이러한 태도는 일차적으로 주일을 구약의 안식일 규정처럼 여기는 오해에서 비롯됩니다. 신앙생활을 하다 보면 주일을 안식일처럼 거룩하게 지켜야 한다는 말씀을 한 번쯤 듣게 되는데, 이것이 과연 성경적인지 함께 살펴볼까 합니다.

주일은 구약의 안식일과 동일한가

한 신학 교수의 경험에 따르면, 미국 교회 목회자들이 한국 교회에 대해 가장 신기하게 생각하는 것 중 하나가 주일성수 개념이라고 합니다. 주일에 예배를 드리는 것이 신기한 게 아니라, 주일을 마치 구약의 안식일과 동일하게 생각하는 것을 이상히 여긴다는 것입니다.[1]

안식일 성수는 구약에 나오는 유대인들의 율법 규정입니다(출 20:8). 안식일은 금요일 해질녘부터 토요일 해질녘까지의 시간이고, 주일은 알다시피 일요일입니다. 그렇다면 안식일이 일요일로 옮겨진 것으로 봐야 하는 것일까요? 그렇지 않습니다. 주일과 안식일은 그저 날짜만 다른 것이 아니라 개념 자체가 다르기 때문입니다.

그렇다면 왜 일요일이 갑자기 그리스도인들의 예배일이 되었을까요? 예수님이 안식 후 첫날에 부활하셨기 때문입니다. 이는 안식일 다음 날 곧 일요일 아침을 뜻합니다. 그렇기에 초대교회 성도들이 모여 예배를 드렸던 이 주일은 부활을 기념하는 날입니다. 사실상 모든 주일이 부활주일인 셈입니다.

갈라디아서 4장에서 바울은, 갈라디아 교회가 특정한 날과 절기 등을 지키는 것을 보고 비판합니다. 그는 하나님의 은혜를 받아 자녀가 된 사람들이 왜 다시 약하고 천박한 초등학문 아래 종노릇하던 시절로 되돌아가려고 하는지 의아해합니다. 그리고 이런 것들을 가지고 논쟁하는 교인들을 보며, 자신이 그들을 위하여 기울인 모든 수고가 연기처럼 사라질까 염려합니다(갈 4: 9-11). 여기서 바울의 고민은 예수님의 고민과 동일합니다. 사람들이 안식일의 진짜 정신을 잃어버리고 단순히 날짜 지키기에 연연하고 있다는 것입니다.

여기서 예수님의 한 유명한 일화를 소개하겠습니다. 제자들이 안식일에 예수님과 함께 길을 걷다가 밀 이삭을 잘라 먹자, 감시카메라라도 설치했는지 바리새인들이 득달같이 달려옵니다. "보시오, 당신의 제자들이 안식일에 하지 못할 일을 하나이다"(마 12:2). 그러자 우리가 잘 알고 있는 예수님의 대답이 이어집니다. "안식일이 사람을 위하여 있는 것이요 사람이 안식일을 위하여 있는 것이 아니니"(막 2:27). 또한 "나는 자비를 원하고 제사를 원하지 아니하노라 하신 뜻을 너희가 알았더라면 무죄한 자를 정죄하지 아니하였으리라"고 하시며 안식일의 참뜻은 자비를 행함으로 성취된다는 점을 강조하십니다(마 12:7). 이는 구약의 호세아서 말씀의 인용입니다(호 6:6).

안식일은 원래 자비를 위해 존재했습니다. 그러나 바

리새인들은 다른 사람들을 얽매는 도구로 안식일을 악용했습니다. 이 때문에 자비와 안식 자체이신 예수 그리스도께서 이 땅에 오셔야 했던 것입니다. 그분은 율법을 폐하러 오신 게 아니라 오히려 완성하러 오셨다고 말씀하셨습니다(마 5:17). 허례 의식을 폐하고 율법의 본래 정신을 회복시키려는 주님의 의지가 드러나는 말입니다. 그중에서도 안식일은 율법 중 가장 중요한 규정이었습니다. 그런 안식일이 예수님의 구원을 통해 진정으로 완성된 것입니다. 여기서 구원이란 사후의 구원을 포함해 현재의 정체성을 바꾸어 놓는 실존적인 구원, 더 나아가 사회와 경제적 장벽을 허무는 차원의 구원까지도 포함됩니다. 즉 안식일은 구원을 주시는 예수 그리스도의 자비를 상징적으로 보여주는 역할을 합니다.

이 구원의 신호탄이 된 사건이 바로 예수 그리스도의 부활입니다. 그리스도인들은 그분의 부활을 안식 후 첫날 곧 일요일에 기념하게 되었습니다. 이를 통해 이제 진정한 안식이 찾아왔음을 기뻐하고 예배하는 것입니다. 그런데 안식의 범위는 사실 모든 날을 포함하고 있습니다. 예수님은 토요일이나 일요일에만 우리에게 안식을 주시지 않습니다. 주일의 진정한 의미는 그리스도를 통해 이루어진 안식을 모든 날에 기뻐하라는 것입니다.

그리스도인이라 불릴 기준

이처럼 그리스도인은 모든 날을 주일처럼 거룩하게 지키려는 사람을 뜻합니다. 여기서 거룩함이란 그리스도를 더욱 닮아 가려는 모습입니다. 그리스도인이란 어떤 사람인가에 관해 좀 더 살펴보기 전에, 우리가 흔히 가지고 있는 생각을 한 가지 짚고 넘어갈 필요가 있습니다. 교회 출석 여부가 그리스도인이라 불리는 데 주요한 기준이 된다는 생각입니다.

예전에 한 시청자가 제 유튜브 채널에 남긴 댓글을 보고 뜨끔했던 적이 있는데 이런 내용이었습니다. "한국 그리스도인들은 교회와 주일성수를 너무 신격화합니다. 외국에서는 신앙을 가졌는지 여부를 물어볼 때 '당신은 그리스도인이십니까?'Are you a Christian?라고 하지, '교회 다니세요?'라고 하지 않습니다."

물론 주일 예배를 지키는 것도 신앙생활에서 정말 중요한 요소입니다. 하지만 이것이 그리스도인이라 불릴 기준이 되어 주지는 못합니다. 교회 출석이나 모태신앙 여부, 심지어 교회에서 맡고 있는 리더의 자리도 그리스도인의 기준이 되어 줄 수 없습니다. 만일 상대방의 신앙에 대해 알고 싶다면, 교회에 다니는지 물을 것이 아니라 다른 방법을 생각해 보아야 할 것입니다.

사실 상대방의 신앙에 대해 직접적으로 질문을 던지는 것은 다소 개인적으로 느껴집니다. 그에 비해 교회 출석 경험을 묻는 것은 객관적인 사실에 불과하므로 상대적으로 덜 부담스럽습니다. 그래서 교회에 새로 온 사람에게 "교회에 다닌 지는 얼마나 되셨나요?"와 같이 묻는 것입니다. 그렇게 잠시 대화를 나누어 보고 이 사람은 모태신앙이니 어느 정도 확고한 기독교 신앙을 지녔을 것이라 지레짐작합니다.

한번은 오랜 친구 한 명을 교회에 데리고 간 적이 있습니다. 예배가 끝난 뒤 그 친구를 설득하여 함께 새가족반에 들어갔는데, 한 팀원이 친구에게 이렇게 물었습니다.

"전에 교회에 다녀 본 적 있으신가요?"

당시 새가족반을 맡고 있던 터라 저에게도 굉장히 자연스러운 질문이었습니다. 친구가 대답했습니다.

"네, 부모님 따라서 고등학교 때까지 다녔고, 대학교 근처 교회도 다녔어요."

팀원이 질문을 이어갔습니다.

"그렇다면 기독교에 대해 기본 지식은 있겠네요?"

지난밤에 그 친구와 깊은 대화를 나누었기에 저는 그에게 신앙이 없다는 사실을 알고 있었습니다. 하지만 그는 질문을 듣고 그렇다고 답했습니다. 거짓말이 아니었습니다. 그저 묻는 질문에 성실하게 답했을 뿐입니다. 하지만 앞으로 3주 이상 복음과 신앙에 관해 이야기를 나누어야 하는 리더의 입장에서는 왜곡된 정보를 얻은 셈입니다. 그런 분위기에서 이 친구가 자신은 아직 예수님을 믿고 있지 않다고 솔직하게 말한다는 것은 쉬운 일이 아닙니다. 새가족 관련 사역을 하다 보면 거의 매주 교회에 처음 온 사람을 만나게 되는데, 이들에게 제대로 된 질문을 던지지 않으면 많은 오해가 생길 수 있습니다.

어떤 이들은 이렇게 물을 수도 있습니다. "처음부터 그 사람의 신앙에 대해서 자세하게 알아볼 필요가 있을까요?" 그러나 우리 주위를 보면, 상대방의 신앙을 잘못 파악해서 복음이 절실히 필요한 사람에게 이야기할 기회를 놓치는 경우가 많습니다.

이와 관련해서 한 가지 비유를 들어 보겠습니다. 여기 물에 뜨는 것조차 두려워하는 A라는 사람이 있습니다. A는 부모님의 등살에 떠밀려 어릴 때부터 수영장에 다녔습니다. 하지만 수영에 전혀 관심이 없었기에 그는 수영을 배우

지 못했습니다. 그리고 여전히 물을 두려워합니다. 성인이
된 A는 큰마음을 먹고 다시 한번 수영에 도전해 보려고 강
습 상담을 받게 됩니다. 수영 강사가 A에게 묻습니다.

　　"수영장은 좀 다녀 보셨어요?"

　　"네, 어릴 때부터 많이 다녔어요."

　　수영 강사는 이 사람이 수영장에 많이 다녔으니 당연
히 자유형과 배영 정도는 할 수 있을 것이라 생각합니다.
이렇게 잘못 판단하면 앞으로 수영 강습이 제대로 이루어
질 수 있을까요?

　　사실 수영은 하는 것을 보면 어느 정도 수준인지 바
로 알 수 있기에 큰 문제가 되지 않습니다. 하지만 신앙은
내적인 측면이 강해서 제대로 파악하기가 어렵습니다. 외
적인 측면에서 보면, 교회 안에서 사용되는 종교 언어는 그
사람의 신앙과는 별개로 어느 정도 시간이 지나면 자연스
럽게 구사하게 됩니다. 그러한 가운데 개인의 신앙에 대해
직접적이거나 깊이 있는 질문을 던지는 것을 조심스레 여
기다 보면, 어떤 사람의 신앙의 깊이나 복음에 대한 이해
정도를 판단하기가 쉽지 않습니다.

교회 출석자와 그리스도인을 동일시할 때 생기는 문제점

교회 안에도 여전히 복음을 들어야 할 사람이 많은 것은 공
공연한 사실입니다. 그런데도 교회 출석 경험이나 모태신
앙인지 아닌지의 여부가 그리스도인으로서의 정체성을 결
정한다고 생각하는 사람들이 많습니다. 이들은 전도를 할
때도 일단 교회 출석만 잘 시키면 나머지는 물 흐르듯 진행
될 것이라는 생각을 가지고 있습니다.

　　이런 생각이 널리 퍼지다 보면, 교회에 속한 사람들의

관심사는 오로지 오늘 예배에 누가 왔고 몇 명이 왔는지에 초점이 맞추어지게 됩니다. 교회에 출석하고 있지만 마음은 메말라가고 있는 사람들을 제대로 보지 못하게 되는 것입니다. 또한 여러 가지 이유 때문에 일시적으로 교회에 나오지 못하는 사람들에 대해서는 신앙이 없는 것과 같은 선상에서 생각할지도 모릅니다.

이와 관련해서 사회적 차원의 문제도 있습니다. 그리스도인의 기준이 예배 출석에만 맞추어지면, 자연스럽게 사회에 대한 교회의 관심은 낮아지게 됩니다. 가령 예배나 그 밖의 교회 모임에 충실히 참석하기만 하면 그리스도인으로서 도리를 다했다고 생각할 수 있는데, 이는 잘못된 생각입니다. 예수님은 우리를 가리켜 세상의 소금이라고 말씀하십니다(마 5:13). 소금은 밖에 뿌려질 때에만 의미가 있습니다. 그런 의미에서 교회는 소금통과 같은 역할을 합니다. 소금이 효과적으로 뿌려질 준비를 하기 위해서는 소금통이 필요하지만, 소금통 안에만 머무는 소금은 결국 제 기능을 하지 못하는 것입니다.

2년 전 코로나19 팬데믹이 장기화되자, 많은 교회들이 전례 없이 비대면 온라인 예배로 전환하였습니다. 그러한 가운데 많은 신앙인들이 교회에 가서 예배를 드리지 못하게 된 것에 대해 굉장히 불안해하거나 슬퍼했습니다. 어떤 이들은 대면 예배를 자제하라는 사회적 분위기에 맞서 종교 탄압이라 주장했고, 이러한 상황일수록 더욱더 모여야 한다고 말했습니다. 또 다른 이들은 예배의 본질은 건물이나 물리적인 만남에 있는 것이 아니라고 설파했습니다. 사상 초유의 사태인 만큼, 쉽게 해결할 수 있는 문제가 아니었습니다.

그렇게 교인들이 온라인 예배를 드려도 되는지를 두고 논쟁하는 동안, 세상의 수많은 사람들이 고통 가운데 있었습니다. 영세자영업자 및 소상공인을 비롯한 많은 사람들이 막대한 피해로 생계가 어려워졌고, 취업과 결혼을 포함한 크고 작은 계획들이 무산되었으며, 수많은 사람들이 코로나19에 감염되어 생명의 위협을 느꼈습니다. 모이지 못하는 상황을 개탄하기에 앞서, 지금의 상황이 어려움에 처한 사람들을 도울 수 있는 기회라고 생각했다면 어땠을까요? 물론 지역 주민들을 돕거나 성금과 물품을 기탁하는 교회의 미담이 간혹 뉴스에 나오기도 했지만, 세상이 소금의 짠맛을 인정하기에는 턱없이 부족한 숫자였습니다.

이 모든 일은 그동안 우리가 예배 출석 자체를 신앙의 척도로 삼아 왔기에 발생하는 부작용입니다. 물론 누군가는 예배에 충실하게 출석하여 복음의 참된 의미를 깨닫고 소명을 발견할 수도 있습니다. 아마도 그 사람들은 세상에서 그리스도의 빛을 발휘할 수 있을 것입니다. 하지만 좋은 경우만 바라볼 수는 없습니다. 예배 중심적인 신앙과 예배 출석 중심의 신앙에는 분명한 차이가 있기 때문입니다. 예배 출석자가 반드시 올바른 예배를 드리고 있다는 보장은 없습니다.

가나안 성도와 구도자

소위 '가나안 성도'라 불리는 사람들이 있습니다. 이는 '안 나가'를 거꾸로 뒤집은 단어로, 교회에 나가지 않지만 스스로 그리스도인이라는 자의식을 가진 사람들을 일컫습니다. 한국교회탐구센터 조사에 따르면, 현재 한국에는 약 200만 명 정도의 가나안 성도가 있는 것으로 추정된다고 합니다.

교회에 남아 있는 사람들은 이들을 신앙 없는 사람들이라 치부하는 경향이 있습니다. 물론 신앙에서 공동체의 중요성은 거듭 강조해도 지나치지 않을 것입니다. 주위에 앞으로 혼자서 신앙생활을 하겠다는 이들이 있다면 다시 돌아오도록 권면하는 것이 좋습니다. 하지만 신앙인이라 불릴 기준만큼은 분명히 해야 합니다. 예수 그리스도를 마음으로 믿고 입술로 시인하며, 열매를 통해 믿음을 증명하는 것이 곧 신앙인의 기준입니다. 과연 모든 가나안 성도가 이 기준을 충족시킬 수 없는 상태에 있을까요? 그것은 함부로 단정하기 어려운 문제입니다.

　　가나안 성도들 중에는 제도권 교회를 벗어나서 자신들만의 정기적인 예배 모임을 가지며 신앙을 이어가는 이들이 있습니다. 만일 예수 그리스도를 믿고 하나님을 예배하려는 이들이 모여 있다면, 누가 그곳을 교회가 아니라고 말할 수 있겠습니까? 그와 반대로, 기독교의 테두리를 한참 벗어난 사상을 믿으면서도 여전히 스스로를 그리스도인이라 주장하는 이들이 있습니다. 이런 경우에는 교회 출석 여부와 상관없이 그들을 그리스도인이라 부르기 어려울 것입니다.

　　가나안 성도들 가운데도 신앙을 지닌 이와 그렇지 않은 이가 공존하고 있습니다. 그와 마찬가지로, 교회 내에도 신자와 비신자가 공존하고 있습니다. 그렇지만 교회 안에서 신자와 비신자를 두부 자르듯 나누는 것은 그다지 바람직해 보이지 않습니다. 비신자들 중에는 예수 그리스도의 복음에 관해 궁금해하는 구도자들이 있습니다. 구도자는 '깨달음을 구하는 자' 혹은 '진리를 추구하는 자'라는 뜻입니다. 그들은 아직 그리스도인이 아니지만 함께 신앙생활을 해나가는 형제자매들입니다.

교회 안의 구도자들은 생각보다 많습니다. 본인이 모태신앙이라는 이유로 자각하지 못하지만 실제로는 구도자에 머물러 있는 경우도 부지기수입니다. 그렇기에 복음은 지금보다 훨씬 많은 이들에게 전해져야 합니다. 이미 교회에 출석하고 있다는 이유만으로 구도자들에게 복음 전하는 일을 놓쳐서는 안 될 것입니다. 교회에는 기독교의 진리를 몸소 실천하여 보여줄 수 있는 사람들과, 기독교 진리에 관해 잘 설명해 줄 수 있는 사람들이 더 많이 필요합니다.

교회의 상황을 들어 보면, 구도자들이 아직 복음을 제대로 이해하기도 전에 사역을 맡는 경우가 많습니다. 교회에는 찬양팀, 전도팀, 중보기도팀, 교사, 리더 등 다양한 사역과 직책이 존재하는데, 이 모든 사역의 공통점은 언제나 섬길 인원이 부족하다는 것입니다. 그래서 조금이라도 교회생활을 열심히 한다 싶으면 바로 사역을 제안하는 경우도 적지 않습니다. 이는 다른 사람보다도 구도자 본인에게 직접적인 피해로 돌아오게 됩니다. 우선, 사역에 집중하는 나머지 예수 그리스도의 복음에 대해 진지하게 배우고 묵상하고 받아들일 시간이 없습니다. 그런데 더 큰 문제는 사역만 충실히 해도 왠지 신앙생활에 최선을 다하고 있는 듯한 느낌을 얻게 된다는 점입니다.

교회 내 찬양팀을 예로 들면, 대부분의 교회는 예배인도를 위한 베이스 기타 연주자를 찾는데 그렇게 깊은 신앙을 요구하지 않습니다. 그저 베이스를 잘 치고 예배에 잘참석하면 충분히 인정해 줍니다. 만일 팀 자체적으로 교육을 진행하거나 대화를 나눌 기회가 없다면, 사실상 신앙이거의 요구되지 않는 경우도 있습니다. 그러면 예배를 인도

하는 자리에 아직 예배를 드리는 게 뭔지도 모르는 사람이 서게 됩니다. 물론 구도자가 예배를 인도했다고 해서 하나님이 그 예배를 받지 않으시는 것은 아니지만, 구도자 본인이 추후 여러 가지 문제로 어려움을 겪을 수 있습니다.

복음을 받아들인 사람도 예외는 아니지만, 특히 복음을 완전히 받아들이지 못한 사람은 교회에서 사람들과 갈등을 겪거나 그 밖의 어려움이 생기면 쉽게 자신의 신앙을 회의하게 됩니다. 문제는 그가 그동안 여러 가지 사역을 많이 경험했을수록, 그 경험이 신앙생활의 전부인 것처럼 느낀다는 것입니다. 이런 경우, 한번 회의에 빠지면 돌이키기가 쉽지 않습니다.

이 또한 뿌리를 거슬러 올라가면 결국 교회 출석이 그리스도인임을 보장해 줄 것이라는 오해에서 비롯됩니다. 구도자들에게 몸에 잘 맞지 않는 종교적 옷을 입혀 놓으니, 이내 갑갑해서 벗어 던지는 것입니다. 신앙이 아직 여물지 못한 상태에서 종교적 옷을 벗으면, 신앙 자체도 그와 함께 벗겨지곤 합니다.

누가 그리스도인일까

누가 그리스도인인지를 결정하는 진짜 기준은 무엇일까요? 로마서에 따르면, 예수 그리스도를 자신의 주로 시인하고, 그분이 우리를 위하여 죽은 자 가운데서 다시 살아나셨음을 마음으로 믿는 것입니다(롬 10:9-10). 이를 정말로 믿는 사람들은 자연스럽게 삶의 변화가 일어날 수밖에 없습니다. 그것도 구체적으로 말입니다. 사도행전 11장을 보면, 바울과 바나바가 안디옥 교회에 일 년 동안 머물면서 열심히 가르친 뒤에 비로소 제자들이 그리스도인이라 일컬음을 받습니다(행11:25-26).

　　여기서 주목할 점은, 제자들이 스스로를 가리켜 그리스도인이라 칭하지 않았다는 점입니다. 누군가가 그들을 그리스도인이라 불러 주었습니다. 누가 불러 주었을까요? 그리스도인이 아닌 사람들이었습니다. 그들은 그리스도인들에게서 단순히 교회에 출석하는 것 이상의 무언가를 발견했습니다. 여기서 그리스도인이라 쓰인 헬라어 '크리스티아노스'는 '그리스도를 따르는 사람' 혹은 '작은 그리스도'를 의미합니다. 우리는 흔히 다른 사람들에게 특별할 정도로 위로와 사랑을 잘 베푸는 사람들을 가리켜 '작은 예수'라 부르곤 합니다. 원어의 의미를 그대로 적용하면, 바로 그러한 사람들만 그리스도인이라는 칭호를 얻을 자격이 있는 셈입니다.

　　사실 주일에 교회 오는 것도 힘든데 뭐가 그리 복잡하냐고 물을 수도 있습니다. 그러나 복음을 제대로 깨닫는 것은 어깨에 짐을 얹는 일이 아닙니다.

> 너희는 피곤하고 지쳤느냐? 종교생활에 탈진했느냐? 나에게 오너라. 나와 함께 길을 나서면 너희 삶은 회복될 것이다. 내가 너희에게 제대로 쉬는 법을 가르쳐 주겠다. 나와 함께 걷고 나와 함께 일하여라. 내가 어떻게 하는지 잘 보아라. 자연스런 은혜의 리듬을 배워라. 나는 너희에게 무겁거나 맞지 않는 짐을 지우지 않는다. 나와 함께 있으면 자유롭고 가볍게 사는 법을 배울 것이다.　　　　　마 11:28-30, 메시지

　　기왕 주일에 시간을 내서 교회에 출석할 것이라면 하나님을 제대로 알아가는 편이 낫습니다. 보람과 기쁨이 넘

칠 것입니다. 의무처럼 느껴지면 오히려 짐입니다. 더 나아가, 복음을 제대로 알면 오히려 자유를 얻습니다. 기독교는 신앙생활에 필요한 힘을 스스로 끌어오라고 말하지 않기 때문입니다. 오히려 태양광 같은 하나님의 사랑을 힘입어 예배하고 섬기라고 말합니다. 하나님과의 관계가 깊어질수록, 우리의 예배와 헌신은 더욱 수월해집니다.

결론: 목표보다 하루에 집중한다면

약속 시간에 늦을까 봐 열심히 뛰어 본 경험이 누구나 있을 것입니다. 늦어서 달릴 때는 같은 거리라도 평소보다 훨씬 숨이 찹니다. 심지어 조깅을 하거나 러닝머신 위에서 달릴 때보다 느린 속도로 달리는데도 더 힘듭니다. 평소에 그 이유가 궁금했는데 도무지 알 수 없었습니다. 그러던 어느 날 기차를 놓치지 않기 위해 달리다가 문득 그 이유를 깨닫게 되었습니다. 늦지 않아야 한다는 목표에만 집중한 것이 바로 원인이었다는 사실을 말입니다. 그 후에는 강도 높게 러닝머신을 뛴다는 생각만으로 달렸습니다. 그러니 거짓말처럼 숨이 덜 차게 되었습니다.

예배에 충실히 참석하고, 교회 사역에 열심히 참석하며, 교회에서 정한 규칙을 잘 지키는 일은 모두 유익한 일입니다. 그러나 이것들을 궁극적 목표로 삼아 달리다 보면 신앙의 경주에서 금방 지쳐 버립니다. 그저 예수 그리스도를 통해 하나님과 교제하며 하루하루를 살아가는 것이 중요합니다. 그러면 너무 지치지 않으면서 그분을 서서히 닮아가게 될 것입니다. 달리기 자체에 집중할 때 보다 오래 뛸 수 있듯이, 예수님과 함께 오늘 하루를 살아가는 데 집중할 수 있다면 좋겠습니다.

교회에 열심히 출석한다면 모두 그리스도인일까요?
교회에 가지 않는 사람이
그리스도인으로 남아 있을 수 있을까요?

_____

_____

_____

_____

주일에 잘 나오지 않는 교회 친구를
판단하는 마음을 품어 본 적이 있나요?
만일 그렇다면, 그 친구에게 어떻게 행동했나요?

_____

_____

_____

_____

나는 예배 참석자인가요, 아니면 그리스도인인가요?
솔직하게 자신을 점검해 봅시다.

_____

_____

_____

_____

_____

교회에 다니다 보면 가장 헷갈리는 것 중 하나가 구원에 관한 부분입니다. 오직 예수를 믿음으로 구원을 얻는다고 말하지만, 성도 개개인이 하는 말을 들어 보면 실제로 그렇게 생각하는지 의문이 들 때가 많습니다. 하나님의 무조건적인 주권과 은혜를 강조하는 사람들이 교회의 질서와 규칙을 지키는 일에 가장 민감합니다. 누군가의 일이 잘 풀리지 않으면 기도가 부족해서 그렇다고 말하는 반면, 자신의 간증에서는 오직 믿기만 했더니 하나님이 복을 주셨다고 말합니다. 왜 이런 두 가지 측면이 동시에 일어날까요? 이번 질문에서는 이와 관련하여 자세히 살펴볼까 합니다.

그 전에 분명히 해야 할 것은 구원이라는 단어를 너무 쉽게 정의해서는 안 된다는 것입니다. 많은 이들이 죽어서 천국 가는 일이 구원이란 단어가 담고 있는 모든 측면이라고 생각합니다. 이에 대해서는 다른 질문들에서도 다루겠지만, 여기서는 그것이 곧 구원의 전부라고 가정한 채로 이야기해 보겠습니다. 이러한 가정 위에서도 여전히 논의할 수 있는 부분이 많기 때문입니다.

율법주의와 값싼 은혜

그동안 한국 그리스도인들이 지닌 구원론에 대해서 자주 비판이 제기되어 왔습니다. 그중에서도 가장 논란이 되는 두 가지 측면을 살펴보겠습니다.

첫째는 너무나 율법주의적이라는 것입니다. 이 비판에 따르면 그리스도인들은 타인을 쉽게 정죄하며, 율법적인 행위가 신앙생활에서 가장 중요하다고 생각합니다. 물론 그들도 이것이 교리적으로 틀렸음을 알고 있습니다. 하지만 실제 말과 행동을 보면, 그들은 종종 자신이 틀렸다고 생각하는 그 교리대로 살아갑니다.

두 번째 측면은 값싼 은혜입니다. 독일의 신학자 디트리히 본회퍼는 값싼 은혜에 대해서 다음과 같이 정의합니다.

> 값싼 은혜란 투매(投賣) 상품인 은혜, 헐값에 팔리는 용서, 헐값에 팔리는 위로, 헐값에 팔리는 성찬, 교회의 무진장한 저장고에서 무분별한 손으로 거침없이 무한정 쏟아내는 은혜, 대가나 희생을 전혀 요구하지 않는 은혜를 의미한다.……값싼 은혜는 죄인을 의롭다 인정하는 것이 아니라, 죄를 의롭다 인정하는 것이라고도 말할 수 있다. 은혜가 홀로 모든 것을 알아서 처리해 주는 까닭에, 무엇이든 케케묵은 상태로 있어도 된다는 것이다.[1]

이 표현에는 그리스도를 믿기만 하면 그 이후로 짓는 모든 죄에 대해서 면죄부를 얻는다는 생각이 담겨 있습니다. 흔히 이단적인 교리로 여겨지지만, 정통 교회에도 이러한 마인드가 팽배해 있다는 점은 자주 지적되는 부분입니다. 심지어 국내의 한 유명 신학자는 한국 정통 교회의 구원론이 구원파와 크게 다르지 않다며 강도 높게 비판했습니다.

우리는 여기서 이상한 점을 발견하게 됩니다. 율법주의와 값싼 은혜는 내용상 양극단에 속합니다. 그렇다면 이 두 가지를 한꺼번에 비판하는 것은 논리적 모순이지 않습니까? 그럼에도 두 비판이 함께 존재하는 이유는 실제로 율법주의와 값싼 은혜의 예를 우리 주위에서 동시에 볼 수 있기 때문입니다. 다만 두 비판의 적용 대상이 각각 다릅니다. 많은 그리스도인들이 자신에게는 값싼 은혜를, 다른 사람에게는 율법주의를 적용하며 살아가고 있습니다.

우리는 흔히 1세기 바리새인들이 율법주의적이었다고 생각합니다. 그러나 현대의 신약학자들 중 상당수는 바리새인들이 우리가 흔히 생각하는 식의 율법주의자가 아니었다고 주장합니다.[2] 다시 말해, 바리새인들은 율법을 지키는 행위를 통해 구원을 얻으려고 한 사람들이 아니었다는 것입니다. 그들이 믿은 것은 이스라엘 백성들을 끝까지 붙들고 구원하시겠다는 하나님의 언약과 선택이었습니다. 즉 그들은 자신들이 아브라함의 자손이라는 이유로 무조건적인 구원을 얻을 것이라 생각했습니다.

세례 요한이 요단강에서 세례를 베풀고 있을 때, 바리새인들이 그에게 나아왔습니다. 요한은 세례를 받으려는 그들에게 독사의 자식들이라는 비난을 쏟아 놓으며, 아브라함의 자손이라는 이유로 우쭐대지 말라고 말합니다(마 3:7-9). 우리가 흔히 생각하는 대로 바리새인들이 율법주의에 빠져 있었다면, 요한은 아마 "율법을 잘 지켰다는 이유만으로 너희가 구원을 얻을 것이라 생각하지 말라"고 경고했을 것입니다. 하지만 요한의 말은 그와 반대였습니다. 요한이 그들에게 명한 것은 오히려 좋은 열매를 맺으라는 것이었습니다(마 3:10). 열매도 맺지 못하면서 단순히 아브라함의 자손이라는 이유로 구원을 얻을 것이라고 착각하지 말라는 것입니다. 그러고는 당황한 바리새인들에게 다음과 같이 덧붙입니다. "하나님이 능히 이 돌들로도 아브라함의 자손이 되게 하시리라"(마 3:9).

예수님 또한 이들에게 그와 비슷한 비판을 하십니다. 그중에서 가장 잘 알려진 말씀 한 구절을 소개합니다.

> 율법학자들과 바리새파 사람들아! 위선자들아! 너희에게 화가 있다. 너희는 회칠한 무덤과 같기 때문이다. 그것은 겉으로는 아름답게 보이지만, 그 안에는 죽은 사람의 뼈와 온갖 더러운 것이 가득하다. 이와 같이, 너희도 겉으로는 사람에게 의롭게 보이지만, 속에는 위선과 불법이 가득하다.
>
> 마 23:27-28, 새번역

위에서 세례 요한과 예수님은 바리새인들의 율법주의가 아닌 값싼 은혜를 비판하고 있습니다. 그런데 정작 이들은 다른 사람들을 향해서 수많은 율법 조항을 지키도록 압박하고 있었습니다. 우리는 복음서에서 사람들을 율법적으로 정죄하는 바리새인들의 모습을 수없이 찾아볼 수 있습니다. 그들은 수백 가지가 넘는 율법을 달달 외워서 지키지 못하는 이들을 정죄하는 데 사용했습니다. 예를 들어, 앞에서 살펴본 것처럼 예수님의 제자들이 안식일에 밀밭에서 이삭을 잘라 먹자 그들의 행동을 비난했고(마 12:1-2), 예수께서 손 마른 사람을 고치셨을 때도 그분을 고발할 구실을 찾기 위해 안식일에 치료 행위를 하는지 지켜봅니다

(눅 6:6-7).

이처럼 바리새인들은 자신들에게는 값싼 은혜를, 다른 사람들에게는 율법주의를 적용하던 사람들이었습니다. 예수님은 그들을 가리켜 "외식하는 자"라고 표현하는데, 외식은 쉽게 말해 위선을 가리킵니다. 예수님은 그들의 위선에 대하여 본질적으로 중요한 것이 무엇인지 일깨워 주십니다. "안식일이 사람을 위하여 있는 것이요 사람이 안식일을 위하여 있는 것이 아니니"(막 2:27). 또한 그분은 손 마른 사람을 고치신 뒤에도 "내가 너희에게 묻노니 안식일에 선을 행하는 것과 악을 행하는 것, 생명을 구하는 것과 죽이는 것, 어느 것이 옳으냐"(눅 6:9)라고 말씀하십니다.

이와 같이 예수님은 바리새인들이 스스로에게 율법주의를 적용한다고 비판하신 적이 거의 없습니다. 오히려 다른 사람들에게 율법을 지키라고 강요하면서 스스로는 지키지 않는 그들의 위선을 비판하십니다. 그렇지 않았다면, 마태복음에서 제자들에게 "너희 의가 서기관과 바리새인보다 더 낫지 못하면 결코 천국에 들어가지 못하리라"고 말씀하시지도 않았을 것입니다(마 5:20).

그런데 이 맥락에서 예수님이 제자들에게 그렇게 말씀하신 이유가 무엇일까요? 아마도 바리새파의 진짜 정신을 본받으라는 말씀을 하고 계신 것 같습니다. 이 부분을 이해하기 위해서는 바리새파가 어떻게 등장했는지 이해할 필요가 있습니다. 이는 구약과 신약 사이에 일어난 일입니다. 당시 헬레니즘화의 영향으로 이스라엘이 고유의 신앙을 잃을 것을 염려한 나머지, 구약의 정신과 율법을 지키고자 등장한 것이 바로 바리새파입니다. 이들은 우상숭배를 강요하던 외세에 목숨을 걸고 맞섰습니다. 예수님은 그런 바리새파의 숭고한 정신이 결국 위선으로 변질된 것을 한탄하셨던 것입니다.

두 가지 비판이 동시에 적용되는 이유

교회에 율법주의와 값싼 은혜라는 두 가지 비판이 동시에 가해지는 이유는 명확합니다. 1세기 바리새인들과 마찬가지로, 많은 그리스도인들이 자신에게는 값싼 은혜를 적용하는 반면 다른 사람들에게는 율법주의를 적용하고 있기 때문입니다. 더 열심 있는 그리스도인일수록 이런 함정에 빠지기 쉽습니다. 흡연이나 음주 여부로 사람들의 신앙을 평가하고, 주일에 예배 한 번 못 나오면 기본도 안 된 사람으로 여기곤 합니다.

율법을 잘 지키는 것은 좋은 일입니다. 자기 자신에게만 적용한다면 말입니다. 그런데 인간의 본성은 이것을 끊임없이 다른 사람들에게 적용하고 싶어 합니다. 그러면서 온갖 좋은 이유를 갖다 붙입니다. "하나님은 사랑이실 뿐 아니라 공의의 하나님이야", 공의가 빠진 사랑은 인본주의에 불과하지", "적절한 책망은 그리스도인의 의무야. 나는 지금 사랑으로 권면하는 거야."

언뜻 보면 맞는 말처럼 보이지만, 마음을 꿰뚫어 보시는 하나님이 이러한 모습을 보신다면 이렇게 말씀하실 것 같습니다.

> 너는 네 눈 속에 있는 들보를 보지 못하면서, 어떻게 남에게 '친구야, 내가 네 눈 속에 있는 티를 빼내 줄 테니 가만히 있어라' 하고 말할 수 있겠느냐? 위선자야, 먼저 네 눈에서 들보를 빼내어라.
>
> 눅 6:42, 새번역

값싼 은혜도 마찬가지입니다. 다른 사람들에게 들이대는 엄격한 잣대에 비해 자신에게는 너무나 관대합니다. 많은 사람들이 자신에게 유리할 때는 무조건적인 선택과 창세 전부터의 예정을 내세웁니다. 선택받은 자에 대한 하나님의 구원이 끊어질 수 없다고 말하며 구원의 확신을 종용합니다. 신학적 정당성을 떠나서, 이러한 말들이 죄에 대한 합리화로 쓰이는 경우가 많다는 것은 가장 슬픈 현실입니다.

교회에서 공개적으로 간증하는 자리에 가보면, 과거에 더 큰 죄를 지었다고 고백할수록 반응이 좋습니다. 그리스도의 무조건적 용서를 힘입어 오직 선물로 믿음과 죄 사함을 얻었다고 고백하는 사람들의 눈빛에서는 우월감마저 느껴집니다. 말로는 십자가를 찬양하지만, 사실상 극적 변화를 경험한 자기 자신만을 드러낼 뿐입니다. 자신이 마치 세상에서 가장 극적인 회심자라도 된 듯 포장하려는 유혹은 너무나 달콤해서, 정신을 단단히 무장하지 않으면 그 누구도 피하기 어렵습니다.

하지만 정말로 죄의 무게를 아는 사람은 자신의 예전 모습을 가볍게 터놓을 수 없습니다. 간증 자체가 나쁜 것은 아니지만, 참을 수 없는 간증의 가벼움에서는 큰 아쉬움을 느낍니다. 바울이 스스로를 죄인 중 괴수라 고백한 것은 본인의 회심을 자랑하기 위함이 아니었습니다. 바울이 편지를 통해 다메섹 도상에서의 회심 체험을 언급하는 경우는 극히 드뭅니다. 이 점을 두고 여러 가지 해석이 있지만, 그중 회심 전의 과거를 진심으로 부끄러워했기 때문이라는 해석이 가장 진실에 가까워 보입니다.

바울은 진심으로 자신의 죄성에 대해 괴로워했습니다.

오호라, 나는 곤고한 사람이로다. 이 사망의 몸에서 누가 나를 건져내랴.

롬 7:24

바울의 자책은 우리의 모습과 질적으로 다른 것 같습니다. 이 거대한 차이는 죄에 대한 지나치게 가벼운 인식, 이미 예수님으로 인해 해결되었으니 이제 아무 문제 없다는 인식 때문에 발생합니다. 그것은 자신에게만 적용하고 싶은 값싼 은혜의 유혹입니다.

어디 값싼 은혜의 유혹뿐이겠습니까. 다른 사람들에게 율법주의를 적용하고자 하는 유혹은 이보다 더 큽니다. 많은 성도들이 "한번 구원은 영원한 구원"이라는 말을 하기를 좋아합니다. 그런데 남들에게는 어떠합니까? 당장이라도 어떤 규칙을 지키지 못하면, 혹은 어떠한 섬김이나 봉사를 하지 않으면 구원에서 금방 탈락이라도 할 것처럼 조급하게 만듭니다. 이런 이중성이야말로 예수님이 바리새인들을 비판한 지점과 일치하는 부분입니다. 결국 구원론과 관련한 그리스도인들의 본질적인 문제는 값싼 은혜나 율법주의 이면에 있는 위선과 이기주의입니다.

결론: 위선과 이기주의를 넘어서

대부분의 그리스도인들은 교회 다니는 사람들이 자주 위선적인 모습을 보인다는 사실을 잘 알고 있습니다. 오죽하면 예수님은 좋은데 교인들이 싫어서 탈교회를 추구하는 사람들의 숫자가 폭발적으로 증가하고 있겠습니까? 더 큰 문제는 다른 사람은 위선적이지만 자신은 그렇지 않다고 생각하는 것입니다. 책임을 회피하기보다 자신도 그 그룹의 일원일뿐더러 그러한 분위기를 만드는 데 직간접적으로 일조했음을 인정해야 합니다.

　이렇게 부분을 문제 삼다가 어느 순간 제 자신의 모순된 모습을 자각하게 되면 참으로 괴롭습니다. 저 스스로도 이러한 비판에서 자유롭지 못하기 때문입니다. 하지만 문제제기를 할 필요는 있습니다. 복음을 회복한다는 것은 '나에게는 값싼 은혜, 다른 사람에게는 율법주의'를 거꾸로 뒤집는 것입니다. 이것을 깨달으면 자신에게는 엄격한 삶의 자세를 적용하되, 다른 사람들을 하나님의 은혜로 구원받은 존귀한 존재로 대할 수 있게 됩니다.

　우리는 그리스도라는 태양을 도는 행성일 뿐입니다. 만일 자신이 태양이고 주변사람은 행성이라고 생각한다면, 스스로 깨닫지 못하는 사이에 이기심과 위선이 발휘됩니다. 하지만 세상의 중심이 그리스도라는 사실을 깨닫고 나면, 더 이상 우월감에 사로잡힐 수 없습니다. 우리는 역사의 주인공이신 한 분을 섬기는 조연일 뿐입니다. 이 역할에 감사하고 순종함으로써 하나님 나라의 주연으로 격상되는 것이 우리 삶의 궁극적인 역설입니다.

　만일 모든 성도가 자신의 위선을 겸허히 인정하고 고백한다면 교회는 어떻게 될까요? 자신에게는 엄격하고 다른 사람에게는 관대한 교회는 세상에 어떤 영향력을 발휘하게 될까요? 복음에 감화된 성도들은 상상할 수 없는 힘을 가지고 있습니다. 초대교회로 돌아가자는 구호만 외칠게 아니라, 그들이 선보였던 삶의 자세가 회복되기를 바랍니다.

다른 성도가 교회의 규칙이나 율법을 지키지 못하는 모습을 보고
안 좋은 감정이 든 적이 있나요?
만일 그렇다면, 어떻게 대처했나요?

_____

_____

_____

_____

종교적 열심과 위선 사이에는 어떤 연관성이 있을까요?
교회 생활을 열심히 할수록 위선적인 모습이 자주 발견되는 것은
어쩔 수 없는 일일까요, 아니면 충분히 극복할 수 있는 일일까요?

_____

_____

_____

_____

나는 하나님 나라의 조연 역할만으로 정말 만족할 수 있을까요?
각자 솔직하게 나누어 봅시다.

_____

_____

_____

_____

_____

Q7. 대형 예배당 건축이
정말 하나님의 뜻일까?

한 블록을 뒤덮는 대형 예배당. 이제는 한국 교회 하면 떠오르는 대표적인 이미지입니다. 세계에서 가장 거대한 교회 건물이 대부분 한국에 있다는 사실은 누구나 아는 사실입니다. 그런 이유 때문인지 유독 한국에서는 예배당 건축이 강조되기도 합니다. 개인적으로, 건축을 진행할 만큼 규모가 큰 교회에 다녀 본 경험이 없어서 새로운 예배당 건축을 강조하거나 건축 헌금을 모금하는 장면을 직접 본 적이 없습니다. 하지만 여러 교계 뉴스를 보고 많은 그리스도인과 대화를 나누면서, 한국 교회 내에서 건축이 굉장히 크고 민감한 이슈라는 점을 실감하게 되었습니다.

　물론 예배당을 짓는 일 자체가 나쁘다고 말할 수는 없습니다. 반드시 필요하다면 지어야 합니다. 이는 대형교회도 예외가 아닙니다. 그저 교인 수가 많다는 이유로 예배당 건축에 대해 비난을 받는다면, 오히려 비난하는 사람들의 의도를 의심하는 게 옳습니다. 합리적인 이유만 있다면 얼마든지 예배당을 짓는 것이 허락되어야 합니다.

　그러나 적지 않은 교회가 건축 헌금을 모으기 위해 특

별 설교를 하거나 부흥회를 개최한다고 합니다. 과도할 정도의 건축 강조로 인해 성도들이 상처를 입는 경우도 많습니다. 비단 대형교회뿐 아니라, 이제 막 미자립교회에서 벗어난 중소형교회에서 건축을 무리하게 강행하는 경우도 적지 않습니다.

성경 속의 교회와 현실 교회 간의 괴리를 극복하기 위해 노력하는 권영진 목사는, 목회 중인 교회의 양적 규모로 성공 여부를 판단하는 분위기야말로 목회자들이 예배당 건축에 목을 매도록 만드는 요소라고 말합니다. 성도들의 경우 건축을 쉽사리 반대하지 못하는 이유는 따로 있는데, 그들이 교회 건물을 성전과 동일시하기 때문입니다.[1] 만일 예배당을 성전과 연관시키면 곧이어 구약의 복과 저주 개념이 따라옵니다. 쉽게 말해, '성전 건축'에 열심인 사람은 복을 받고, 그렇지 않은 사람은 벌을 받는다는 것입니다.

일부 목회자들이 오직 세속적인 욕심으로 건축을 부추긴다면, 그들을 변화시킬 것은 오직 주님밖에 없습니다. 그러므로 그들이 성화되기 전에 현실적으로 가능한 방법은 성도들이 비합리적인 요구에 대해 단호하게 반대의 목소리를 내는 것입니다. 따라서 이번 질문에서는 이러한 반대를 어렵게 만드는 '성전' 개념에 대한 오해를 집중적으로 파헤쳐 보려고 합니다.

성전과 제사장

과연 예배당 짓는 일을 '성전 건축'이라고 표현해도 되는 것일까요? 일단 교회는 성전이 아니라는 것이 성경의 분명한 가르침입니다. 교회를 건축할 당위성을 떠나, 성전이라는 표현을 쓰는 것 자체로 이미 잘못된 셈입니다. 그렇다면 교회란 무엇일까요? 교회는 기본적으로 건물이 아니라 사람을 칭하는 용어이며, 구약의 이스라엘과 연결되는 개념입니다. 한마디로, 교회는 새 성전이 아니라 새 이스라엘입니다.

종교 개혁자 마르틴 루터에 따르면, 하나님의 말씀이 뻗어 나가 순종을 일으키는 모든 곳에 교회가 존재합니다. 그러므로 주교가 임명하는 성직이나 제도 등은 교회의 존재를 보장해 주지 못합니다.[2] 복음의 선포야말로 교회의 본질적인 정체성이며, 결국 이 선포는 인간이 하게 됩니다. 사람의 모임이 곧 교회라는 뜻입니다.

한국 교회의 전반적인 분위기를 살펴보면, 이미 신약에서 뒤집힌 사안들을 알지 못한 채 구약적인 개념에만 머물러 있는 경우가 많습니다. 그중 대표적인 것이 앞서 살펴본 안식일, 성전, 그리고 제사장 개념입니다. 많은 성도들이 목사를 특별한 주의 종 혹은 구약의 제사장처럼 생각합니다. 이러한 오해는 성전 개념에 대한 이해와도 맞닿아 있습니다. 만일 제사장과 같은 권위를 지닌 존재가 성전 건축이라는 영적인 당위를 내세운다면, 신약의 개념을 잘 알지 못하는 성도들은 자신의 생각을 이야기하기가 쉽지 않습니다.

하지만 목사가 과연 제사장과 같은 존재일까요? 맞기도 하고 틀리기도 합니다. 왜냐하면 목사들뿐 아니라 그리스도 안에서 모든 성도는 "왕 같은 제사장"이기 때문입니다(벧전 2:9). 이제 특별한 주의 종도, 성직자도 없습니다. 모든 그리스도인이 주의 종이자, 각자의 자리에서 성직을 맡고 있는 사람들입니다. 이것이 종교개혁의 가장 중요한 출발점 중 하나였던 '만인 제사장' 개념입니다.

물론 목사에게 마땅한 존경을 표하는 것은 옳습니다. 그들이 논란이 될 만한 죄를 저지르거나 일부러 복음을 왜곡하지 않는다면 말입니다. 그러나 이 존경은 공동체의 교사이자 말씀을 전하는 역할에 대한 존경이 되어야 합니다. 그 이상의 영적 권위를 부여하는 순간, 성경의 가르침에 어긋나는 것입니다.

사실 목사에게 특별한 성직의 권위를 부여하는 데에는 성도들의 책임도 있습니다. 성도들 가운데 상당수가 카리스마 있는 강한 리더십을 원합니다. 그러면 폼도 나고, 안정되고 편한 신앙생활을 하게 될 것이라 생각합니다. 깊은 신앙적 탐구나 실천은 신학을 공부한 목회자들이나 하는 것이라며 평계를 대기도 쉽습니다. 하지만 우리 모두가 성직을 맡고 있다고 한다면 이야기가 달라집니다. 수동적으로 받아들이기만 하는 성도들에게 갑작스럽게 큰 책임감이 부여되는 것입니다.

구약성경에 등장하는 성전

성전이라는 개념을 파악하기 위해서는 구약을 먼저 살펴볼 수밖에 없습니다. 구약성경은 성전을 어떤 장소라고 말할까요? 휘튼 대학 구약학 교수인 존 월튼은 창세기의 천지창조 이야기가 사실상 성전 건축의 이야기라고 주장합니다. 그러면서 "고대 근동의 어느 지역의 독자라도 이 7일간의 이야기를 훑어본다면 어렵지 않게 그것이 신전/성전 이야기temple story라는 결론을 내릴 것이다"라고 말합니다.[3] 고대 근동 사람들은 성전을 우주를 통치하는 중심 사령부로 여겼는데, 하나님은 특정 장소가 아니라 우주 전체를 처소로 삼으신 것입니다. 따라서 창세기의 창조 이야기는 이전에 혼

돈과 흑암으로 덮여 있던 세계에 성전으로서의 질서를 부여한 사건으로 이해할 수 있습니다. 이러한 맥락에서 에덴 동산은 성전의 중심 곧 지성소와 같은 역할을 합니다.

물론 이런 주장에 반대하는 학자들도 많습니다. 하지만 월튼의 연구를 통해 우리는 특별한 장소를 통해서만 하나님을 만난다는 구약의 성전 개념이 단지 임시 모형에 불과했음을 짐작해 볼 수 있습니다. 특별한 공간으로서의 성전은 첫 창조의 모델에 해당되지 않으며, 우리는 처음부터 장소에 국한되지 않고 하나님을 만날 수 있었던 것입니다.

노예생활을 하던 이스라엘이 출애굽한 이후, 하나님은 성막을 통해 이스라엘 백성들 안에 거하시겠다는 약속을 주십니다(출 29:42-46). 이스라엘 사람들에게 성전은 하나님과 만나는 장소, 즉 하늘과 땅이 만나는 지점이었습니다. 광야에서 지내던 이스라엘 사람들은 언제라도 적들에게 기습을 당하거나 어려움에 처할 수 있었습니다. 그러므로 그들에게 성막은 자존심이자 질서이며, 하나님이 함께하신다는 약속의 증거였습니다. 그래서 바로 이어지는 신명기는 중앙 성소에서 예배드리는 일의 중요성을 강조합니다. "오직 너희 하나님 여호와께서 자기 이름을 두시려고 너희 모든 지파 중에서 택하신 곳인 그 거하실 곳으로 찾아 나아가서"(신 12:5).

사무엘서와 열왕기서는 신명기의 전통을 이어가는 책들로 알려져 있는데, 여기서도 이스라엘이 반드시 중앙 성소에서 예배해야 한다는 점이 강조됩니다.[4] 특히 이동식이었던 성막이 영구적인 성전으로 세워진 뒤에는 중앙 성소를 통한 예배가 더욱 중요해졌습니다. 이런 관점에서 사무엘서나 열왕기서에 등장하는 왕들은 주로 예배의 중앙 성소화를 위해 얼마나 노력했는지 여부로 평가받게 됩니다.[5] 이스라엘과 그 왕들은 중앙 성소를 저버리고 다른 곳에 산당을 만들어 우상을 섬겼는데, 열왕기서는 이것이야말로 이스라엘이 유배된 이유라고 말합니다.

이후 바벨론 포로생활을 마치고 귀환한 이스라엘에는 더 이상 왕도, 제사장도, 성전도 없었습니다. 더구나 많은 유대인들이 돌아오지 못하고 세계 곳곳에 흩어져 새로운 유대인 공동체를 이루기 시작했으며, 타국에서 태어난 디아스포라 2세 유대인들도 나타나기 시작했습니다. 이런 상황에서 언약과 약속, 메시아에 대한 기대는 새로운 핵심 주제로 떠올랐습니다. '과연 누가 언약과 약속에 해당될 사람이 될 것인가?', '이스라엘을 특정 지을 공간도, 장소도, 종교적 제도도 명확하지 않은 시점에 누가 하나님과 언약을 맺은 백성으로 인정받을 것인가?'

이런 고민이 오가는 가운데 공동체를 넘어 개인, 그리고 개인을 위해 활동하시는 하나님이라는 측면이 부각되었습니다. 특히 역대기의 저자는 모든 세대를 아우르는 죄에 대한 언급을 피하고, 이스라엘 각 세대의 사람들이 하나님 앞에 새롭게 서 있다는 사실을 전달하고자 했습니다.[6] 물론 공동체는 여전히 중요하며, 성전이 다시 건설되는 일 또한 최우선 과제 중 하나였습니다. 하지만 이미 한번 파괴된 성전은 다시 예전과 같은 방식으로 이해될 수 없었고, 더 이상 과거처럼 다윗 왕조의 영광에 대한 상징으로 자리잡을 수도 없었습니다.[7]

학개나 스가랴 선지자 등이 현실적인 왕정의 복구를 내세우는 가운데, 이제 다윗 왕조의 영광에 대한 관심은 다윗에게 약속하신 언약 곧 미래의 메시아에 대한 관심으로 새롭게 부각되었습니다. 이는 이사야 선지자의 말에서 두드러집니다. "내가 너희를 위하여 영원한 언약을 맺으리니 곧 다윗에게 허락한 확실한 은혜이니라"(사 55:3).

이후 바벨론에서 귀환한 백성들의 지도자 중 한 명이었던 에스라는 이스라엘의 재건을 위해 두 가지를 강조합니다. 첫째는 하나님께 예배와 제사를 드리는 것이었는데, 이를 위해 성전이 재건되어야만 했습니다. 둘째는 토라 곧 모세오경을 배우고 신실하게 따르는 것이었습니다. 말씀을 지키고 따르는 것이 신앙에서 가장 중요하다는 사실은 오늘날 개신교인에게 당연한 개념입니다. 개신교 전통은 성경의 권위를 그 무엇보다도 강조합니다. 하지만 이것은 고대 이스라엘 시대로부터 몇천 년 뒤에 발전된 생각입니다. 고대 이스라엘이나 심지어 중세 가톨릭의 경우만 봐도 성경을 최우선 권위로 삼지 않았습니다. 따라서 에스라가 말씀을 강조한 일은 새로운 신앙 형태의 시작을 알리는 것이었습니다.

묵시문학 전문가인 D. S. 러셀에 따르면, 에스라의 뒤를 이어 서기관들이 말씀을 해석하고 가르치는 역할을 맡았습니다. 이들은 마을에 사람들을 매주 모아 공개적으로 말씀을 읽고 설명해 주었습니다. 그리고 이 모임이 발전하여 예루살렘과 흩어진 디아스포라 유대인들을 중심으로 한 회당예배를 형성하게 되었습니다.

> 주전 4세기경 토라가 완성된 때로부터 주전 167년 마카비 폭동이 일어나기까지의 그 중간 어느 시기에 사람들의 관심은 성전에서 토라(모세오경)로 옮겨져 갔다. 이 사실은 유대교 역사에서 매우 중요한 의미를 가지고 있었다.……마카비 운동

의 성공, 회당의 발전, 그리고 예루살렘과 디아스포라에 있는
학교들의 설립으로 말미암아 토라는 더욱더 많이 읽혀지게
되었다.……그것은 사람들에게 종교적인 깊이 즉 성전예배가
줄 수 없는 그 무엇을 육성시켜 주었다.……이 사실이 주후
70년 성전이 파괴된 뒤에도 유대교가 살아남을 수 있었던 이
유를 설명해 준다.[8]

성전을 중심으로 하던 예배는 이제 말씀 중심으로 바
뀌었습니다. 눈치가 빠른 성경통독자라면 굳이 말하지 않
아도 구약과 신약 사이의 극적인 변화를 알아차릴 수 있을
것입니다. 신약에도 제사장들이 등장하기는 하지만, 이제
바리새인이나 서기관 곧 랍비라는 집단이 유대교의 대표
이자 교사로 더 많이 등장하게 됩니다. 이 시대에는 예루살
렘 성전을 중심으로 한 제사가 명절에만 드려지고, 평소에
는 각 마을과 촌에서 말씀 중심의 회당 예배가 드려지게 됩
니다. 구약 시대와는 굉장히 다른 풍경입니다.

신약성경에 등장하는 성전

여러 사람의 노력으로 건설된 제2의 성전은 옛 솔로몬 성
전의 위용에 비하면 매우 초라한 수준이었습니다. 얼마나
차이가 컸으면 옛 성전의 기억을 간직한 제사장과 레위 사
람들이 새 성전의 기초가 놓인 것을 보고 대성통곡할 지경
이었습니다(스 3:12). 그러나 이 성전은 헤롯 대왕에 의해
엄청난 리모델링을 받게 됩니다.

이는 신약의 이야기가 시작되기 바로 직전에 일어났
던 일입니다. 헤롯 대왕은 유대인이 아니었음에도 로마의
지지를 바탕으로 이스라엘의 왕이 된 사람입니다. 정치적

능력이 뛰어났던 그는 자신의 즉위에 대해 백성들이 반발심을 가질 것을 충분히 예상했습니다. 그래서 무려 46년에 걸쳐 성전을 보수해 주었던 것입니다. 이 모든 일은 유대인들의 환심을 사기 위함이었습니다.

당시 유대인들은 이를 환영했던 것 같습니다. 성전을 자랑하는 한 제자의 말만 들여다보아도 그 자부심이 얼마나 컸을지 유추해 볼 수 있습니다.

> 예수께서 성전을 떠나가실 때에, 제자들 가운데서 한 사람이 예수께 말하였다. "선생님, 보십시오! 얼마나 굉장한 돌입니까! 얼마나 굉장한 건물들입니까!" 막 13:1, 새번역

이 말을 들은 예수님은 그에게 충격적인 답변을 주십니다.

> 너는 이 큰 건물들을 보고 있느냐? 여기에 돌 하나도 돌 위에 남지 않고 다 무너질 것이다. 막 13:2, 새번역

이것은 비유적 표현이 아닙니다. 예수님의 말처럼, 헤롯 성전은 주후 70년 로마의 티투스 장군에 의해 파괴되고 맙니다. 이스라엘 또한 성전이 무너지고 난 뒤 꽤 오랜 기간 동안 지도에서 사라지는 수모를 겪습니다.

약 2천 년 전에 무너지고 남은 성전의 벽 하나가 지금도 통곡의 벽이라는 이름으로 불리고 있습니다. 그렇다면 성전은 왜 무너져야만 했을까요? 예수님은 어째서 성전이 무너질 것을 꾸짖듯 예고하셨을까요? 그것은 사람들이 성전의 진짜 의미를 왜곡하고, 심지어 그곳에서 종교 장사를

벌이고 있었기 때문입니다. 하나님이 이스라엘과 함께하신다는 약속의 표지였던 성전은 사라지고 없었습니다. 제사로 드릴 가축을 부당하게 몇 배의 가격에 팔고, 먼 곳에서 온 순례자들의 돈을 갈취하는 종교인들의 욕심만 남아 있을 뿐이었습니다.

예수님은 그러한 종교적 허세를 자랑하는 자들에게 차라리 성전을 허물어 버리라고 말합니다. 그러면 자신이 사흘 만에 다시 일으키겠다는 말도 덧붙여서 말입니다. 그러자 유대인들이 그 말에 놀라며, 사십육 년 동안 지은 이 성전을 무슨 수로 사흘 만에 다시 세우겠느냐고 반문합니다. 하지만 예수님은 자기 육체를 가리켜 말씀하신 것이었습니다(요 2:19-21).

예수님의 말처럼 성전은 무너졌습니다. 그리고 예수님이 친히 성전이 되셨습니다. 성전의 본질을 생각해 볼 때, 예수님이 성전이라는 개념은 너무나 자연스럽습니다. 구약에서 성전은 하나님이 머무시는 곳이자 세상을 다스리는 컨트롤 타워였습니다. 그런데 이 모든 역할을 성육신하신 예수 그리스도께서 대신하게 되었습니다. 예수께서 오심으로, 매년 드리는 성전의 제사는 단번에 자신의 몸을 불살라 드린 십자가의 속죄 제사로 대체되었습니다. 그리스도는 이제 세계 역사의 중심이 되셨으며, 그분의 십자가와 부활이야말로 하나님의 새로운 컨트롤 타워가 되었습니다.

그렇다면 이제 성전은 어떤 의미를 지닐까요? 성전은 교회도, 예배당도 아닙니다. 예수 그리스도의 육체가 바로 성전이며, 그분이 보내신 성령께서 머무시는 그리스도인 개개인이 성전입니다.

너희는 너희가 하나님의 성전인 것과 하나님의 성령이 너희 안에 계시는 것을 알지 못하느냐.

고전 3:16

이 구절은 생각만큼 신비스러운 주장이 아닙니다. 하나님이 머무시는 곳이 곧 성전입니다. 그런데 하나님과 동일한 존재인 성령님이 우리의 몸과 마음에 거하십니다. 그렇다면 우리를 가리켜 성전이라고 부르는 것에 대해 이상하게 여길 이유가 있을까요?

성전이 된 성도들이 모여 하나님의 나라를 이 땅에 드러내는 공동체가 바로 교회입니다. 따라서 교회는 구약의 이스라엘을 상징합니다. 하나님이 택하시고 거룩하게 하신 이스라엘은 이방 민족에게 여호와의 선하심을 드러내기 위해 부름받은 공동체였습니다.

그러나 이스라엘은 실패했습니다. 그들은 마치 아담처럼 전 인류의 대표로서 실패했습니다. 다시 말해, 이스라엘의 실패는 곧 우리 모두의 실패였습니다. 우리가 만일 그들의 자리에 있었어도 동일한 결과를 맞이했을 것입니다. 그렇게 처참하게 실패한 상황에서 마침내 메시아가 오셨습니다. 그분은 실패한 계획을 승리로 역전시키고, 교회라는 새로운 공동체가 하나님의 프로젝트를 이어가게 하셨습니다. 이처럼 교회는 과거 이스라엘과 동일한 목표를 지향하기 위해 세워진 공동체입니다. 교회의 목표가 무엇일까요? 온 열방이 하나님의 이름을 찬양하고 복을 누리도록 복의 통로가 되는 것입니다.

오늘날의 예배당이 지니는 의미

그렇다면 오늘날의 예배당은 어떤 의미를 지닐까요? 예배당은 교회의 편의를 도와주는 시설일 뿐입니다. 그 이상도 이하도 아닙니다. 만일 수용 공간이 많이 필요한 교회라면 큰 건물이 필요할 것입니다. 그렇지만 아무리 크게 지어도 그것은 예배당이지 성전이 아닙니다. 사람들은 바티칸의 성 베드로 성당이나 스페인의 사그라다 파밀리아 성당을 보고 그 압도적인 위용에 감탄합니다. 과거 헤롯 성전쯤은 가볍게 제압할 것 같은 모습입니다. 그러나 이런 엄청난 건물도 결국 성도를 위한 편의시설에 불과합니다.

그렇다면 왜 오늘날도 예배당을 여전히 성전이라고 주장할까요? 그 이유는 크게 두 가지인 것 같습니다. 첫째, 더 많은 종교 권력을 얻고 싶은 리더들의 욕심입니다. 단순히 예배당을 크게 짓자는 것만으로는 당위가 부족합니다. 따라서 하나님이 거하실 성전을 짓자는 영적 당위를 불러오는 것입니다. "새로운 성전을 짓자"고 종용하는 일부 목사들이 성전의 신학적 의미를 잘 모를 것이라 생각하지 않습니다. 그저 자신들의 목적을 위해 모른 척하고 있을 뿐입니다.

둘째, 종교적으로 격양된 마음을 갖게 하는 공간에 대한 성도들의 열망입니다. 그들은 더 멋지고 그럴듯한 공간을 원합니다. 훌륭한 공간에서 보다 고양된 마음을 얻고자 합니다. 더 나아가, 교회의 규모나 직분이 우상이 되어 버린 사람들도 많습니다. 그들에게 예배당이라는 단어는 너무 평범합니다. 다른 건물들과 별 다를 바 없는 공간에서 드려지는 예배는 그들의 종교적 허영을 만족시키지 못합니다.

더 나아가, 한국 교회는 이미 대형 예배당 건축과 관련된 스캔들로 여러 번 몸살을 앓은 경력이 있습니다. 이미 기독교가 돈놀이 장소라는 오명을 쓰고 있는 상황에서, 화려하고 웅장한 새 건물이 들어서는 것이 비그리스도인들에게 어떻게 보일지도 고민해 보아야 합니다. 오랜 시간 공사 끝에 거리에 들어선 예배당은 그리스도인의 눈에만 보이는 것이 아니기 때문입니다.

이 모든 것은 결국 무엇을 위해 예배를 드리느냐는 질문으로 이어집니다. 은혜 받은 느낌이나 종교적 격양이 예배의 목적일까요? 아니면 보다 위대한 교회의 목사나 직분자가 되어 자존감을 마음껏 충전하는 것이 목적일까요? 우리가 그토록 돌아가자고 외치는 초대교회에는 그럴듯한 건물이 없었습니다. 대부분이 가정에 모여 소박하게 예배를 드렸을 뿐이었습니다.

그리스도는 사람들의 일상으로, 가정으로 들어가서 함께 먹고 마시던 분입니다. 초라하고 깨어진 우리 삶의 자리야말로 바로 그분이 거하시는 곳입니다. 대형 예배당이 무조건 나쁘다는 말이 아닙니다. 그곳에서 드리는 예배에 주님이 함께 계신다면, 학교나 일터, 초라한 방구석에도 함께 계신다는 뜻입니다.

결론: 어디서든 함께 하시는 하나님

지금까지 예배당이 아니라 각 그리스도인이 성전이며, 그들의 모임과 삶이 곧 예배라는 이야기를 했습니다. 하지만 이번 질문의 논의가 물리적인 예배와 모임을 등한시하는 것을 정당화하기 위해 사용되지 않기를 바랍니다. 코로나19 팬데믹은 우리가 홀로 떨어져 신앙생활을 유지하는 것이 얼마나 어려운 일인지 깨닫게 해주었습니다. 온라인으로만 진행하는 모임은 집중력을 발휘하고 친밀감을 나누기에는 부족한 점이 많습니다. 당장 옆에서 보는 사람이 없으니 예배 중에 계속 딴짓을 하게 되기도 합니다.

이러한 어려움에도 불구하고 예배당의 부재가 교회 자체를 무너뜨리지는 못했습니다. 우리가 힘들었던 것은 예배당을 사용하지 못했기 때문이 아니라 함께 모일 수 없었기 때문입니다. 예배당은 예배의 핵심 기능을 담당하는 성전이 아니라, 그저 물리적인 예배와 만남을 도와주는 도구일 뿐입니다. 우리는 어디서든 만나 교제하고 그분을 높일 수 있습니다.

예수님을 종종 임마누엘이 되신 하나님이라고 표현합니다. 여기서 임마누엘은 '하나님이 우리와 함께하신다'는 뜻입니다. 그리고 예수님의 성육신이야말로 참으로 임마누엘적인 사건입니다. 이제 더 이상 물리적인 성전은 필요하지 않습니다. 교회는 건물이 아니라 예수님을 통해 임마누엘을 누리는 그리스도인들의 모임입니다. 교회 건물을 구성하는 벽돌이나 지붕 등은 교회를 구성하는 필수 요소가 될 수 없습니다. 교회 건물 자체를 신앙적인 목적으로 삼거나, 편의를 위한 시설 이상의 의미를 부여하는 사람들은 성경을 왜곡하는 것입니다. 모든 성도가 예배당이 아니라 예수님을 통해 하나님을 만났으면 좋겠습니다.

'성전'을 건축해야 한다는 설교나 강의를 들어 본 적이 있나요?
우리 시대에 성전은 어떤 의미를 지니는지 나누어 봅시다.

_____

_____

_____

_____

_____

예배당이 우리에게 해줄 수 있는 것과 없는 것에는 무엇이 있을까요?
특별히 코로나19를 거치며 예배당의 의미에 대해
느낀 점이 있다면 나누어 봅시다.

_____

_____

_____

_____

나 자신이 하나님의 성전이라는 사실을 의식하며 살고 있나요?
하나님의 성전답게 산다는 것은 무엇을 의미할까요?

_____

_____

_____

_____

_____

Q8. 예수천국 불신지옥은
최선의 전도일까?

비그리스도인과 대화를 나누다 보면 한 가지 중요한 사실을 알게 됩니다. 그들 중 대부분이 길거리에서 전도를 받아본 경험이 있으며, 이것이 그들에게 안 좋은 기억으로 남아있다는 점입니다. 심지어 많은 이들이 교회에 안 가는 첫번째 이유로 길거리에서 전도 받았을 때의 불쾌한 경험을 꼽습니다. 그렇다면 사람들은 전도를 왜 그렇게 싫어하는 것일까요? 그리스도인의 입장에서 그들도 구원을 받았으면 하는 마음에 전하는 것인데 말입니다. 이러한 반응에 대해 일부 그리스도인들은 억울해하며 상대를 매도하는 식으로 감정을 표출하기도 합니다. "그들에게는 들을 귀가 없다"거나, "그들이 의도적으로 진리를 핍박한다"는 식으로 말입니다.

만일 복음의 내용에 대한 거부감이 주를 이룬다면 이런 억울함이 옳을 수도 있습니다. 사람에게는 신을 찾는 종교성과 하나님을 멀리하고 싶은 마음이 동시에 존재하기 때문입니다. 이는 성경이 말하는 바이기도 하지만, 실제 사례에서도 찾아볼 수 있습니다. 많은 사람들이 점술이나 뉴에이지 운동에 큰 반감이 없으면서도 인격신을 포함한 종교에는 손사래를 칩니다. 이런 종교는 관계적 헌신과 변화를 요구하기 때문입니다.

그렇다면 정말 사람들이 복음을 일부러 받아들이지 않고 거부하고 있는 것일까요? 그렇지는 않아 보입니다. 우선 '전도'를 들은 사람은 많아도 '복음'을 들은 사람은 적습니다. '예수천국 불신지옥' 식으로 지나치게 단순화된 구호나 "교회 다니세요"라는 권유를 들었을 뿐입니다. 제대로 듣지도 않은 내용을 어떻게 거부하겠습니까? 반감의 대상은 복음의 내용이 아니라 사실 전도자의 태도인 경우가 훨씬 많습니다.

사람들이 전도하면 싫어하는 이유

> 영희: 철수야, 나랑 교회 같이 가자.
>
> 철수: 싫어. 귀찮아. 넌 왜 교회 다녀?
>
> 영희: 몰라. 일단 와봐. 교회 가면 마음이 평안해져.
>
> 우리 교회 예쁜 애들도 많아.
>
> 철수: 안 갈래.
>
> 영희: 너 오늘 죽을 수도 있어. 그건 아무도 모르는 거야.
>
> 지옥 가면 어쩌려고 그래?
>
> 철수: 하…….

약간의 과장이 섞였지만, 이런 식의 대화가 펼쳐지는 경우가 우리 주위에 생각보다 많습니다. 아마도 영희는 이번 주에 교회에 가서 친구를 전도하는 데 실패했다는 사실을 사람들에게 나눌 것입니다. 그래도 복음을 전한 게 어디

나는 위로를 받으면서, 자신이 용기 내서 시도한 전도가 실패했다는 사실에 진심으로 슬퍼할 수도 있습니다. 모임의 분위기도 예상이 가능합니다. 아마도 영희를 잠깐 위로하다가, 전도가 참 쉽지 않다며 한숨을 내쉴 것입니다. 갑자기 우울해진 분위기를 바라보며 리더는 어쩔 줄 몰라 할 것입니다.

전도가 잘 되지 않을 때, 예수님의 '씨 뿌리는 비유'(마 13:1-30)를 인용하는 경우가 종종 있습니다. 좋은 밭은 말씀을 받아들이는데, 나쁜 밭은 받아들이지 않는다는 것이 이 비유의 핵심입니다. 그러나 이 비유에서 중요한 전제는 애초에 씨가 뿌려졌다는 사실입니다. 과연 위의 대화에서 영희는 씨를 뿌렸을까요? 그저 자갈을 뿌린 것은 아니었을까요? 확실한 것은 철수는 결코 복음을 들은 적이 없다는 것입니다.

씨가 아니라 자갈을 뿌리는 것도 문제인데, '풀 스윙'으로 던지는 사람도 많다는 것이 더욱 문제입니다. 일부 그리스도인들은 굉장히 무례한 태도로 전도를 합니다. 이것이 사람들이 전도를 싫어하는 첫 번째 이유입니다. 길거리를 걷다 보면 그리스도인도 전도를 받곤 하는데, 전도자들은 단지 교회 다니는 게 전부가 아니라며 상대방의 의사와 상관없이 계속해서 믿음에 대해 설명합니다. 교회에서 배운 전도 방법을 사용하기 위해 상대방의 신앙을 어림잡아 비하하거나, 상대방이 아직 구원받지 못했음을 선고하는 경우도 적지 않습니다.

가장 큰 문제는 무례한 확신조로 전하는 것이야말로 타협하지 않는 좋은 전도라 생각하는 분위기가 존재한다는 점입니다. 그러나 무례하지 않으면서도 타협 없는 자세를 취할 수 있습니다. 베드로나 바울 사도는 타협하지 않고 복음을 전하다가 매질을 당했습니다. 물리적 폭력을 당했다는 억울함을 표출할 수 있는 상황입니다. 그럼에도 그들은 무례하게 굴거나 지옥의 저주를 내뿜지 않았습니다.

물론 그리스도인 전도자들이 모두 무례하다는 것은 아닙니다. 길거리 전도자들 중에는 이단이나 사이비도 굉장히 많으니, 노방 전도자들에 대한 비그리스도인의 일반적인 시선을 접할 때마다 억울한 측면도 있습니다. 하지만 전통 교회 안에도 전투적이고 도발적인 스타일을 좋은 전도 자세로 받아들이는 분위기가 남아 있음을 부인할 수 없습니다. 대부분의 비그리스도인들에게는 한 번쯤 무례한 전도를 받아 본 경험이 있습니다. 그리고 이 경험은 상당히 강렬해서 평생 그들의 기억에 남습니다.

사람들이 전도를 싫어하는 두 번째 이유는 교회가 너무나 부패한 것처럼 보이기 때문입니다. 많은 사람들이 교회는 비즈니스 장소에 불과하며, 목사는 사업가라고 굳게 믿고 있습니다. 굳이 욕하려고 하는 말이 아니라, 실제로 그렇게 믿는 것입니다. 그렇기에 전도하는 사람들의 의도를 의심할 수밖에 없습니다. 다단계 조직원이나 "도를 아십니까"라고 묻는 이들이 접근할 때 꺼림칙한 이유가 무엇입니까? 마지막에는 돈을 요구할 것이 분명하기 때문입니다.

그리스도인 전도자도 세상 사람들의 눈에는 전혀 다를 바가 없습니다. 교회의 수백억대 재정비리 기사가 뉴스에 오르내리는가 하면, 일부 교회에서는 직분을 돈으로 사고팔기도 합니다. 또한 헌금을 잘 내면 신앙 좋은 사람이라고 생각하는 분위기가 교회 안에 존재합니다. 이것이 일부 교회의 문제일 수 있지만, 그 영향력이 너무나 커서 대다수 사람들에게 편견을 일으킵니다. 더구나 교회는 근본적으로 하나라서 단지 일부 교회만의 일이라고 꼬리 자르기를 할 수도 없습니다. 다른 교회에서 일어난 일에도 공동체적 책임 의식을 가져야 하는 것이 신약성경의 가르침입니다.

'예수천국 불신지옥'은 옳은가

기독교의 공격적인 전도 방식을 상징하는 문구를 하나만 꼽자면 '예수천국 불신지옥'일 것입니다. 요즘에는 이런 식의 전도가 많이 줄었다고 하지만, 여전히 번화가에 가면 종종 볼 수 있습니다. 미국에서도 이와 비슷한 전도 문구들을 볼 수 있는데, 빨간색 글씨로 당장 예수님을 믿지 않으면 지옥불의 고통을 겪게 될 것이라는 경고를 표시합니다. 전도자가 든 팻말에 삼지창을 든 사탄이나 지옥의 구덩이 같은 이미지가 그려져 있는 경우도 있습니다.

사람들은 이런 식의 '공포 마케팅'을 기반으로 한 전도를 굉장히 무례하게 받아들입니다. 물론 무례하게 여겨진다는 이유만으로 전도를 하지 말아야 한다는 것은 아닙니다. 문제는 '예수천국 불신지옥'이라는 문구가 표현을 넘어 내용까지 틀렸다는 사실입니다. '불신지옥'이라는 말을 풀어서 설명하면 '예수를 믿지 않으면 지옥에 간다'는 뜻인데, 엄밀히 말해서 이것은 성경이 전하는 내용이 아닙니다. 성경은 "우리가 비그리스도인이라면 지옥에 갈 것인데, 그 이유는 예수를 믿지 않았기 때문이다"라고 말한 적이 없습니다. 만일 우리가 지옥에 간다면, 그 이유는 순전히 우리의 죄 때문입니다.

물론 기독교는 예수 그리스도 한 분이야말로 이러한 상태에서 구원을 얻는 유일한 길이라고 말합니다. 그러나 구원의 방법을 부정하는 일이 곧 멸망의 원인인 것은 아닙니다. 만일 어떤 사람이 난치병에 걸렸는데, 전국에서 가장 유명한 어떤 의사를 찾아가면 살 수 있었다고 가정해 봅시다. 그러나 그 환자는 그 의사가 명의라는 사실에 의심을 품은 채 차일피일 미루다가 결국 사망하고 맙니다. 그렇다면 이 사람이 죽은 원인은 무엇일까요? 명의의 실력을 믿지 않았기 때문일까요? 아닙니다. 그가 죽은 이유는 여전히 난치병 때문입니다.

우리가 만일 지옥에 가더라도 그 원인은 죄 때문입니다. '불신지옥'이라는 말이 담고 있는 뉘앙스는 여러 오해를 부추길 뿐만 아니라 괴상한 이분법까지 만들어 냅니다. 자신은 예수를 믿었으니 '구원받을 자격이 있는 사람'이고, 저들은 믿지 않으니 '지옥 갈 자들'이라고 생각하는 것입니다. 이는 1세기 바리새인들이 이방인을 구분 짓던 방식과 흡사합니다. 특히 교회를 오래 다닐수록 이런 함정에 자주 빠지는 경향이 있습니다.

자신을 포함한 인류 전체가 본래 죄로 인해 지옥에 갈 존재라는 사실을 통렬하게 깨닫는 것이야말로 복음의 출발점입니다. 그런데 그리스도인들조차 이런 기본적인 전제를 잘 믿지 못하는 것 같습니다. 말로는 자신이 죄인인 것을 인정하지만, 정말 하나님 앞에서 살인자와 마찬가지로 동일한 죄인임을 믿느냐고 물으면 긍정할 성도가 과연 몇 명이나 될까요? 자신이 근원적으로 어떠한 존재인지 깨닫는 과정 없이 단지 구원의 여부에 모든 방점이 찍혀 있습니다. 이는 일차적으로 구원이 무엇인지 성찰하거나 배우는 과정이 부족했기 때문에 생기는 일입니다. 주일학교 때부터 티켓 끊어서 구원열차를 타고 천국 가면 된다는 찬양을 불렀으니 어쩔 수 없는 일인지도 모르겠습니다.

그리스도인들도 자신이 죄인이라는 의식이 부족한데, 그리스도인이 아닌 사람들은 오죽하겠습니까? 무작정 '불신지옥'을 말하면, 비그리스도인의 입장에서는 다음과 같은 사고의 흐름이 시작됩니다. 그동안 나는 멀쩡하게 잘 살고 있었고, 그럭저럭 법을 지키며 성실하게 살아왔습니다. 그런데 갑자기 이상한 사람들이 나타나서 예수를 들이밀더니 안 믿으면 지옥불에 던져질 것이라고 협박합니다. 이 사람에게 예수란 존재는 갑자기 집안에 들이닥친 강도나 마찬가지입니다. '예수천국 불신지옥'이라는 구호를 굳이 유지하고 싶다면, 차라리 '원래지옥 예수천국'이라는 개념으로 바꿔 생각할 필요가 있습니다. 우리는 불신 때문에 지옥에 가는 것이 아니라, 원래 하나님과 함께하지 못할 죄인들입니다.

소통의 부족

2007년 7월 19일은 당시 한국 사회에서 큰 이슈가 되었던 탈레반 한국인 납치 사건이 벌어진 날입니다. 아프가니스탄으로 단기선교를 떠난 23명의 사람들이 이슬람 무장단체 탈레반에게 피랍되었던 사건으로, 사람들은 보통 '샘물교회 사건'이라고 부릅니다. 이 과정에서 선교팀을 인솔하던 목사를 비롯한 두 사람이 살해되었고, 한국 정부의 천신만고의 노력 끝에 나머지 21명은 풀려나게 되었습니다. 많은 사람들이 한국에서 기독교에 대한 반감 정서가 본격적으로 폭발한 때가 바로 이 시점이었다고 주장합니다. 비판자들은 석방 이후 일부 선교단체 멤버들이 했던 말이나 행동을 문제 삼았고, 굳이 가지 말라던 곳에 가서 거액의 국민 세금을 낭비했다고 비난했습니다.

저는 이 사건의 시비를 가릴 능력도, 의도도 없습니다. 그러나 확실한 것은 이 시점을 계기로 한국의 그리스도인과 비그리스도인들 사이에는 좀처럼 허물 수 없는 '불통의 벽'이 형성되었다는 점입니다. 이 모든 것이 그 당시 선교를 떠났던 사람들의 잘못이라고 말하려는 것은 아닙니다. 사실 그 이전부터 서서히 세워지던 벽이었습니다. 완공되기 위한 불씨가 필요했을 뿐입니다. 공교롭게도, 전투적 무신론자의 대표격인 리처드 도킨스의 저서 『만들어진 신』의 한국어판이 피랍 사건 하루 뒤인 7월 20일에 정식 출판되었습니다.

과학을 다루는 일부 내용을 제외하면 이 책의 전체적인 논리는 엉성한 수준이었습니다. 실제로 그리스도인 학자는 물론이고 같은 무신론자 학자들에게도 많은 비판을 받았습니다. 그럼에도 이 책은 반기독교적 정서가 쌓이다 못해 폭발하기 시작한 한국의 기독교 비판자들에게 강력한 무기가 되어 주었습니다. 그 정도로 한국 기독교가 신뢰를 잃어버린 셈이었습니다.[1]

2007년을 전후로 교회와 사회 간의 소통이 완전히 막혀 버렸습니다. 이 사건 직후 한 기독교 방송에서 네 명의 패널을 초청해 '한국 기독교, 세상과 어떻게 대화할 것인가?'라는 주제로 토론회를 개최했습니다. 여기서 진중권 전 동양대 교수는 한국 교회의 소통 부재를 다음과 같이 꼬집었습니다.

제가 볼 때 그동안 한국 교회는 소통을 거부해 왔습니다. 건강한 비판을 받아야 교회도 건강해지는데, 교회가 안에 갇혀 버리는 겁니다. 그러다 보니 교회 내에서 사용하는 언어들, 일종의 사회 방언인데, 이것이 이해가 안 되는 순간까지 고립되어 버렸습니다.[2]

미디어 사역을 하며 영상이나 글을 게시할 때면 어김없이 댓글 토론이 벌어집니다. 평소 댓글 내용을 자주 모니터링하는 편이라, 토론을 통해 생각지도 못했던 부분을 배우기도 합니다. 문제는 도를 넘어선 조롱과 비난이 자주 쏟아진다는 점입니다. 기독교를 향한 비난뿐 아니라, 비그리스도인들에 대한 조롱도 심심치 않게 발견됩니다. 바로 이것이 우리가 처한 현실입니다. 교회와 세상은 서로의 번호를 차단이라도 한 듯 먹통 상태에 있습니다. 진정성 있는 대화는 온데간데없습니다. 서로의 옳음을 증명하려고 악다구니를 퍼붓고 있을 뿐입니다.

그리스도인, 이제 어떻게 할 것인가

앞서 살펴본 것처럼, 사람들은 기독교에 대한 각각의 이미지와 편견을 지니고 있습니다. 그 배경은 이성적인 의심일 수도 있고, 교회에서 직접 경험한 상처일 수도 있고, 미디어에서 본 교회의 부끄러운 민낯일 수도 있습니다. 종교는 비즈니스일 뿐이라는 생각이나 노방 전도자들에 대한 귀찮은 기억들도 편견에 일조합니다. 이 모든 것은 복음이 전달되기도 전에 세워진 거대한 벽입니다. 그렇다면 그리스도인들은 이제 어떻게 해야 할까요?

우선, 복음이 벽 위를 건너갈 수 있도록 다리를 건설하는 방법이 있습니다. 이를 위해서는 대화와 설득이 필요합니다. 벽 자체를 부수지는 못하더라도, 이 벽을 넘어 볼 좋은 이유는 알려 줄 수 있기 때문입니다. 이러한 역할을 감당하는 수단을 보통 '기독교 변증'이라고 부릅니다. 옥스퍼드의 신학자 알리스터 맥그래스는 "전도란 그리스도인이 되라는 초대요, 변증은 초대를 위한 기반을 다지는 일"이라고 정의합니다.[3]

전도가 해독제를 먹으라고 권하는 일이라면, 변증은 이 해독제야말로 당신의 병을 고칠 약이라고 설득하는 일입니다. 당신의 친한 친구에게 병이 있다는 사실을 알고 있다고 가정해 봅시다. 해독제를 먹으라는 당신의 말에 이 친구가 거부감을 보인다면 그 이유는 둘 중 하나일 것입니다. 첫째는 자신이 병에 걸렸다는 사실을 믿지 않는 것입니다. 둘째는 해독제를 의심하는 것입니다. 그렇다면 우리는 상대방의 몸 상태나 해독제에 대해 변증할 필요가 있습니다.

특별히 해독제의 효과를 납득시키는 데는 두 가지 방법이 존재합니다. 첫째는 해독제를 직접 마시는 모습을 보여주는 것입니다. 삶 자체를 통해 그리스도인의 신앙을 설득하는 방법입니다. 둘째는 해독제에 어떤 구성 성분이 들었고, 어떤 믿을 만한 제약회사에서 만들어졌으며, 이 해독제를 먹고 나은 사람이 몇 명이나 되는지를 설명하는 것입니다. 이 일에는 해독제에 대한 여러 가지 지식이 요구됩니다. 때로는 통계나 자료가 필요할지도 모릅니다.

사실 믿음보다 이성적인 설명을 우선시하는 듯한 태도에 반감을 가지는 그리스도인들이 많습니다. 자신은 그런 것 때문에 예수님을 믿는 게 아니라면서 말입니다. 그러나 이렇게 한번 생각해 보십시오. 대부분의 한국인은 한국어 문법보다 영어 문법을 더 잘 압니다. 한국어 문법은 자연스럽게 익혔지만 영어는 따로 배웠기 때문입니다. 그런데 한국어를 외국인에게 가르쳐야 하는 상황이 온다면 이야기가 달라집니다. 설령 당연해 보이는 한국어 문법일지라도 따로 공부하고 체계적으로 익혀야 합니다.

기독교 신앙도 마찬가지입니다. 자신의 신앙을 남들에게 드러내려면 아무리 당연하게 믿는 내용이라 해도 제대로 배워야 합니다. 외국인에게 가르쳐 본 사람은 한국어가 얼마나 어려운지 새삼 깨닫게 됩니다. 그와 마찬가지로, 신앙을 주제로 비그리스도인과 대화를 나누어 본 사람이라면 우리가 당연히 믿는 것들 중 사실 하나도 당연한 것이 없다는 사실에 충격을 받게 됩니다. 그럴수록 어느 부분에서 상대방이 이해하기 어려워하는지 세심하게 살펴야 합니다. 하나님이 우리에게 한국인의 역할뿐 아니라 한국어 교사의 역할도 부여하셨기 때문입니다.

그리스도인과 비그리스도인 사이의 벽을 넘어서는 두 번째 방법은, 그저 벽 자체를 부수는 것입니다. 어떻게 하면 이 견고한 벽을 부술 수 있을까요? 복음을 전하는 이가 자신의 말과 행동에 예수 그리스도의 모습을 담아내는 것입니다. 예수님은 어떤 분이셨습니까? 그분은 어떤 기준에 따른 편견도 없으셨던 분입니다. 누구에게나 다가가셨으며, 감성과 지성을 모두 사용하여 사람들에게 하나님 나라의 도래가 무엇인지를 몸소 보이셨습니다.

많은 그리스도인들이 전도는 삶으로 보여주는 게 최고라고 말합니다. 하지만 기독교를 믿을 만한 좋은 이유를 보여주는 일이라면 말이든 삶이든 모두 중요합니다. 그렇기에 우리는 베드로전서 말씀처럼, 그리스도를 마음속에 주님으로 삼아 거룩하게 대하고, 또한 온유함과 두려운 마음으로 복음을 전해야 합니다(벧전 3:15).

복음서를 한 번이라도 제대로 읽어 본 사람은 예수님을 닮는다는 게 무엇인지 알 수 있습니다. 단순하게 표현하자면, "예수님을 닮은 사람은 벽을 허무는 사람이고, 그렇지 못한 사람은 벽을 세우는 사람입니다." 방법이 고요하든 시끄럽든, 보수적이든 진보적이든 모두 부수적인 문제입니다. 벽을 허무는 데는 결국 이념이 아니라 사랑과 희생이 필요합니다. 나와 정반대의 가치관을 지닌 상대방에 대한 편견의 벽을 허문다는 것은 이토록 어려운 일입니다.

결론: 벽을 허무는 그리스도인

예수님은 모든 벽을 부수러 오신 분입니다. 성별의 벽, 신분의 벽, 인종의 벽, 선택받은 민족과 이방인의 벽, 의인과 죄인의 벽, 하늘과 땅의 벽, 심지어 신과 인간의 벽마저도 모두 때려 부수는 '벽 파괴의 달인'이셨습니다.

신앙적 교만의 벽도 예외가 아니었습니다. '선데이 크리스천'과 자신을 구분하거나, 곧 멸망할 세상과 우리를 구분하는 것이야말로 예수님이 가장 무너뜨리고 싶어 하셨던 거대한 장벽입니다. 세례 요한은 이러한 이들을 질책했으나, 예수님은 일침을 가하는 정도에서 끝내지 않으셨습니다. 바로 이 벽들을 허물기 위해 직접 십자가를 지고 골고다 언덕을 오르셨습니다.

예수께서 결국 십자가에 숨을 거두시자 지성소의 휘장이 찢어졌습니다. 지성소는 성전 안에 있는 장소로, 대제사장들만이 들어가 하나님과 소통할 수 있는 공간이었습니다. 그런데 이 지성소의 커튼이 두 폭으로 찢어져 버린 것입니다. 이는 하나님과 인간 사이의 벽이 완전히 무너졌음을 의미합니다. 우리는 찢어진 휘장을 통해 하나님의 자녀라는 엄청난 지위를 얻을 수 있게 되었습니다. 그때에 하늘이 어두워진 것도, 지진이 일어난 것도, 심지어 죽은 자들이 살아난 것도 지성소 휘장이 찢겨졌다는 사실 앞에서는 별로 대수롭지 않은 일이었습니다.

비그리스도인 친구들과 어울리다가 가끔씩 벽을 무너뜨리는 모습을 보여주면 이런 칭찬을 받습니다. "너는 참 그리스도인 같지 않아." 도대체 이게 무슨 말일까요? 그리스도인이라는 말은 이미 예수를 닮은 자들이라는 뜻입니다. 그런데 예수님이 하신 행동을 모방할수록 그들이 생각하는 그리스도인의 이미지와는 정반대라는 소리를 듣습니다. 칭찬은 고맙지만 뭔가 잘못되었다는 생각이 들었습니다. 과연 이런 상황에서 복음이 전해질 수 있을까요? 다시 안디옥 교회처럼 그리스도인이라는 말이 칭찬으로 쓰이는 시대가 올 수 있을까요? 오늘도 여전히 같은 꿈을 꾸며 벽을 허무는 그리스도인들이 많아지기를 간절히 소망합니다.

'예수천국 불신지옥'의 구호를 외치는 전도를
목격하거나 받아 본 경험이 있나요?
만일 그렇다면, 그때 어떤 생각이 들었나요?

_____

_____

_____

_____

그리스도인과 비그리스도인 사이의 벽을 넘어서기 위해
지금 당장 할 수 있는 일에는 무엇이 있을까요?

_____

_____

_____

_____

나는 복음을 전할 사명을 진지하게 생각하며 살아가고 있는 사람인가요?
만일 그렇다면 그것을 위해 무엇을 하고 있는지,
그렇지 않다면 왜 그동안 진지하지 않았는지 나누어 봅시다.

_____

_____

_____

_____

Q9. 성경 속 기적들이
실제로 일어날 수 있을까?

신앙생활 가운데 드는 회의감에 기름을 붓는 주제를 꼽으라면 아마도 성경에 나오는 '기적'의 문제일 것입니다. 우선 주위에서 기적을 보는 게 불가능에 가깝고, 비그리스도인으로부터 관련 질문을 받을 때도 난감해지는 주제이기 때문입니다.

제가 태어나서 처음 기독교 신앙을 놓고 논쟁한 것도 기적에 관한 것이었습니다. 초등학교도 입학하기 전, 동네 놀이터에서 모르는 아이들과 말싸움을 벌인 적이 있습니다. 왜 그런 대화가 시작되었는지는 기억이 나지 않지만, 아이들은 사람이 어떻게 갈비뼈에서 나올 수 있느냐고 따졌습니다. 저는 악에 받쳐 성경에 그렇게 쓰여 있으니 믿어야 한다고 반박했습니다. 정확히 여섯 살짜리 아이가 할 만한 반론이었습니다. 그런데 오늘날 주위를 둘러보면, 대다수의 성인 그리스도인들도 이보다 나은 답변을 주지 못하는 것이 현실입니다.

첨단과학이 지배하는 시대에 사는 현대인이 어떻게 기적을 믿을 수 있을까요? 이것은 신앙인을 넘어 비신앙인들에게도 큰 질문거리입니다. 그들의 입장에서 기적을 믿는 일은 논의할 필요도 없이 미개한 일일지도 모릅니다. 그러나 정작 기적을 믿는 사람들을 살펴보면 대부분 모자랄 것 없이 평범한 사람들입니다. 이러한 모순은 사람들에게 당혹감을 가져다줍니다. 그렇다면 기적을 믿는 것은 정말로 불가능한 일일까요?

옛날 사람들은 무식해서 기적을 믿었을까

C. S. 루이스는 한 에세이에서 친구와의 대화 내용을 들려줍니다. 친구가 묻습니다. 이제 우리는 정자 없이 임신이 되지 않는다는 사실을 알고 있고, 따라서 과학이 마침내 동정녀 탄생이 불가능함을 밝혀내지 않았느냐고 말입니다. 그러자 루이스는 그것은 사람들이 예나 지금이나 늘 알던 사실이 아니냐고 반문합니다. 마리아의 남편 요셉이 아내의 임신 사실을 알고 파혼을 결심한 이유는 그가 정자 없이 임신할 수 없다는 사실을 현대인만큼이나 잘 알고 있었기 때문입니다.[1]

많은 사람들이 과거 사람들이 기적을 믿었던 이유는 자연에 대해 잘 몰랐기 때문이라고 생각합니다. 이러한 생각에 따르면, 계몽주의 이전의 사람들은 미개한 생각을 가지고 있었기에 자연법칙에 어긋나는 일들을 철석같이 믿고 있었지만, 이제 자연법칙을 잘 알게 되었으니 우리는 더 이상 기적과 같은 판타지는 믿을 수 없다는 것입니다.

이는 직관적이고 간결한 설명입니다. 하지만 옳은 설명은 아닙니다. 성경 속 인물들은 기적을 보고 매우 놀라워했습니다. 제자들은 예수님이 물 위를 걷는 모습을 보고 유령을 본 사람들처럼 두려워했습니다. 또한 그들은 파도를 멈추는 예수님의 모습을 보고 충격에 빠지기도 했습니다. "그들이 심히 두려워하여 서로 말하되 그가 누구이기에 바람과 바다도 순종하는가 하였더라"(막 4:41).

예수님이 약 사천 명의 무리를 먹이신 오병이어 사건은 어떻습니까?(막 8:1-10) 흥분의 도가니에 휩싸인 민중은 멀쩡히 왕이 살아 있는데도 불구하고 예수님을 새로운 왕으로 삼으려 했습니다(요 6:1-15). 높은 산 위에서 예수님이 광채로 빛나는 모습을 보고 제자들은 또다시 충격에 빠졌습니다. "이는 그들이 몹시 무서워하므로 그가 무슨 말을 할지 알지 못함이더라"(막 9:6). 도마는 예수님의 옆구리에 자신의 손을 넣어 보지 않고서는 부활을 믿지 못하겠다고 단언했으며, 예수님이 눈앞에 나타나시고 나서야 그분 앞에 무릎을 꿇고 "나의 주님, 나의 하나님"이심을 고백합니다(요 20:25-28). 이 모든 일은 고대인들이 자연법칙에 대한 최소한의 상식을 갖추고 있었음을 보여줍니다.

성경에 나오는 인물뿐 아니라 동시대의 역사가들도 마찬가지입니다. 신약학자이자 1세기 역사 연구자인 톰 라이트는 한 강연에서 이렇게 말했습니다. "호메로스(『일리아스』의 작가)는 사람이 죽으면 그 상태에 머문다는 것을 알고 있었습니다. 아이스킬로스(고대 그리스의 극작가)도 죽은 사람이 살아나지 못한다는 사실을 알았고, 플리니우스(로마의 박물학자)도 사람이 다시 살아나는 일은 없다고 여겼습니다. 이는 상식입니다. 1세기 유대인과 그리스도인들도 다 알고 있던 상식이었어요."[2]

여기서 "예수와 동시대에 살았던 유대교인들은 부활이 가능하다고 믿지 않았는가?"라고 반문할 수 있는데, 이는 옳은 지적입니다. 하지만 그들조차 부활은 세상의 종말에 일어날 일이라고 믿었습니다. 말하자면, 자연법칙 자체가 효력을 다할 때가 오고 나서야 볼 수 있는 일로 여겼다는 말입니다. 이들 역시 죽은 사람이 아무 때나 살아날 수 없음을 너무나 잘 알고 있었습니다.

자연법칙을 잘 알게 될수록 기적을 부인할 수밖에 없다는 생각은 사실 앞뒤가 안 맞습니다. 오히려 기적을 믿으려면 자연법칙을 아는 일이 필수적입니다. 길거리에서 규칙 없는 프리스타일 축구만 해온 사람이 우연히 정식 축구 경기의 심판을 맡게 되었다고 가정해 봅시다. 그는 오프사이드 반칙이 일어나도 휘슬을 불지 않을 것입니다. 규칙을 모르니 규칙에서 벗어나도 알아채지 못하는 것입니다. 만일 초기 그리스도인들이 죽은 자의 소생을 충분히 일어날 법한 일로 여겼다면, 그들은 결코 예수님의 부활을 기적이라 생각할 수 없었을 것입니다. 하지만 그들은 예수님의 부활을 이전에 알고 있던 모든 것을 뒤집을 만큼 신비롭고 놀라운 일로 여겼습니다.

그렇다면 성경의 인물들이 결국 기적을 믿게 된 이유는 무엇일까요? 그들이 눈으로 본 광경이 너무나 장엄했기 때문일까요? 물론 그럴 수도 있습니다. 하지만 그들이 목격한 사건들을 기적이라고 인정할 수 있었던 이유는 두 가지 때문입니다. 우선, 현대인만큼은 아닐지라도 자연이 어떻게 돌아가는지를 경험적으로 알았고, 그다음으로 자연 바깥에서 간섭할 수 있는 존재가 있음을 믿었기 때문입니다.

중요한 것은 기적의 현상 자체가 아니라, 그런 현상을 일으킬 수 있는 존재나 힘이 있다고 믿는지 여부입니다. 뒤에서 살펴보겠지만, 신의 존재에 대한 믿음을 확실히 증명할 방법은 없지만 합리적으로 생각해 볼 만한 논증들은 많이 있습니다. 만일 세상에 간섭하는 신의 존재가 아주 낮은 확률로 존재할 수 있다고 생각한다면, 기적 또한 충분히 믿을 수 있습니다. 원래 기적이라는 말의 정의 자체가 아주 낮은 확률로 발생하는 일이기 때문입니다.

사실 기적의 가능성을 믿는 사람들이라고 해서 자신이 언제나 기적을 목격할 수 있으리라 기대하는 것은 아닙니다. 전 미국 국립보건원NIH의 원장이자 현재 바이든 대통령의 과학고문을 맡고 있는 프랜시스 콜린스의 표현에 따르면, 기적이란 인간이 이해할 수 없는 영적 역사의 중심축에서 일어납니다.[3] 심지어 현재 기적을 경험할 수 없다고 생각할지라도, 과거 특정 시간대에는 일어났다고 믿을 수 있습니다. 그리스도인은 신의 아들이 모든 사람의 구원을 위해 이 땅에 내려오신 때야말로 영적 역사의 중심축이라 생각합니다.

기적에 대한 믿음은 세계관에 따라 결정된다.

몇 년 전, 리처드 도킨스의 자서전을 읽던 중 많은 생각을 했던 기억이 있습니다. 그는 어떤 조건이 주어진다면 초자연적 현상을 믿을 수 있겠느냐는 질문에 이렇게 답했습니다.

> 예전에 나는 입에 발린 소리로나마, 누군가가 설득력 있는 증거를 보여주기만 한다면 나도 하룻밤 사이에 초자연주의자로 변하겠노라고 다짐했었다. 그리고 신이라면 그런 증거를 제공하는 일은 식은 죽 먹기가 아니겠느냐고 가정했다.……요즘은 그런 확신이 줄었다.……만일 예수가 광휘에 둘러싸여 내 눈앞에 나타난다면, 혹은 하늘의 별자리가 갑자기 움직여

서 제우스의 이름이나 올림포스산 신들의 이름을 모두 써 보인다면 어떨까? 그때 나는 '초자연적' 사건이 자연법칙을 뒤엎었다는 회피적인 가설에 굴복하는 대신, 내가 꿈을 꾸고 있다거나, 환각을 보고 있다거나, 그도 아니면 외계인 물리학자나 데이비드 코퍼필드 같은 외계 마술사가 꾸민 교활한 착시에 걸려들었다는 가설을 선택해야 하지 않을까?[4]

이 대답으로 보건대 도킨스에게 기적을 믿게 할 방법은 없는 것으로 보입니다. 그는 어떤 신비한 일이 일어나도 다른 가설이 더 옳다고 믿기로 작정했습니다. 이를 다르게 표현하면, 그의 신념은 반증이 불가능하다는 뜻이 됩니다. 20세기 과학 철학자 칼 포퍼는 어떤 것이 과학적 진술인지를 판단하려면 반증될 수 있는지 여부를 살펴보면 된다고 말했습니다. 만일 반증이 가능하다면, 그것은 과학적인 진술입니다. 예를 들어, 해가 서쪽에서 떴다는 말은 비록 거짓일지라도 과학적 진술입니다. 동쪽에서 뜨는 모습을 보여주면 반증할 수 있기 때문입니다.

그런데 평소 과학적인 증거가 없으면 믿어서는 안 된다던 도킨스가 반증 불가능한 신념을 단호한 어조로 펼치는 모습은 다소 아이러니합니다. 물론 도킨스가 자신이 내놓은 의견이 과학적이라고 주장한 것은 아닙니다. 오히려 그는 18세기의 경험론 철학자 데이비드 흄을 인용하고 있습니다. 흄은 어떤 기적적인 사건에 대한 증언을 들었다면, 일단 그것이 사실일 가능성에 대해 회의적인 태도를 취해야 한다고 말합니다. 왜냐하면 그 증언이 옳을 확률이 기적적으로 높지 않은 이상, 해당 증언이 실제로 기적을 가리킨다는 사실을 증명할 수 없기 때문입니다.

예를 들어 어떤 사람이 한국말을 하는 강아지를 보았다는 증언을 한다면, 그 강아지가 실제로 말을 했을 확률보다 증언자가 거짓말을 하고 있을 확률이 훨씬 높습니다. 그가 거짓말을 할 만한 이유를 모르더라도 말입니다. 그러니 증언자가 거짓말을 할 확률이 기적만큼이나 낮지 않은 이상, 강아지가 한국말을 했다는 사실은 참이 될 수 없습니다.

기적이 보고된 순간에 우선 회의적인 자세를 취해야 한다는 흄의 주장은 옳습니다. 기적이 사실이라는 철학적 신념을 지닌 사람이라 할지라도, 신비한 경험담을 듣고 무작정 기적이라고 여기는 것보다는 일단 의심해 보는 편이 합리적일 것입니다. 결국 자연법칙으로 설명 가능한 사건으로 드러나는 경우가 훨씬 많기 때문입니다. 기적을 믿는 과학자인 프랜시스 콜린스 또한 이를 '건강한 회의주의'라 칭하는데, 그에 따르면 자연적으로도 얼마든지 설명할 수 있는 일상의 일들을 기적이라고 주장하는 사람들이야말로 기적의 가능성을 가장 빨리 잠재우는 사람들입니다.[5]

교회에서 사람들의 간증을 듣다 보면 이런저런 신비한 기적 체험 이야기를 많이 만나게 됩니다. 그런데 그중에는 기적이라고 부르기에는 다소 모호한 경우가 상당히 많습니다. 특히 약사로서 병 치유에 관한 간증들을 듣다 보면, 사실상 자연법칙을 벗어났다고 볼 수 없는 체험이 대부분입니다. 이들은 자신의 체험을 하나님의 영광과 결부시키지만, 자연법칙이 그토록 쉽게 예외를 허용했다면 오히려 설계자의 결함을 드러내는 꼴이 되고 맙니다. 가능한 애프터서비스를 안 받을수록 잘 만든 물건이 아닐까요?

사실 저는 그리스도인들이 말하는 대부분의 기적 체험 이야기에 회의적입니다. 하지만 현대에도 기적이 일어날 가능성을 부인하지는 않습니다. 어떤 그리스도인들은 은사 중지론의 입장을 지니고 있는데, 성경 시대에는 필요에 의해 하나님이 기적을 허용하셨지만, 성경 이후 시대에는 기적이 일어나지 않는다는 생각입니다. 경험에 따라 형성된 저의 성향은 이것이 옳다고 말하고 싶어 합니다. 그러나 은사 중지론에 완전히 동의할 수 없는 이유가 있습니다. 이 또한 초자연을 배제하는 세계관만큼이나 어떤 기적적인 보고 앞에서 모든 긍정적인 가능성을 손쉽게 부정하도록 만들기 때문입니다.

드물지만 현대 과학이 도저히 설명할 수 없는 치유의 사례가 종종 보고됩니다. 만일 초자연적인 것이 불가능하다거나, 이전에는 가능했지만 지금은 불가능하다는 세계관을 가지고 있다면, 이 모든 일을 면밀히 살피기도 전에 자동으로 부정하고 말 것입니다. 프랜시스 콜린스는 기적이 일어날 확률이 극히 낮지만 0퍼센트는 아니라고 여기기에, 이런 기적적인 치유의 사례를 들어도 크게 놀라지 않는다고 말합니다.[6] 의학 종사자 중 세계에서 가장 높은 커리어를 지닌 사람이 이토록 솔직한 고백을 한다는 사실은 놀랍습니다.

C. S. 루이스는 기적을 믿거나 부정하게 만드는 것은 경험이 아니라 경험에 대한 해석이라고 말합니다. "다시 말해 우리의 선입견은 기적이 정말 일어난다 해도 기적을 감지하지 못하게 막을 수 있고, 반대로 일어나지도 않은 기적을 상상하도록 이끌 수도 있을 것"입니다.[7] 결국 기적이 일어날 가능성에 대한 상반된 믿음은 증명될 수 없는 세계관의 차이에서 비롯된 것으로 보입니다. 그렇다면 더 이상의 논의는 무의미한 것일까요?

데이비드 흄은 기적의 증언이 모두 동일한 성질을 지니고 있다고 생각한 것 같습니다. 하지만 우리는 개별 사건을 전부 다르게 볼 필요가 있습니다. 동시대의 사상가인 윌리엄 페일리나 토머스 셜록 등은 흄의 주장에 대해 문제를 제기했는데, 그의 공식을 적용해 보면 기적이 아닌 일반적인 사건들조차 결코 받아들일 수 없는 경우가 생긴다는 것입니다.

　미국의 분석철학자이자 기독교 신학자인 윌리엄 레인 크레이그는 이를 현대의 예시를 통해 드러냅니다.[8] 그는 아침 뉴스에 7492871이라는 복권 당첨 번호가 발표된 상황을 생각해 보라고 말합니다. 다른 번호가 아니라 하필 이 번호가 발표될 확률은 7백만 분의 1에 불과합니다. 편의상 이를 0.0000001퍼센트라고 하겠습니다. 만일 아침 뉴스의 정확성을 99.99퍼센트라고 본다면, 이 뉴스가 틀릴 확률은 0.01퍼센트입니다. 꽤 낮은 수치이긴 하지만, 여전히 특정한 복권 번호가 발표될 확률인 0.0000001퍼센트보다는 현저히 높습니다. 그런데 흄의 이론에 따르면, 증언자가 거짓을 말할 확률이 사건이 이루어질 확률보다 높을 때 우리는 그 사건을 믿을 수 없습니다. 따라서 그 어떤 방송국에서 발표하는 복권 번호도 믿을 수 없다는 결론이 도출됩니다.

　그러나 이 복권 발표가 조작되었거나 틀렸다고 봐야 할까요? 이런 결론은 비합리적인 것처럼 보입니다. 존 스튜어트 밀은 딜레마를 해결하기 위해 '사건이 발생하지 않았는데도 불구하고 증언자가 그것을 말할 확률'을 계산에 추가로 넣어야 한다고 말했습니다.[9] 만일 7492871이라는 복권 번호가 사실이 아니라는 생각이 든다면, 아침 뉴스가 굳이 거짓으로 발표될 가능성을 계산해 보라는 것입니다.

만일 거짓 발표를 할 확률이 희박하다면, 발표된 복권 번호가 참일 확률은 확연히 높아집니다. 그렇다면 거짓 발표를 할 가능성에는 무엇이 있을까요? 방송 진행자가 특정 번호를 유난히 싫어한다거나, 방송국 직원이 누군가를 골탕 먹이기 위해 숫자를 조작했을 가능성이 있을 수 있습니다. 그러나 이는 거의 일어날 수 없는 일들입니다. 따라서 모든 경우를 종합해 봐도 발표가 조작되었을 확률은 매우 희박합니다. 이는 발표된 번호가 참일 확률인 0.0000001퍼센트와 상쇄되어 발표가 사실일 가능성을 극적으로 높여 줍니다. 결론적으로, 우리는 복권 보도가 사실이라고 믿을 수 있습니다.

스코틀랜드의 신학자였던 토머스 베이즈는 이런 이론들을 종합해 '베이즈 정리'라는 공식을 만들었습니다. 자세한 공식은 생략하겠지만, 원리를 간단하게 정리해 보겠습니다. 베이즈는 'A라는 사건이 벌어질 사전 확률'과 '추가 정보' 즉 'A가 거짓일 경우에도 증언될 확률'을 종합해 특정 사건이 일어날 확률을 구합니다. 그렇다면 과연 베이즈 정리를 통해 흄의 이론을 비판하는 것이 정당할까요? 불가지론자이자 과학철학자인 존 이어맨은 단호히 그렇다고 답합니다.[10]

여기에 기적적인 사건을 대입해 보면, 사전 확률은 애초에 기적 자체가 일어날 확률을 뜻하는데 이 확률이 0퍼센트일 수는 없습니다. 기적이 절대로 일어날 수 없다고 말하려면 초자연은 애초에 존재할 수 없다는 사실을 증명해야 하는데, 인류 역사상 이런 일에 성공한 사람은 없습니다. 따라서 기적이 일어날 사전 확률은 최소한 0은 아니지만 희박한 확률이라 볼 수 있습니다. 여기서 흄 또한 기적이 불가능하다고 말한 적이 없다는 사실을 주목할 필요가 있습니다.

만일 기적의 사전 확률이 0만 아니라면, '기적이 사실이 아님에도 증언될 확률'과 상쇄되어 충분히 개연성을 확보할 수 있습니다. 예수님의 부활을 예로 들면, 이러한 추가 정보가 굉장히 많은 편입니다. 부활이 사실이 아님에도 증언이 동시다발적으로 등장할 확률, 부활이 사실이 아님에도 시신이 대적들에 의해 공개되지 않을 확률, 부활이 사실이 아님에도 제자들이 순교할 확률, 부활이 사실이 아님에도 친동생인 야고보가 증인을 자처할 확률, 부활이 사실이 아님에도 기독교를 탄압하던 바울이 갑자기 회심할 확률 등을 포함해 수많은 확률을 모두 곱한 값이 곧 추가 정보에 대한 확률입니다.

이 모든 것을 종합하면, '예수가 부활한 것이 아님에도 이 모든 일이 동시에 일어났을 확률'이 대략적으로 계산됩니다. 크레이그는 이 확률에 대해 직접적인 계산을 시도하지만, 고대 역사에 있었던 개별 사건들을 수학적으로 계산하는 일은 조금 과하게 느껴집니다. 하지만 계산을 하지 않더라도 이 추가 정보의 확률이 극히 작은 수치를 가리킬 것이라는 사실만큼은 확실히 알 수 있습니다. 계산상으로 연속된 소수점의 곱셈이기 때문입니다.

앞서 살펴보았듯이, 흄은 기적을 믿으려면 기적 이상의 증거가 필요하다고 말했습니다. 하지만 이는 추가 정보, 즉 기적이 사실이 아님에도 증언될 확률을 고려하지 않은 결론입니다. 만일 추가 정보를 충분히 고려한 채 흄의 결론을 따른다면, 기적이 아닌 많은 일반적인 사건들조차 믿을 수 없다는 비합리적인 결과가 도출됩니다. 다시 부활의 예시로 돌아가면, 추가 정보들과 기적에 대한 사전 확률(0은 아니나 낮은 수치)을 상쇄시키면, 예수님의 부활이 불가능하다고 말할 수 없다는 사실을 알 수 있습니다.

기적은 자연법칙의 위반인가

데이비드 흄이 기적의 사전 확률이 0퍼센트에 가깝다고 생각한 이유는 무엇일까요? 그것은 그가 기적을 자연법칙에 어긋나는 일이라고 정의했기 때문입니다. 흄에 따르면 자연법칙은 위반될 수 없는데, 이는 우리의 경험에서 벗어나는 일이기 때문입니다. 하지만 팜비치애틀랜틱 대학 철학 석좌교수인 폴 코판은 흄이 자기가 증명할 가설을 미리 전제하는 논점 회피의 오류를 저지르고 있다고 말합니다.[11] 우리는 기적이 자연법칙의 위반이라는 흄의 정의가 사실인지부터 따져 보아야 합니다.

이 책을 읽는 독자 중 일부는 리니지나 메이플 스토리, 디아블로 등의 온라인 RPG 게임을 해본 적이 있을 것입니다. RPG 게임의 각 서버는 일종의 자연법칙과도 같은 게임 내 규칙을 지니고 있으며, 이 규칙은 유저들에게 절대적입니다. 예를 들어, 대부분의 게임은 처음 캐릭터를 만들 때 레벨 1부터 시작합니다. 그리고 오랜 시간을 투자하는 것 외에는 캐릭터의 레벨을 단번에 높게 만들 방법이 없습니다. 또한 모든 아이템에는 착용 제한 레벨이 있고, 게임 속의 화폐가 있어야 무언가를 구입할 수 있습니다. 이처럼 게임의 서버는 수많은 규칙에 따라 운용되는 또 하나의 세계라고 봐도 무방합니다.

게임 내의 규칙은 유저들이 공정하고 원활한 플레이

를 즐기기 위해 필수적입니다. 그런데 프로그램 오류로 인해 이러한 규칙이 무너지면, 우리는 이를 버그라고 부릅니다. 버그가 발생하면 레벨 99에 착용할 수 있는 장비를 레벨 1이 착용한다든가, 몬스터에게 맞았는데 대미지를 전혀 입지 않는 등의 문제가 생길 수 있습니다. 어렸을 적 즐기던 어느 게임에서는 버그로 돈이 풀려 서버 내에 거의 10배 이상의 인플레이션 현상이 일어나기도 했습니다.

데이비드 흄이 기적을 대하는 자세는 마치 게임의 유저들이 버그를 대하는 자세와 같습니다. 우주에는 자연법칙이라 불리는 완전한 게임 규칙이 존재합니다. 자연법칙에서 벗어난 것은 전부 버그이며, 알려진 바로는 버그가 발생할 확률은 존재하지 않습니다. 심지어 자연주의자뿐 아니라 창조자를 믿는 입장에서도 그분이 설계한 규칙이 완벽하다는 점을 인정해야만 합니다. 하지만 기독교에서 말하는 기적이 정말 버그와 같은 종류일까요?

만일 게임을 제작한 개발진 중 한 명이 중요한 이벤트를 진행하기 위해 캐릭터를 만들어 게임 속으로 진입한다고 가정해 봅시다. 어린 시절, 게임을 하다 보면 이런 일이 종종 벌어지곤 했습니다. 유저들은 운영진의 캐릭터들이 게임의 규칙에서 마음껏 벗어나도 전혀 이상하게 생각하지 않았습니다. 그들이 발휘하는 현상 자체는 버그와 동일했지만, 이를 버그라며 따지는 유저는 한 명도 없었습니다.

왜 그럴까요? 이 캐릭터가 개발자 혹은 개발자에게 권위를 부여받은 사람의 것이었기 때문입니다. 만일 유저들이 지금 하고 있는 게임이 (그렇게 생각할 사람은 없겠지만) 하늘에서 우연히 떨어진 것이라고 생각했다면, 당연히 개발자 캐릭터의 행보도 버그로 의심했을 것입니다. 하지만 게임을 즐기는 유저라면 당연히 개발자의 존재를 믿어야 하고, 그렇다면 그가 자신의 필요에 따라 규칙에서 벗어난 모습을 보일 수 있다는 사실을 자연스럽게 받아들일 수 있습니다.

이 또한 결국 법칙의 위반이 아니냐고 물을 수 있습니다. 하지만 법칙의 위반이라는 말은 법칙의 지배 아래 있는 이들에게만 사용할 수 있는 말입니다. 개발자의 캐릭터는 처음부터 자연법칙의 바깥에 있기에 그것을 지킬 의무가 없습니다. 예를 들어, 미국의 법에는 사이버 모욕죄가 없습니다. 따라서 미국인이 한국인 커뮤니티에 와서 욕설을 한다 해도 고소를 당하지 않습니다. 이는 사이버 모욕죄라는 법칙을 위반한 예가 아니라, 애초에 법칙의 적용 대상이 아닌 예라고 볼 수 있습니다.

예수께서 이 땅에 내려오신 사건은 마치 게임의 개발자가 캐릭터의 몸을 입고 접속한 일과도 같습니다. 그래서 예수님의 이적을 보고 두려워하던 제자들이 "그가 누구이기에" 하고 물은 것입니다(눅 8:25). 도마 또한 부활한 예수님을 직접 만난 뒤, "아, 이제야 기적을 믿겠습니다"라고 말하지 않고, "나의 주님, 나의 하나님"이라며 예수님의 정체성을 인정하는 고백을 드렸습니다(요 20:28).

만일 예수님이 우주의 개발자가 접속한 캐릭터와 같다면, 그분이 이 땅에서 보인 기적들은 자연법칙의 위반도 아니고, 버그도 아니며, 자연스럽게 받아들일 수 있는 것들입니다. 더구나 그분은 아무렇게나 기적을 행하는 법이 없으셨습니다. 예수님이 행한 기적에는 모두 깊은 신학적 의미가 담겨 있었는데, 그것은 결국 자신의 희생으로 세상을 구원할 것을 가리키는 표지였습니다.

그러므로 성경에서 기적에 대한 구절을 읽을 때 우리가 던질 수 있는 질문은 두 가지입니다. '과연 이 우주에 개발자가 존재하는가?', '만일 존재한다면, 예수님이 그 개발자와 본질적으로 같은 존재임을 믿을 수 있는가?' 그리스도인은 이 두 가지 사실에 동의하는 사람들입니다. 따라서 그들이 기적을 믿는 것은 전혀 이상한 일이 아닙니다.

결론: 성경의 기적은 자연법칙의 축소판이다

마지막으로, 성경에 등장하는 기적 자체의 성질에 대해 논하려고 합니다. C. S. 루이스는 성육신하신 하나님이 행하신 기적들은 원래부터 피조세계 전체에 드러난 하나님의 활동을 조금 다른 속도나 규모로 다루는 일이라고 말합니다. 그의 문장을 정확히 인용하자면, "사실 기적이란 전 세계에 너무나 큰 글씨로 적혀 있어 일부 사람들은 보지 못하는 이야기를 작은 글씨로 다시 들려주는 일"입니다.[12]

가나 혼인잔치에서 물을 포도주로 바꾼 일은, 사실 그 기적을 일으키신 분께서 전 세계의 포도나무를 통해 매년 행하고 계신 일입니다. 사천 명의 무리를 먹인 사건은, 그것을 행하신 분께서 전 세계의 곡식과 물고기를 통해 끊임없이 이루고 계신 일입니다. 병자들을 치유한 사건은, 사실 그분이 우리 몸에 설계하신 자연 치유의 능력을 빠르고 명확하게 드러낸 사건입니다. 동정녀에게서 탄생한 사건은, 사실 그분이 매번 인간 아버지를 도구로 삼아서 하시는 생명의 창조 행위를 단 한 번 인간 아버지 없이 행하신 일입니다.[13]

위의 예시들과 다른 종류의 기적들도 있습니다. 이것들은 하나님이 아직 행하지는 않으셨지만 앞으로 행하실

일을 나타냅니다. 예를 들어, 변화산에서 광채로 변모하신 사건, 물 위를 걸으신 사건, 죽음으로부터 부활하신 사건 등은 마지막 날 우리가 입을 영광을 미리 보여줍니다.[14]

만일 「우주의 역사」라는 블록버스터 영화를 제작하는 감독이 있다면, 그는 필요에 따라 영화의 내용을 마음대로 편집할 수 있을 것입니다. 감독은 영화의 특정 부분을 빠른 속도로 지나가도록 편집할 수 있습니다. 가나 혼인잔치나 오병이어 사건이 이런 빨리 감기에 포함될 것입니다. 또한 감독은 미리 결말 부분의 일부를 앞쪽에 삽입할 수도 있습니다. 여기에는 변화산 사건이나 물 위를 걸으신 사건 등이 포함될 것입니다. 마지막으로, 감독은 되감기를 행할 수도 있습니다. 삶에서 죽음으로 향하는 방향을 단 한 번 거꾸로 돌려 진행시키는 일, 그것이 바로 그리스도의 부활입니다.

이제 우리의 감독은 영화도 잘 찍고 편집도 잘하는 대단한 분이라는 사실이 밝혀졌습니다. 하지만 무언가 찜찜합니다. 과연 이것이 우리가 알아야 할 전부일까요? 이 모든 것이 단지 우리에게 멋진 감독이 있고, 이분은 되감기를 잘하는 전지전능한 분임을 보여주려고 존재하는 것일까요? 솔직히 말해서 감독이 되감기를 하는 것은 별로 신기한 일이 아닙니다. 감독은 원래부터 그런 것을 하는 존재입니다.

감독이 정말로 사람들을 놀라게 할 때는 언제일까요? 영화의 내용과 연출이 뛰어날 때입니다. 그렇다면 우주라는 이야기를 총괄하는 감독은 우리를 감탄하게 할 만한 분입니까? 그렇다고 해야 할 것 같습니다. 만일 부활이 이 시나리오의 결말이라면, 앞선 죽음이 비참할수록 극적인 시나리오가 될 것입니다. 만일 영생이 결말이라면, 인생이 헛되게 보일수록 더욱 멋진 플롯이었음이 드러날 것입니다. 우주라는 대서사시는 마침내 부활이라는 엄청난 결말을 드러낼 것입니다. 그렇다면 그리스도가 오신 이후를 살아가는 우리는 굳이 되감기를 바랄 필요가 없습니다. 묵묵히 정방향으로 나아가면 결국 부활을 맛보게 될 테니 말입니다.

이쯤 되면 우리 삶의 도처에 결말에 대한 복선이 널려 있음을 깨닫게 됩니다. 우리는 매일 의식의 죽음과 부활을 맞이합니다. 잠을 자야 새로운 아침이 시작되는 것입니다. 또한 우리 몸에서는 하루에 수백억 개의 세포가 죽고 그만큼의 세포가 새로 살아납니다. 매일 우리의 일부가 죽고 새로운 존재가 탄생하는 셈입니다. 건강해지기 위해 운동을 해본 사람이라면 근육이 어떻게 자라는지도 압니다. 근육을 더 강하게 찢을수록 새로운 근육이 더 크게 자라납니다.

한 알의 밀알이 떨어져 죽으면 많은 열매를 맺습니다. 궁극의 밀알이신 그리스도의 부활은 모든 이의 첫 열매가 되었습니다. 이제 우리는 그분을 보고 이 시나리오의 결말이 무엇인지 알게 되었습니다. 그러므로 다른 경로의 결말을 애써 찾아다니지 않아도 됩니다. 우주 역사의 감독님을 신뢰합시다. 몸소 아름다운 결말부를 보여주신 그리스도를 바라봅시다. 만일 그럴 수만 있다면, 이 세계가 하나의 영화처럼 보이기 시작할 것입니다. 세상 곳곳에 보이는 그분의 장엄한 플롯과 기적적인 연출에 감탄하는 삶이 시작되는 것입니다.

기적인지 확실하지 않은 것을
간증을 위해 기적이라고 말해 본 경험이 있나요?
만일 그렇다면, 그 간증을 통해 얻고자 하는 것은 무엇이었을까요?

_____

_____

_____

_____

성경의 기적들이 신앙의 걸림돌이 된 경험이 있나요?
만일 그렇다면, 어떻게 극복했는지 나누어 봅시다.

_____

_____

_____

_____

예수님이 부활하셨다는 사실은
21세기를 사는 나에게 어떤 의미를 지닐까요?

_____

_____

_____

_____

Q10. 성경은 차별과 노예제를 지지할까?

우리는 주위에서 성경이 온갖 차별과 억압의 근거가 되어 왔다는 말을 쉽게 들을 수 있습니다. 비판자들에게 성경뿐 아니라 많은 종교 경전들은 인간의 자유를 억압하는 속박 의 도구에 불과합니다. 이런 비판은 대체로 특정 성경구절 들을 근거로 제시하면서 이루어지는데, 이미 의심이 있는 상태에서는 그러한 구절을 보고서 쉽게 흔들립니다. 전체 맥락보다는 한두 가지 구절을 보고 적용하는 우리의 성경 읽기 습관은 이러한 비판에 더욱 취약해지도록 만듭니다.

성경이 쓰이던 시대, 특히 고대 근동 사회와 1세기 로 마 시대에는 노예제도, 민족주의, 여성차별, 일부다처제 등 이 만연했습니다. 이러한 시대 상황은 성경 안에도 고스란 히 드러나 있는데, 이 때문에 성경(특히 구약성경)은 종종 야 만적이고 충격적인 책으로 여겨집니다.

현대의 도덕으로 받아들이기 어려운 구절을 마주한 그리스도인들은 어떻게든 그것을 변호하기 위해 애씁니 다. 그러나 특정 본문에 집착하는 것은 성공할 가망성이 없 는 방식입니다. 구약학자인 크리스토퍼 라이트는 이런 일을 마주할 때 우리가 정말로 해야 할 일은 성경 텍스트의 부분들을 전체적인 넓은 틀 안에 넣는 것이라고 말합니다.[1]

기독교의 가장 기본적인 틀은 온 세상을 위한 하나님의 구원 계획입니다. 이 계획은 아브라함에게 하신 약속으로부터 시작됩니다. 하나님은 아브라함에게 복을 주시겠다는 약속으로 끝내지 않고, 땅의 모든 족속이 그로 인해 복을 얻을 것이라 말씀하십니다. 더 나아가, 하나님은 아브라함에게 큰 민족을 이루고 여러 민족의 아버지가 되게 하겠다고 약속하십니다(창 12:2-3, 17:5-6). 약속의 전부가 드러난 시점에서 말하자면, 하나님은 결국 온 세상을 하나의 가족으로 만들고자 의도하신 것 같습니다. 따라서 성경 전체의 이야기를 하나님이 자녀들을 모아 가족을 이루시려는 계획으로 이해해 볼 수도 있습니다. 이는 앞으로 이야기할 내용에서 특히 중요한데, 차별은 처음부터 성경이 말하고자 하는 뜻이 아니었음을 의미하기 때문입니다.

가족의 의미에 대해 생각할 때, 아무리 가족이라 해도 정치색이나 세대, 성별, 학력, 직위 등의 차이로 여러 가지 갈등을 겪을 수 있습니다. 하지만 이런 부수적인 요소들이 사랑하는 가족 간의 관계를 완전히 끊어 놓지는 못합니다. 현실의 가족은 그와 다른 모습을 보이는 경우도 있겠지만, 적어도 원칙적으로는 그렇습니다. 이제 이러한 구도 속에서 우리를 불편하게 하는 말씀들을 함께 살펴볼까 합니다.

일부다처제

우선, 성경 초반부를 읽다 보면 일부다처제가 버젓이 등장합니다. 그리고 구약 전체에 이에 대한 뚜렷한 금지 규정이 없습니다. 심지어 성경의 위대한 인물들도 대부분 여러 명의 아내를 두었습니다. 그렇다면 이에 대해서 하나님이 암묵적으로 용인한 일이 아니냐는 의문을 제기할 수 있을 것입니다.

우선, 일부다처제가 그리 오래 지속되지 않았음을 언급하고 넘어가야겠습니다. 영국 구약학회 회장을 역임한 존 바턴에 따르면, 바벨론 포로기 이전에 이미 상류 계급에서 발견되던 일부다처제는 꽤 사라진 듯합니다. 그보다 후기 문서인 외경 토비트서 등에서 나타나는 가족생활 구조는 일부일처제에 근거해 있습니다.[2]

그럼에도 성경 초반부의 일부다처제는 우리를 불편하게 만듭니다. 현대인이 성경에서 윤리적 혐오감을 느끼는 이유는 그 안에 두 층위가 존재하기 때문입니다. 첫 번째 층위는 당대의 문화적 맥락입니다. 구약의 수많은 법률과 이야기들은 수천 년 전 고대 근동의 사람들이 일반적으로 받아들였던 문화적 맥락을 전제합니다. 이 맥락에 따르면 당시 사회는 가부장적 사회였고, 여성의 지위는 자유인 남성에 비해 한참 낮았으며, 현재 우리가 당연시하는 것들이 당연하지 않았습니다. 물론 고대 이스라엘도 예외가 아니었습니다.

중요한 사실은 구약성경이 이런 맥락을 조성한 주체가 아니라는 점입니다. 그 책임에 대해서 구약성경은 아무 말도 하지 않습니다. 그렇다면 사실 혐오감을 불러일으키는 대상은 구약성경 자체의 윤리가 아니라, 그것의 토대가 되는 당시 배경이라는 점을 알 수 있습니다.

두 번째 층위는 그러한 배경 속에서 성경이 궁극적으로 말하고 싶어 하는 부분입니다. 다시 일부다처제의 예로 돌아와서, 창세기의 초반부는 가정 공동체에 대해 제일 처음의 원칙을 제시합니다.

> 이러므로 남자가 부모를 떠나 그 아내와 연합하여 둘이 한 몸
> 을 이룰지로다. 창 2:24

"부모를 떠나"라는 말은 매매혼이 유행하던 당시 사회에서는 의아한 발언으로 여겨졌을 것입니다. 이 말은 간접적으로 매매혼이 잘못되었음을 드러내며, 또한 부모가 자식들의 결혼을 전적으로 좌지우지하는 일도 잘못된 일임을 암시합니다. "둘이 한 몸"이라는 구절도 마찬가지입니다. 이는 명시적으로 결혼이 두 사람의 결합임을 가리킵니다.

이는 예수님이 직접 하신 말씀을 통해서도 확인됩니다. 바리새인들이 예수님을 시험하기 위해 모세의 이혼 허용에 대해 묻자, 그분은 이렇게 답하십니다.

> 예수께서 그들에게 이르시되 너희 마음이 완악함으로 말미암
> 아 이 명령을 기록하였거니와 창조 때로부터 사람을 남자와
> 여자로 지으셨으니 이러므로 사람이 그 부모를 떠나서 그 둘
> 이 한 몸이 될지니라. 이러한즉 이제 둘이 아니요 한 몸이니
> 그러므로 하나님이 짝지어 주신 것을 사람이 나누지 못할지
> 니라 하시더라. 막 10:5-9

비록 이 구절이 이혼에 대해 답하시는 본문이기는 하지만, 예수님이 창조 때부터 변하지 않는 결혼의 원칙을 다시 한번 확인해 주셨다는 점에서 일부다처제라는 사안과도 무관하지 않습니다. 톰 라이트는 이 구절은 모세의 율법

은 임시적인 제도이며, 더 거대한 계획을 진전시키려는 목적으로 설계되었음을 말해 준다고 해석합니다. 그 계획이란 피조물 전체를 첫 창조의 원칙대로 회복시키는 것입니다.[3] 이처럼 하나님이 직접 세우신 일부일처에 대한 도덕적 원칙은 창세기부터 신약까지, 그리고 현재까지도 변한 적이 없습니다. 단지 그것을 지키지 않고 문화를 따라간 인물들이 존재할 뿐입니다.

여성차별

일부다처제에서 곧바로 파생되는 주제가 바로 여성의 인권입니다. 구약의 경우 이를 논하기가 상당히 까다로운데, 현재로서 받아들이기 힘들 만한 고대 근동의 성윤리가 적나라하게 드러나 있기 때문입니다. 고대 이스라엘에서 성적 비행은 일차적으로 가족 구조를 침해하는 행위로 정의되었습니다. 간통은 남성과 기혼 여성 간의 성관계로, 기혼 남성이 미혼 여성과 성관계하는 것은 간통이 아니었습니다. 이런 경우, 만일 상대가 처녀일 경우 그는 상대와 결혼해야 하는 의무가 있었습니다. 이러한 불평등을 감안하더라도, 간통죄에 걸리면 남녀가 모두 사형에 처해졌습니다.

메소포타미아 법률 중 하나인 함무라비 법전에 따르면, 아내가 다른 남자와 누워 있다가 붙잡히면 묶어서 둘 다 물속에 집어 던질 수 있습니다(129조). 또한 다른 사람들에게서 부정하다는 비난을 들으면, 아내는 남편을 위하여 강물에 뛰어들어 자신의 정절을 입증해야 했습니다(132조). 비교적 진보적이라는 평을 들었던 히타이트 법에도, 산에서 남성이 여성을 강간하면 남성의 죄이지만 집안에서 이루어졌을 경우 여성이 사형을 당해야 한다는 조항이 있습니다(197조). 또한 아내가 간음하는 장면을 목격하면, 남편이 직접 두 사람을 모두 죽일 수 있었습니다(197조).

이 조항들을 자세히 살펴보면, 구약성경과 분명 미묘한 차이가 있습니다. 구약학자인 박종수 교수에 따르면, 이스라엘의 율법은 간음죄에 관한 한 남편의 권리를 인정하지 않는 것처럼 보입니다.[4] 이스라엘의 율법은 최소한 간음한 아내를 직접 죽일 권한을 주지 않고 법의 심판을 받도록 합니다. 그리고 자신의 정절을 죽음으로 입증해야 했던 함무라비 법전과는 달리, 아내의 간통을 밝히는 절차에 관한 민수기 5:11-31의 내용은 사회적으로 불리한 위치에 있는 여성을 보호하기 위한 규정으로 해석될 수 있습니다.[5]

이스라엘 사회에서 여성들은 다른 문화에 비해 상당한 수준의 자유를 누렸는데, 특히 구약 속에는 전쟁 등에서 결정적인 역할을 하는 여성 인물들도 꽤 많이 등장합니다. 그러나 그들이 전체적으로 심한 가부장적 사회 안에 존재해 왔다는 사실은 부인할 수 없습니다. 구약의 레위기나 민수기에서 발견할 수 있는 법률이 동시대의 법률들과 상당히 흡사하다는 점도 인정해야 합니다. 성도덕에 관한 구약성경의 모든 법률과 그것이 언급되는 이야기들은 그 시대에 뿌리 깊게 자리 잡은 문화적 불평등을 당연시하는 분위기에서만 작동합니다.

그렇다면 신약은 어떠할까요? 여전히 문화적 영향 아래 있었지만 상당히 다른 모습을 볼 수 있습니다. 모든 구절을 살펴볼 수는 없지만, 신약성경이 여성을 억압한다고 보는 경우 사람들은 보통 다음 구절을 제시합니다.

무릇 여자로서 머리에 쓴 것을 벗고 기도나 예언을 하는 자는 그 머리를 욕되게 하는 것이니 이는 머리를 민 것과 다름이 없음이라. 만일 여자가 머리를 가리지 않거든 깎을 것이요 만일 깎거나 미는 것이 여자에게 부끄러움이 되거든 가릴지니라.

고전 11:5-6

이 말씀의 앞뒤 맥락 가운데 이 부분이 핵심 구절입니다. 먼저 언급하고 싶은 사실은, 구약성경과 마찬가지로 신약성경에도 맥락 설정이 가장 중요하다는 점입니다. 우선, 고린도전서가 작성되던 당시에도 아내는 여전히 남편 혹은 아버지에게 종속된 소유물과 같은 존재였다는 점이 중요합니다. 다음으로, 편지의 저자인 바울이 여성의 인권에 대해 어떤 생각을 가지고 있었는지를 살펴보아야 합니다.

우리는 다른 구절들을 통해 바울이 남녀차별주의자가 아니었음을 알 수 있습니다. 바울은 로마서 16장의 동역자 목록에 여성이자 겐그레아 교회의 일꾼인 뵈뵈를 첫 번째로 꼽고 있습니다. 그뿐 아니라, 그녀를 실질적인 지도자 그룹에 속한 것으로 여깁니다.[6] 또 다른 동역자 부부인 브리스길라와 아굴라를 언급할 때는 한 차례도 예외 없이 아내를 먼저 언급합니다. 2천 년이 지난 오늘날조차 부부를 소개할 때 아내부터 소개하는 경우는 흔치 않습니다.

바울은 차별주의자가 아니라 현실감각이 있는 사람이었습니다. 그는 온전한 원칙을 강조하는 대신 실행 가능성이 있는 최선의 타협점을 제시했습니다. 그가 아는 완전 평등 원칙을 제시해 보아야 당시로서는 뜬구름 잡는 소리로 여겨질 것이 뻔했습니다. 따라서 바울은 여성이 두건을 머리에 쓴다면 예언을 하는 것이 허용된다고 말합니다. 신약학자인 오경준은 바울이 고린도 교회에 갑작스레 등장한 예언자 여성 그룹들에게 현실적인 권고를 하고 있다고 말합니다.[7] 예언 시에 여성성을 상징하는 두건을 착용하는 것은 위기의식을 느끼던 남성들에게 겸손의 모습을 보일 수 있는 수단이 됩니다. 이는 여성비하의 목적이 아니라, 고린도 교회 전체의 평화를 유도한 장치였습니다.

바울이 방언을 멀리하고 예언을 사모하라고 말할 정도로 예언을 중요하게 여겼다는 점을 주목해야 합니다(고전 14:1). 그는 고린도 교회의 여성 그룹에게 예언을 그만두라고 말하지 않았습니다. 사실 당대 문화에서 남녀가 같은 공간에서 예배를 드리고 은사를 나눈다는 사실만으로도 혁신적인 일이었습니다. 게다가 여성이 남성을 위해 방언보다 뛰어난 은사인 예언을 할 수 있었다는 점은 더욱 놀라운 일이라 할 수 있습니다.

이것이 사도 바울이 시대를 넘나들며 건설하고 있는 도덕적 연결고리입니다. 이 고리는 시대를 초월하지만 당대 사람들을 지나치게 놀라게 만들지 않습니다. 그러나 하나님이 세우신 첫 원칙에 확실한 방향성을 두고 있습니다. 이후 점진적인 발전을 염두에 두고 있다는 뜻입니다. 한마디로, 그는 과거와 현재의 윤리를 복음이라는 다리로 연결시키고 있습니다.

한 가지 예를 더 들어 보겠습니다. 바울은 갈라디아서에서 할례 문제로 이방인을 차별하는 유대교 출신 그리스도인들에게 극도의 분노를 드러냅니다. 할례를 복음의 핵심으로 전하는 이들은 마땅히 저주를 받아야 하고(갈 1:9), 심지어 스스로 성기를 베어 버리는 게 낫다고 말하기도 합니다(갈 5:12). 이처럼 화가 났던 그는 그만 현실주의 전략을 잊고 하나님의 원칙을 만천하에 폭로합니다. 이는 하나님이 처음 세우신 기준이고, 첫 창조의 회복이며, 그리스도를 통해 이루어진 새 창조를 보여주는 구절입니다.

> 너희는 유대인이나 헬라인이나 종이나 자유인이나 남자나 여자나 다 그리스도 예수 안에서 하나이니라.　갈 3:28

이 말씀의 배경을 살펴보면, 바울이 살았던 시대는 1세기이며, 성별과 국가, 그리고 계급 간의 차별이 너무나 자연스러운 문화였습니다. 따라서 모든 인간이 그리스도 안에서 평등하다는 바울의 선언은 참으로 혁명적인 최초의 인권 선언이었습니다. 그리스도를 믿는다는 이유만으로 모든 차별과 경계가 허물어진다는 것은 당시로서는 상상도 할 수 없는 일입니다.

인권의 근거

성경의 첫 시작인 창세기 1장은 인간이 하나님의 형상대로 지어졌다고 말합니다(창 1:27). 만일 그렇지 않았다면 우리에게는 인간의 존엄성이나 평등을 믿을 만한 궁극적인 이유가 없을 것입니다. 신이 존재하지 않으면 자유, 평등, 박애, 민주주의 등은 단지 삶의 편리를 위해 우리가 정해 놓은 임의의 규칙일 뿐입니다.

베드퍼드셔 대학 법학과 명예교수인 존 워윅 몽고메리는 신이라는 기반이 없는 자연법이나 법실증주의가 인권의 토대를 마련하지 못함을 논증합니다. 그는 오히려 초월적 해결책의 필요성을 인식했던 위대한 분석철학자 루트비히 비트겐슈타인에 주목하고 있습니다. 몽고메리에 따르면, 비트겐슈타인은 분명히 신의 도움이 있을 것이라 생각하지는 않았겠지만, 신적 개입이 없는 상태에서 인간의 조건이 어떠한지 완벽하게 잘 알고 있었습니다.[8]

인권이 모두가 지켜야 할 공리처럼 자리 잡은 지는 그리 오래되지 않았습니다. 존 바턴에 따르면, 개개인이 신적 존엄성을 지닌다는 개념은 고대 이스라엘만의 독특한 통찰이었습니다.[9] 분명히 고대 종교에서도 어떤 존재들은 신의 형상을 따르는 존재로 여겨졌습니다. 보통 왕이나 종교 제사장들만이 그런 존재였습니다. 하지만 성경에 등장하는 개념, 즉 남자와 여자, 귀족과 평민과 노예, 본토박이와 외국인, 심지어 이교도들까지 모두 하나님의 형상으로 만들어졌다는 개념은 다른 어느 곳에서도 찾아보기 어렵습니다. 바턴에 따르면, 고대 이스라엘 주위의 메소포타미아 종교들은 모두 인간이 창조된 목적을 신들의 노예가 되기 위함으로 여겼습니다. 그러나 구약성경의 하나님은 인간을 도구가 아니라 친구이자 함께 일하는 존재로 여겼습니다.[10]

조던 피터슨 또한 기독교가 이룬 불가능한 성취에 대해 말합니다. 기독교 교리는 서구 역사상 처음으로 노예와 주인, 평민과 귀족을 형이상학적으로 동일 선상에 올려놓았으며, 하나님 앞에서는 왕조차 죄인 혹은 자녀에 불과하다고 가르쳤습니다. 물론 이는 매우 파격적인 것이었습니다.[11]

이처럼 기독교는 역사의 방향키를 올바른 방향으로 돌려놓았습니다. 우리에게 익숙한 세계 인권 선언문에도 기독교적 가치가 묻어 있는데, 정치신학 연구자인 닉 스펜서는 하버드 대학 심리학 교수인 스티븐 핑커와의 토론 중 이를 언급합니다.

닉 스펜서: 저는 당신 책을 읽으며 여러 번 "인간의 생명은 신

성하다"고 언급된 부분에서 충격을 받았습니다. 비종교적인 세계관을 상당히 종교적인 단어 선택으로 정당화한다는 생각이 들었지요. 한마디로, 저는 무신론적 인본주의자들이 인간의 평등성을 중시하지 않는다고 말하는 것이 아닙니다. 단지 그들이 안정적인 근거를 가져오지 못한다고 보는 것이지요.

스티븐 핑커: 제가 보기에 (무신론적 인본주의에는) 세계 인권 선언까지 도출시킬 만큼 안정적인 근거가 있습니다. 하지만 이 선언에 기독교는 티끌만큼도 기여하지 않았지요.

닉 스펜서: 한 가지만 말씀드릴게요. 세계 인권 선언문의 초안은 찰스 말릭이 썼습니다. 레바논 출신의 그리스도인이었지요. 세계 인권 선언 전문을 보시면 '인간'person이란 단어가 여섯 번 등장합니다. 여기서 인간은 개체주의personalism에[12] 뿌리를 두고 있습니다. 개체주의는 1930-40년대 가톨릭의 사회적 가르침으로 인해 공론화되었지요.[13]

노예제도

많은 사람들은 신약성경이 노예제도를 지지하고 있다고 지적합니다. 주인과 종의 상태가 버젓이 존재하는데도 거부하지 않는다는 것입니다. 이 또한 맥락적인 층위를 직접적인 허용이라 생각했기에 발생하는 오해입니다. 사실 성경을 자세히 들여다보면, 우리는 노예제를 직접적으로 거부한 흔적까지 찾아볼 수 있습니다.

신약에는 빌레몬서라는 짧은 책이 수록되어 있습니다. 오네시모라는 도망 노예에 관한 이야기입니다. 이 책이 쓰인 당시, 주인의 집에서 도망친 노예는 잡힐 경우 엄하게 처벌받아야 했습니다. 하지만 오네시모는 도망 중에 로마 감옥에서 복음을 전하던 바울을 만나게 되고, 결국 복음을 듣고 회심하게 됩니다. 그런데 알고 보니, 오네시모의 주인은 바울과 친한 그리스도인 곧 빌레몬이었습니다. 바울은 주인 빌레몬에게 오네시모를 돌려보내면서 편지를 쓰는데, 그 편지가 바로 신약성경에 수록된 빌레몬서입니다. 바울은 빌레몬에게 보내는 편지에서 이렇게 말합니다. "이제부터는 그는 종으로서가 아니라, 종 이상으로 곧 사랑받는 형제로 그대의 곁에 있을 것입니다"(몬 1:16, 새번역).

인류 역사상 노예가 없던 시대는 그리 오래되지 않았습니다. 지금이야 노예를 부리지 않는 것이 당연시되지만, 그 시대에는 노예를 부리면 안 될 이유를 제시하는 게 훨씬 어려운 일이었습니다. 더구나 노예제도는 법적으로도 보장되고 있었습니다.

그러므로 누군가를 종으로 대하지 말라는 말은, 노예 주인이 합법적으로 큰 이득을 얻을 수 있는 수단을 자발적으로 포기하라는 의미입니다. 이를 설득하려면 사회적으로 당연하게 여겨지는 가치관, 그리고 이익을 취하려는 인간의 본능까지도 뒤집을 만큼 강력한 논증을 제시해야만 했습니다.

이것이 얼마나 어려운 일인지 다음과 같은 가정을 통해 깨달을 수 있습니다. 당신의 친구가 법적으로 아무 문제 없이 큰 이득을 취하고 있습니다. 그런 친구에게 가서, 그것이 불법은 아니더라도 도덕적으로 매우 잘못된 일이니 당장 그만두라고 말할 수 있는 사람이 과연 얼마나 될까요? 절교나 당하지 않으면 다행입니다. 그것을 말하는 데 성공한다고 해도 설득에 성공할 가능성은 지극히 낮습니다. 바울은 이 편지에서 그런 일을 시도하고 있는 것입니다.

바울이 택한 논증은 이것입니다. "당신도 그리스도인

이고 오네시모도 그리스도인입니다. 그리스도 안에 속한 사람들은 모두 가족이고, 형제이며, 동료입니다. 그러므로 당신도 오네시모를 동료로서 대하는 것이 마땅합니다." 여기서 바울이 말하는 핵심은, 사회적 계층 차이에도 불구하고 빌레몬과 오네시모 모두 예수 그리스도 안에서 평등한 존재라는 것입니다. 사실 평등이 오늘날과 같이 당연히 추구해야 할 가치로 여겨진 지는 얼마 되지 않았습니다. 그 당시에는 신적 권위를 지닌 왕과 귀족이 버젓이 존재했고, 왕들은 인간이 평등하다는 말을 반역으로 여겼습니다.

그러한 시대적 맥락에서 바울은 예수 그리스도야말로 세계의 왕들보다도 높은 존재라고 선포합니다(골 1:14-17). 신에 범접할 정도의 지위를 지녔던 로마 황제보다 더 강력한 분이 바로 예수 그리스도인데, 그분은 우리를 힘으로 찍어 누르는 존재가 아니라 평등하게 한 가족으로 부르시는 분이라는 의미입니다. 그분을 믿는다면, 우리도 모든 사회적 분위기를 뚫고 그 뜻을 따라야만 합니다. 이것은 사실상 국가 전복적인 논증입니다. 그래서 초기 그리스도인들은 국가로부터 박해를 받았습니다.

하지만 다른 편지를 보면 바울은 여전히 종과 노예의 상태를 인정하는 것처럼 보입니다(엡 6:5-6). 혹시 신약성경은 노예제도는 지지하면서도 단지 노예에게 잘 대해 주라는 말을 하고 있는 것은 아닐까요? 그렇다면 어떻게 기독교가 가족으로의 초대일 수가 있을까요?

어떤 그리스도인들은 당시의 노예제도가 우리가 흔히 생각하는 19세기 무렵의 노예제도와는 확연한 차이가 있다는 논리로 변증을 시도합니다. 당시의 노예는 평생직이 아니었고, 인종과도 관련 없었으며, 심지어 봉급도 존재했다는 것입니다. 이것은 어느 정도 맞는 이야기이지만, 문제의 핵심을 건드리지 못하는 소박한 변증으로 보입니다.

팀 켈러는 이 문제를 설명하기 위해 예일대 신학자 미로슬라브 볼프를 인용합니다.

> 미로슬라브 볼프는 여기서 매우 흥미로운 사실을 지적합니다. 바울이 도망 노예를 이런 식으로 돌려보냈을지라도, 노예제도 자체에는 변함이 없었다는 것입니다.……그는 노예기간이 끝날 때까지 빌레몬을 섬겨야만 했습니다. 그런데 바울은 이렇게 말합니다. "당신도 그리스도인이고 오네시모도 그리스도인이니, 나는 당신이 그를 주 안에서 형제이자 동료 인간으로 대하기를 원합니다."……미로슬라브 볼프가 말하기를, 바울이 하고 있는 일은 노예제도를 내부에서부터 철저히 변화시키는 것입니다. 빌레몬과 오네시모는 여전히 기존의 경제체제 아래 있고, 기존의 공공정책과 문화 아래 있습니다. 물론 아시다시피 나중에는 그리스도인들이 노예제도를 종식시키게 됩니다만, 이 당장의 현실 속에서 바울은 어떻게 하고 있습니까? 그는 노예와 주인의 관계 사이에서 권력을 사용하는 방식을 변화시키고 있습니다. 왜 그렇게 할까요? 그들이 주 안에서 서로 형제이며, 두 사람 모두 은혜로 구원받은 죄인들이기 때문입니다. 이 사실에 어떠한 평등이 존재하는 것입니다.……여전히 주인이 있고 노예가 있지만, 그 사이에서 권력이 작동하는 방식을 복음이 뒤집어 놓은 것입니다.[14]

바울은 자신의 생애 안에 노예제도를 철폐하기란 역부족임을 알았습니다. 여전히 주인과 노예가 존재합니다. 그러나 그 사이에서 권력이 작동하는 방식은 복음으로 변화시킬 수 있습니다. 이것이 바울이 제시하는 복음입니다. 예수 안에서만큼은 현재의 지위와 상관없이 모두가 평등한 형제와 자매라는 것입니다.

물론 역사적으로 많은 그리스도인들이 탐심에 눈이 멀어 노예제도를 정당화하는 일에 성경을 이용했습니다. 미국 남부의 노예 주인들이 그리스도인들이었다는 것은 누구나 알고 있는 사실입니다. 그러나 노예제도를 철폐한 이들 역시 그리스도인들이었습니다. 미국의 링컨이나 영국의 노예제도 폐지 운동을 이끈 윌리엄 윌버포스는 성경에서 그들의 정당성을 확보했습니다. 과연 이들이 성경으로부터 발견한 사실은 무엇일까요? 성경 전체의 주제가 곧 노예 해방과 가족됨이라는 사실이 아니었을까요?

결론: 진짜 해방

우리는 원래 한 가족이었습니다. 그것이 영적인 의미이든 육적인 의미이든, 성경의 거대한 내러티브는 이 전제 없이는 출발하지 못합니다. 그런 의미에서 에덴 동산은 인류가 원래 하나님 안에서 한 가족과 같은 존재였음을 드러내는 가장 강력한 상징입니다. 하지만 창세기 1-11장은 원래 한 가족이었던 사람들이 죄로 인해 분열되는 모습을 보여줍니다.

에덴 동산에서의 추방 이후에 발생한 가인의 아벨 살해 사건은 가족 간의 증오가 시작되었음을 시사합니다. 그리고 바벨탑을 쌓으려다 실패해 언어가 흩어진 사건은 인류라는 가족이 완전히 분열되었음을 드러냅니다. 이 모든 이야기를 통해 우리가 얻을 수 있는 메시지는 분명합니다. 인간은 본래 하나가 되도록 지어졌으나, 죄로 인해 분열되었다는 사실입니다.

성경은 인류가 분열되었다는 사실에서만 끝나지 않습니다. 이후의 모든 역사와 이야기는 분열된 가족이 다시 회복되는 과정을 그리고 있습니다. 그 과정에는 항상 해방의 이야기가 뒤따릅니다. 우리는 출애굽과 바벨론 귀환을 통해 가족이 다시 모이는 모습을 살펴볼 수 있습니다.

이제 마지막 관문이 남았습니다. 하나님의 자녀들이 한 가족으로 모이기 위해서는 죄의 힘으로부터 해방이 필요합니다. 이 권세는 이집트와 바벨론과 로마제국 뒤에 존재했던 세력이며, 각 사람의 마음이라는 더 강한 제국 뒤에 자리 잡은 흑막이었습니다. 하나님은 이를 위해 아들 예수를 이 땅에 보내 화목하게 하는 제물로 세우셨습니다(롬 3:25). 그리스도 예수께서 죽음을 맞으시고 피를 흘리심으로 말미암아 사람들 사이의 벽이 허물어졌습니다(엡 2:13).

제가 마법적인 이야기를 하는 것이 아닙니다. 실제로 우리는 그리스도의 십자가를 근거로 서로를 더욱 사랑하고 받아들일 수 있습니다. 아무리 이상하고 못난 상대나 억압받아 마땅한 죄인들일지라도, 그들을 위하여 우주의 창조자가 죽었다고 믿을 수 있다면 이야기가 달라집니다.

영국의 역사 저술가인 톰 홀랜드는 이 사실이 심지어 역사의 거만한 군주들에게도 깊은 생각거리를 안겨 주었다고 말합니다. 십자가에 따르면 하나님은 강자보다 약자와 더 가깝고, 부자보다는 가난한 자를 더 아낍니다. 따라서 거지나 범죄자조차 그리스도인이 될 수 있습니다.[15] 이처럼 기독교의 십자가 교리가 제공하는 힘은 실제로 이웃을 향한 우리의 행동 양식을 변화시킬 수 있습니다.

물론 중세 기독교의 권력이나 제국주의적 선교를 내

세우던 서구 열강에 대한 기억은 기독교의 긍정적 사회적 참여 기능에 불신을 불러일으킵니다. 기독교 발흥 이후 수천 년이 지난 현대 사회에도 여전히 인종, 성별, 계층 간 차별은 남아 있습니다. 그렇지만 복음은 계속해서 그 영역을 넓혀가고 있습니다. 종교가 힘을 잃어가는 현대에도 그 영향력은 사회와 법, 문화 곳곳에 녹아 있습니다. 톰 홀랜드는 기독교가 서구 문명의 성장에 끼친 영향이 너무나 커서 마치 공기처럼 눈에 보이지 않을 정도가 되었다고 말합니다.[16]

복음의 성취는 아직도 완전히 이루어지지 않았습니다. 예수님은 이 모든 것이 종말의 때에 완전히 이루어질 것이라 말씀하십니다. 하지만 그 사이에 위치한 이들은 지금도 그리스도의 직간접적인 영향을 받아 세계의 악을 몰아내고 있습니다. 언젠가 그 완성을 볼 날이 올 것을 기대하며 맡은 자리에서 그 역할을 다할 뿐입니다.

성경의 내용을 무기로 삼아 다른 이들을 차별하거나,
그런 경우를 목격한 적이 있나요? 솔직하게 나누어 봅시다.

_____

_____

_____

_____

_____

성경을 읽고 윤리적으로 이해할 수 없었던 경우가 있나요?
만일 그렇다면, 어떻게 극복했나요?

_____

_____

_____

_____

_____

신약 이후의 성도로서 구약을 바라볼 때
어떤 관점을 지니는 것이 바람직할까요?

_____

_____

_____

_____

_____

Q11. 복음을 들어 볼 기회가 없었던 사람들은 지옥에 갈까?

"그렇다면 세종대왕이나 이순신 장군도 지옥에 갔다는 말인가요?"

　기독교 신앙에 대한 이야기를 나누다 보면 이런 질문을 흔히 들을 수 있습니다. 질문의 핵심은, 선하게 살았으나 예수님에 대해 들어 볼 기회가 없었던 사람들은 어떻게 되느냐는 것입니다. 이는 비그리스도인뿐 아니라 그리스도인도 꽤 혼란스러워하는 질문 가운데 하나입니다. 많은 성도들이 이 질문을 기점으로 구원의 문제에 대해 처음 의문을 가지게 됩니다.

　우선 이 질문에는 한 가지 가정이 담겨 있는데, 기독교의 구원은 예수 그리스도를 믿어야만 얻을 수 있다는 가정입니다. 따라서 이번 질문의 주제에 대해 본격적으로 이야기를 하기 전에, 예수님의 유일성에 대한 전제부터 먼저 이야기하고 넘어가는 편이 좋을 것입니다.

예수 그리스도만이 유일한 길인가

'예수 그리스도만이 구원의 길인가?' 이는 기독교의 교리

중 핵심적이면서도 논란이 되는 부분입니다. 만일 이것이 사실이라면 어떻게 정당화될 수 있을까요?

복잡한 질문들에 앞서 우선 구원이 무엇인지부터 생각해 보아야 합니다. 죽어서 천국에 가는 것이 곧 구원일까요? 물론 내세의 측면을 등한시할 수는 없지만, 성경을 읽어 보면 기독교의 구원이란 미래뿐 아니라 과거와 현재의 시점도 포함한다는 사실을 알 수 있습니다.

먼저 과거의 측면이란, 하나님이 보시기에 좋았던 세상으로의 회복을 말합니다. 정의가 회복되고 폭력이 사라진 세상이 올 것인데, 이는 "이리가 어린 양과 함께 살며 표범이 어린 염소와 함께 누우며 송아지와 어린 사자와 살진 짐승이 함께 있어 어린아이에게 끌리는" 곳입니다(사 11:6). 이는 자연스럽게 에덴 동산을 떠올리게 하는데, 그곳은 우리가 쫓겨난 곳이자 결국은 돌아가야 할 장소를 상징합니다. 실제로 에덴 동산으로 돌아간다는 이야기가 아니라, 에덴과 같은 본성을 지닌 곳을 말하는 것입니다. 하나님은 우리 개개인을 사후에 천국으로 보내는 것을 넘어, 현재의 이 땅도 회복시키기를 원하십니다. 그러니 우리도 그 뜻에 따라 주변의 환경과 사회가 회복되도록 힘써야 합니다.

현재적 측면의 구원이란 이전에는 살아가야 할 궁극적인 이유를 몰랐으나, 이제는 큰 은혜를 주신 그리스도를 인식하고 그분을 위해 자발적으로 세상을 섬기는 마음을 갖는 것입니다. 그렇다면 정확히 무엇을 해야 하는 것일까요? 직업적 소명과 인격적 성장을 비롯하여 그리스도의 제자로서 이 땅에서 맺는 열매라면 무엇이든 여기에 해당됩니다. 사실 교회에서는 소명이라는 단어가 특별한 사람에게만 적용되는 것처럼 쓰이는데, 원래 소명은 복음을 받아들인 모든 그리스도인에게 필수적으로 적용되는 부분입니다. 복음을 믿고 마음으로 받아들인 사람이라면, 자연스럽게 그 감격과 은혜를 다른 이들에게 전달하고 싶을 것입니다. 이 소명을 얻게 되는 것 자체가 현재적 구원의 일부입니다.

무한 경쟁 가운데서 쳇바퀴 돌듯 살다가, 결국 기력이 쇠하고 극심한 외로움에 빠져드는 인생. 이는 사슬에 묶인 상황과도 같습니다. 비록 남들 보기에 성공했을지는 몰라도, 본질적으로는 그 너머에 있는 어떤 실재에 단단히 묶여 있는 것이며, 그 끝에는 모두에게 평등한 죽음이라는 결과가 기다리고 있습니다. 이러한 인생들을 향해 예수님은 이렇게 말씀하십니다.

> 너희는 썩어 없어질 양식을 얻으려고 일하지 말고, 영생에 이르도록 남아 있을 양식을 얻으려고 일하여라. 이 양식은, 인자가 너희에게 줄 것이다. 아버지 하나님께서 인자를 인정하셨기 때문이다.　　　　　　　　　　　요 6:27, 새번역

하나님이 이스라엘을 400년 노예 상태에서 해방시키셨듯이, 썩어 없어질 것을 위해서만 평생 소진하는 허무한 인생으로부터의 탈출도 곧 하나님이 행하실 구원의 측면입니다. 그렇다면 이 모든 총체적인 구원을 얻기 위해 예수 그리스도가 반드시 필요할까요?

성경을 하나님의 말씀으로 믿는 그리스도인들은 당연히 그렇다고 생각합니다. 우선 예수님이 자신을 유일한 길로 표현하시곤 합니다. 자신을 본 자는 이미 하나님을 본 자라 말씀하시고, 스스로를 길이요 진리요 생명이라 칭하

십니다(요 14:6, 9).

이 외에도 수많은 성경구절들이 그리스도의 유일성을 나타냅니다. 그렇기에 예수님을 믿으면서도 그분의 유일성을 부인하려면 굉장히 어려운 작업이 선행되어야 합니다. 그것은 바로 예수께서 하신 말씀 중 진실된 부분만을 골라내는 것입니다. 지금까지 많은 성서학자들이 그러한 시도를 했지만, 날이 갈수록 이 작업은 어려워지고 있습니다. 심지어 어떤 연구자들은 자신도 모르는 사이에 그저 받아들이고 싶은 말만 골라내곤 합니다.

지금 설명한 내용들은 이미 예수님을 믿고 있는 이들에게 해당되는 이야기입니다. 그리스도인들이 비그리스도인들에게 그리스도의 유일성을 입증하기란 굉장히 어렵습니다. 앞선 성경구절들만으로 이를 설명하려 든다면, 성경 자체를 믿지 않는 사람들에게는 순환 논증으로 여겨질 것입니다.

체험의 종교

우선 기꺼이 인정해야 할 사실이 있습니다. 신앙의 내용은 우리의 예상처럼 완벽히 맞아떨어지지 않으며, 이성적인 체계로 그것을 다 담아낼 수도 없습니다. 하지만 이러한 사실을 들어 신앙을 부정적으로만 해석한다면, 이성과 합리성이 모든 것 위에 군림한다는 계몽주의적 사고에 젖어 있다는 증거라고 볼 수 있습니다.

저는 기독교 신앙이 이성적이지 않다는 말을 하려는 게 아니라, 이성 너머에 있는 측면에 대해 말하려는 것입니다. 기독교는 예상보다 덜 교조적이면서도, 실제 경험에 적용될 수 있을 만큼 유연합니다. 자신을 왜 사랑하느냐는 연인의 질문에 이성적으로만 대답할 수 있을까요? 어린 왕자의 말처럼 진짜 소중한 것은 눈에 보이지 않는 법이며, 그것을 체계적으로 설명해 내기란 쉽지 않습니다.

기독교의 내용에는 항상 우리의 예상을 벗어나는 기묘한 뒤틀림이 있습니다. C. S. 루이스의 표현을 빌리면, 거기에는 범신론이나 뉴턴 물리학에서 나타나는 "수상쩍은 선험적 명료함이 없습니다." 기독교 신앙은 항상 다 알았다고 여길 만한 시점에 특유의 의외성을 발휘합니다. 수백 번 읽었던 성경구절이라도 시간이 지나면 또다시 새롭게 보입니다. 그것을 해석하는 우리 자신이 변화되었기 때문입니다. 만일 하나의 성경구절마다 한 가지의 해석 방식만이 존재한다면, 그것이야말로 기독교를 떠날 만한 충분한 사유가 될 것입니다. 그러한 가정이 얼마나 지루할지 상상조차 할 수 없습니다.

기독교 신앙은 우리의 상황과 대화하며 다양한 각도로 휘어집니다. 물론 고무가 휘어도 여전히 고무인 것처럼, 기독교의 본질도 바뀌지 않습니다. 기독교는 이성적 설명을 제공하기도 하지만, 더 많은 경우에는 나를 사랑하느냐는 질문에 포옹으로 답하는 상대처럼 다가옵니다. 이를 길게 설명한 이유는, 기독교 신앙이 어떤 논리 체계를 넘어 하나의 삶의 방식이자 실존이라는 점을 보이기 위해서입니다. 미국의 구약학자 피터 엔즈에 따르면, 성경 자체의 다양성과 복잡성 또한 자신의 백성들을 알기 위해, 그리고 자신을 알리기 위해 낮은 곳으로 가시는 하나님을 증거하고 있습니다.[2]

기독교 신앙의 내용 중 상당수는 신앙 안으로 들어갈 때 비로소 이해가 되기 시작합니다. 그런데 우리는 어떤 체험에서 완전히 분리될 때에만 그것에 대해 객관적으로 알 수 있다고 생각합니다. 예를 들어, 왠지 그리스도인 신학자보다는 불가지론 신학자가 더 객관적이고 옳은 신학을 할 것 같습니다. 그리스도인으로 살아온 사람보다는 무신론자인 종교 연구가가 기독교를 더 꿰뚫어 볼 것만 같습니다. 그런데 이는 마치 사회학자가 인류의 성인들보다 인간의 삶을 잘 꿰뚫을 수 있다고 말하는 것과 같습니다. 많은 사람들이 이런 생각을 기독교에도 그대로 적용합니다.

뉴욕이라는 도시를 전공한 전문가가 있다고 가정해 봅시다. 현실에 있을 법한 일은 아니지만, 이 전문가는 뉴욕에 직접 가본 적이 한 번도 없습니다. 그렇다면 뉴욕에서만 70년을 산 평범한 어느 할아버지와 비교했을 때, 과연 누가 뉴욕을 더 잘 알겠습니까? 이는 쉽게 답할 수 있는 질문이 아닙니다. 어떤 부분을 어떻게 더 잘 안다는 것인지 '더 잘 안다'는 말의 의미를 분명히 해야 합니다.

만일 뉴욕의 역사나 문화에 대해 알고 싶다면, 뉴욕 전문가의 말을 듣는 편이 좋을 것입니다. 심지어 관광 가이드나 맛집 정보도 전문가 쪽이 더 잘 알 확률이 높습니다. 그러나 뉴욕에 사는 할아버지만 알 수 있는 것이 있습니다. 뉴욕 특유의 밝고도 어두운 분위기, 빠른 발걸음과 스쳐가는 찰나의 표정들, 해가 쨍쨍한 공원과 강가를 무작정 걸을 때 정화되는 느낌. 이런 것들은 직접 그곳에 머물러 본 사람이 아니면 알 수 없습니다.

사실 느낌이란 객관화된 지식의 형태로 온전히 전달될 수 있는 것이 아닙니다. 뉴요커의 심리에 대한 논문을 쓸 수는 있겠지만, 그 논문이 그들이 무엇을 보고 느끼는지를 있는 그대로 전해 주지는 않습니다. 사실 있는 그대로 전해 주어야 할 필요도 없습니다. 어떤 사람들은 무언가를 정보화해서 어딘가에 저장해야만 한다는 강박을 지니고 있습니다. 물론 지식의 저장과 전달은 인류의 발전에 매우 중요한 역할을 했습니다. 그렇다고 경험이나 느낌은 실재가 아니라고 말하거나, 그런 것들은 지식보다 저급하다고 생각한다면 이는 균형을 잃은 것입니다.

기독교를 믿지 않는 사람도 기독교가 어떤 특징을 지닌 종교이고, 어떤 내용을 믿으며, 어떻게 선하고 악한 영향을 끼쳐 왔는지를 충분히 알 수 있습니다. 그러나 그들은 뉴욕에 가보지 못한 전문가처럼 뚜렷한 한계를 지니고 있습니다. 기독교란 세상을 바라보는 눈이며, 신과의 관계에 대한 체험의 표현입니다. 이런 것들은 객관적 언어로 표현하기가 쉽지 않습니다. 그것을 잘하기로 소문난 C. S. 루이스조차 결국 이렇게 썼으니 말입니다. "저는 태양이 떠오른 것을 믿듯 기독교를 믿습니다. 그것을 보기 때문이 아니라, 그것에 의해 다른 모든 것을 보기 때문입니다."[3] 여기서 루이스는 기독교를 하나의 지식 체계가 아니라 세계관으로 소개하고 있습니다. 세계관이란 세상을 바라보는 렌즈를 뜻합니다. 이것이 달라질 때, 우리는 모든 것을 다르게 보기 시작합니다.

물론 이 렌즈가 왜곡되었을 가능성도 있습니다. 혹은 멀쩡하던 렌즈가 어떤 이유로 찌그러질 수도 있습니다. 기독교가 아닌 것을 기독교라 믿으며 왜곡된 시각을 장착한 사람도 꽤 많습니다. 그런데 신앙이 없는 기독교 전문가들은 자신들이 지닌 세계관, 즉 또 다른 렌즈를 통해 이미 그 자체로 렌즈인 기독교를 들여다보려 합니다. 하나도 왜곡되기 쉬운데, 두 개를 겹쳐 놓으면 어떻겠습니까? 콘택트

렌즈를 착용한 상태로 안경을 착용하면, 심각한 어지러움을 느끼며 아무것도 제대로 보지 못하게 됩니다.

이처럼 신앙 밖에 있는 사람들은 신앙인이 실제로 무엇을 보는지 정확히 알 수 없습니다. 마치 남성이 여성의 삶을 머리로밖에 알 수 없는 것과 같습니다. 물론 그 역도 마찬가지입니다. 누군가가 그리스도인이 되는 경험은 마치 코페르니쿠스적 전환과도 같습니다. 신앙을 갖기 전의 회심자는 마치 태양이 지구를 돌듯 모든 것이 자신의 주위를 돈다고 생각하며 살아왔을 것입니다. 그러나 자신이 예수라는 태양 주위를 돌고 있었음을 깨닫게 됩니다.

지동설의 발견 이후 세계에 대한 이해가 완전히 바뀌었듯이, 기독교적 전환도 모든 것의 질서와 구조를 달리 보게 합니다. 창조주를 인정하고 받아들인 사람은 이제 풀잎 하나에서도 신의 손길을 발견할 수 있으며, 숨 쉬는 것도 당연하지 않음을 느끼게 됩니다. 사실 이쯤 되면 예수 그리스도가 유일한 길이라는 말은 증명해야 할 명제가 아니라 신뢰의 표현이 되어 있을 것입니다. 자신도 모르는 사이에 말입니다.

다원주의란 무엇인가

앞서 기독교의 유일성은 엄밀한 논리로 증명할 수 없다고 말했습니다. 하지만 흔히 제기되는 반론들에 대응하는 일은 가능할 것입니다. 사실 유일성의 교리가 큰 문제가 된 것은 다원주의 사회가 도래한 이후부터입니다. 그 전에도 기독교에 대한 많은 비판이 있었지만, 다양성을 존중하지 않는다는 것이 기독교 사상의 최대 단점으로 꼽히게 된 세월은 얼마 되지 않았습니다. 인도 선교사로 35년간 활동했던 신학자 레슬리 뉴비긴에 따르면, 오늘날의 시대는 "사실상 다원적plural일 뿐만 아니라, 이런 다원성plurality이 사람들에 의해 인정되고 신봉되는 것들로 반겨진다는 의미에서 다원주의적pluralist입니다."[4] 이러한 세계의 흐름 속에서, 예수만이 유일한 구원의 길이라는 말은 여러 논쟁을 일으킬 수밖에 없습니다.

다원주의의 뿌리로 들어가 보면, 포스트모더니즘이 자리 잡고 있습니다. 이를 깔끔하게 정의하기는 어렵지만, 다원주의와 포스트모더니즘은 동의어가 아닙니다. 오히려 다원주의를 포스트모더니즘의 열매 중 하나로 보는 것이 옳을 것입니다. 포스트모더니즘은 사조 자체가 워낙 방대하고, 학자마다 강조점도 다르며, 각각의 내용 자체도 이해하기가 어렵습니다. 그럼에도 사상적인 핵심 가운데 하나를 제시한다면, 포스트모던이라는 말 자체에 담긴 '모더니즘을 넘어선다'는 의미를 꼽을 수 있습니다.

앞에서 저는 체험과 감정을 경시하는 과도한 이성 중심적 사고를 비판했는데, 이것 또한 모더니즘에 대한 비판이라 볼 수 있을 것입니다. 포스트모더니즘은 그와 반대로 이성과 진실 여부를 지나치게 경시합니다. 사람들은 더 이상 무언가가 참이냐 거짓이냐에 큰 관심이 없습니다. 자신에게 보다 유용하거나 좋은 감정을 준다면 사실 여부는 나중 문제입니다.

현대인들 중에는 머리에는 모더니즘을, 가슴에는 포스트모더니즘을 장착한 사람들이 많습니다. 말로는 이성에 큰 권위를 부여하지만, 실제 행동 양식은 비이성적인 경우가 많습니다. 지금도 각종 유사과학과 민간 괴담, 의학적 음모론 등이 난무하며, 논쟁 안에는 온갖 논리적 오류가

즐비합니다. 한 예로 '가짜뉴스'라는 말이 유행하는 현실을 들 수 있습니다. 언뜻 보면 진실을 탐구하고 거짓을 가려내는 데 관심이 높은 것으로 보이지만, 실상은 상대방을 가짜라고 비방하는 데 더 포인트가 맞추어져 있습니다. 진짜와 가짜를 나누는 기준조차 편을 가를 수 있는 유용한 도구가 되어 주는 것입니다.

한 세기 전의 담론만 봐도 기독교에 대한 비판은 기독교의 내용이 옳은가에 집중되어 있었습니다. 그런데 현대인은 기독교가 옳든 그르든 크게 관심이 없습니다. 그들이 기독교를 싫어하는 이유는 기독교가 틀렸다고 생각하기 때문이 아니라, 그리스도인들이 자신들만 옳다고 주장하기 때문입니다. 현대인은 기독교뿐 아니라 무엇이 되었든 자기만 옳다고 생각하는 것에 대해 알레르기 반응을 보입니다.

요즘 젊은 사람들이 사용하는 '진지충', '설명충', '꼰대', '투머치 토커'와 같은 말은 모두 자신만 옳다고 이야기를 늘어놓는 사람들에 대한 혐오 단어입니다. 그런 의미에서 전통 기독교의 교리는 옳든 그르든 굉장히 혐오스럽고 시대정신에 어긋난 것으로 보일 수밖에 없습니다. 과거에는 다른 진리 후보들이 예수라는 진리 후보와 경쟁을 했다면, 이제는 진리라는 개념 자체가 신뢰할 수 없는 것으로 여겨집니다. 예수님이 십자가에 못 박히시기 전 빌라도가 예수님께 "진리가 무엇이냐"고 물었는데(요 18:38), 이제는 그런 것을 묻는 빌라도를 데려다가 십자가에 못 박으려는 시대가 된 것입니다. 물론 예수님은 이미 못 박은 지 오래입니다.

물론 포스트모던에서도 취할 부분이 있습니다. 칼빈

대학 철학 교수인 제임스 스미스는 모더니즘에 상처 입은 기독교를 치료하는 데 포스트모더니즘이 도움이 될 것이라 생각합니다. 포스트모더니즘의 유행이 이성적인 체계에 대한 집착에서 벗어나 기독교의 유연성과 다양성을 회복시킬 기회가 될 수 있다고 보는 것입니다.[5] 이러한 의견에는 일견 동의하지만, 결국 진리와 이성이라는 개념을 해체하는 포스트모더니즘이라는 그릇 안에 기독교를 온전히 담을 수는 없을 것입니다.

기독교는 유난히 관용적이지 못한가

기독교 사상이 유독 관용이 부족하다는 주장에 대해서는 여러 측면에서 답할 수 있습니다. 첫째로, 이러한 불만은 사실판단과 가치판단의 문제를 혼동하는 일입니다. 만일 모든 사람이 죄인이자 공허한 존재라면, 이를 해결할 방법이 하나뿐이라 믿는 것은 그렇게 이상한 일이 아닙니다. 물론 듣는 사람의 입장에서 기분이 나쁠 수는 있으나, 감정의 문제가 유일성에 대한 주장을 자동으로 훼손시키는 것은 아닙니다.

만일 어떤 난치병에 걸린 사람에게 통하는 약이 전 세계에 단 하나밖에 없다고 가정해 봅시다. 이는 A 제약회사에서 만든 의약품이며, 환자에게는 다른 선택지가 없습니다. 평소에 A 제약회사를 싫어했든, 그곳에 다니는 직원들의 태도에 상처를 받았든, 자신들의 약만이 난치병을 고칠 수 있다는 광고에서 독단과 오만을 느꼈든, 결국에는 그 약을 먹는 방법밖에 없습니다. 이 약만이 병을 고칠 수 있다는 사실은 그의 감정 상태와 아무런 상관이 없습니다. 만일 그 약의 유일성에 의문이 든다면 진위여부를 조사해 보면 될 일입니다.

제약회사의 태도 또한 약의 효능과는 별 관련이 없습니다. 물론 A 제약회사나 그 직원들이 환자에 대한 좋은 태도와 훌륭한 광고 윤리를 지녔다면, 약에 대한 신뢰감 형성에 도움은 될 것입니다. 하지만 이런 요소들도 약 자체의 성능이나 유일성과는 아무런 관련이 없습니다. 만일 A사의 약이 병을 고칠 수 있는 유일한 수단이라면 정말 그런 것이고, 아니면 아닌 것입니다.

두 번째 문제는 관용에 대한 정의와 인간의 보편적인 배타성입니다. '정치적 올바름'이 사회의 큰 이슈로 떠오른 이후, 우리는 관용이라는 말을 '같은 의견을 갖는다'는 의미로 쓰게 된 것 같습니다. 뉴욕의 학생들은 소위 '관용적으로 보이는 의견'을 많이 지니고 있습니다. 가령 '소수에 속한 계층을 도와야 한다', '산모의 낙태 선택권을 존중해야 한다', '동물을 보호하기 위해 육식을 끊어야 한다', '어떤 상황에서도 다양성을 인정해야만 한다' 등을 들 수 있습니다.

이 사람들이 내세우는 의제에 대해 왈가왈부할 생각은 없습니다. 그러나 그들이 자신들과 의견이 다르면 곧바로 관용 없는 사람으로 몰아간다는 점은 지적해야 할 것 같습니다. 이들은 의견의 차이를 다름이 아니라 나쁨으로 여깁니다. 특히 그 의견이란 것이 '관용적으로 보이는 의견'일 때는 말입니다. 그러나 자신과 다른 의견을 덮어놓고 비난하는 것보다 관용 없는 모습이 또 있을까요?

대부분의 사람들은 자신의 주장이 다른 사람보다 어느 정도 옳다고 생각합니다. 그렇지 않으면 애초에 주장이란 것이 가능하지도 않을 것입니다. 그렇다면 무엇이 관용일까요? 브리태니커 사전에 따르면, 관용이란 '참다'라는 뜻의 라틴어 '톨레라레'tolerare에서 비롯된 단어로, '다른 사람들에게 행위나 판단의 자유를 허용하는 것'입니다. 또한 옥스퍼드 사전에는 '어떤 것에 대하여 강력하게 반대하면서도 용납하는 것'이라고 쓰여 있습니다.

결국 나와 의견이 다른 사람을 어떻게 대하느냐가 관용과 불관용을 가르는 기준이 됩니다. 똑같이 기독교를 믿어도 한 사람은 예수의 정신으로 자신을 희생하고 남을 높여 주는 삶을 살고, 또 다른 사람은 기독교의 유일성을 근거로 남을 짓밟고 우월감을 느끼며 삽니다. 예수께서는 시종일관 전자의 모습을 보이시며, 후자의 모습을 보이는 자들을 가차 없이 비판하셨습니다. 이처럼 관용은 인격의 영역이며, 그가 어떤 사상을 믿고 있는지가 그를 관용적이거나 관용적이지 못한 사람으로 만들지는 못합니다.

만일 다양성 중시와 소수 인권을 보장하는 의견을 소유하고 있더라도, 자신의 의견에 반대한다고 미개한 사람으로 여긴다면 그는 여전히 불관용적인 사람입니다. 이런 점에서 절대적 기준을 믿을 수 없는 것으로 여기던 포스트모더니즘은 자체 모순을 안게 되었습니다. 왜냐하면 '절대적 진리란 없으며, 모든 거대 담론은 권력을 얻기 위한 수단에 불과하다'는 말 자체가 하나의 절대적 진리처럼 여겨지기 때문입니다. 프랑스의 철학자 미셸 푸코는 지식의 형성에는 항상 당대의 권력 게임이 작동한다고 보았는데, 그렇다면 이러한 그의 주장 또한 권력 게임이 아니냐는 비판이 가능합니다. 영국의 문학 비평가 테리 이글턴은 포스트모더니즘을 주장하는 이들도 자신이 배격하는 모더니즘적 생각만큼이나 배타적이고 까다로우며, 반대 의견을 신속

히 악으로 둔갑시킨다고 말합니다.[6]

또 다른 이들은 관용을 지키기 위해 일정 선의 불관용이 필요하다고 말합니다. 영국의 철학자 칼 포퍼는 이를 '관용의 딜레마'라는 용어로 표현합니다.

> 아무 제약 없는 관용은 반드시 관용의 소멸을 불러온다. 우리가 관용을 위협하는 자들에게까지 무제한의 관용을 베푼다면, 그리고 우리가 불관용의 습격으로부터 관용적인 사회를 방어할 준비가 되어 있지 않다면, 관용적인 사회와 관용정신 그 자체가 함께 파괴당하고 말 것이다.······그러므로 우리는 관용의 이름으로 불관용을 관용하지 않을 권리the right not to tolerate intolerant를 천명해야 한다.[7]

혹자는 관용의 딜레마를 이용하여 기독교 신앙의 유일성을 주장하지 못하게 막아야 한다고 말합니다. 물론 관용을 지키기 위해 일정 선의 불관용이 필요하다는 칼 포퍼의 말은 옳은 것처럼 보입니다. 이러한 맥락에서 중요한 것은, 기독교의 내용이 정말 불관용으로 다스려야 할 만큼 관용을 위협하느냐는 것입니다. 앞서 말했듯이, 예수 그리스도가 구원의 유일한 길이라는 주장 자체는 참과 거짓의 영역에 속해 있으며, 이에 대해서는 논쟁이 가능합니다. 하지만 기독교는 자신들의 교리에 반대하는 비신자들을 공격하거나 배척하라고 말한 적이 없습니다. 그렇게 행동하고 싶어서 기독교라는 이름을 이용하는 사람들이 있을 뿐입니다.

오히려 신약성경은 다른 의견을 가진 자들에 대한 포용과 사랑을 말합니다.

네 이웃을 사랑하고 네 원수를 미워하라 하였다는 것을 너희
가 들었으나 나는 너희에게 이르노니 너희 원수를 사랑하며
너희를 박해하는 자를 위하여 기도하라.   마 5:43-44

이는 기독교 신자들이 진리의 표준으로 여기는 예수 그
리스도의 입에서 나온 말들입니다. 그뿐 아니라, 신약성경의
가장 많은 부분을 저술한 사도 바울은 이렇게 말합니다.

여러분을 박해하는 사람들을 축복하십시오. 축복을 하고, 저
주를 하지 마십시오.……아무에게도 악을 악으로 갚지 말고,
모든 사람이 선하다고 생각하는 일을 하려고 애쓰십시오. 여
러분 쪽에서 할 수 있는 대로 모든 사람과 더불어 화평하게
지내십시오.   롬 12:14-18, 새번역

성경에서 이런 구절들을 찾아서 나열하자면 끝도 없
습니다. 신약성경은 의견이 다른 사람뿐 아니라, 심지어 자
신을 박해하는 원수까지도 관용하도록 종용하고 있습니
다. 한 방향만이 옳다는 말에 대해 독단적이라 말하기 이
전에, 그 방향이 어떤 내용을 담고 있는지를 살펴야 합니
다. 앞에서 살펴보았듯이, 예수님은 자신을 따르는 이들에
게 자기 십자가를 지고 따를 것을 촉구합니다. 이는 자신을
미워하는 자들까지도 사랑과 희생으로 대하라는 급진적인
요구입니다. 이보다 관용적인 가르침이 또 있을까요?

예수님에 대해 들어 보지 못한 사람들은 어떤 기준으로 평가될까
지금까지 질문이 성립되는 전제에 대해 살펴보았다면, 이
제 질문 자체를 들여다볼까 합니다. 처음 제기된 질문은 다

음과 같습니다. '예수님에 대해 들어 보지 못한 사람들은 구원을 얻지 못하는가?'

우선 기독교 신학의 전통에 따르면, 우리에게는 특별계시와 일반계시라는 것이 주어졌습니다. 특별계시는 말 그대로 하나님이 특별히 알려 주신 말씀으로, 성경과 그리스도가 이에 속합니다. 특별히 그리스도께서는 하나님의 말씀 자체가 육신을 입고 내려오신 분이며, 구약성경 또한 결국 그분을 가리키는 내용입니다(눅 24:44). 따라서 그리스도야말로 특별계시의 정점이라 볼 수 있습니다.

일반계시는 하나님이 자연과 양심에 심어 두신 기준입니다. 이를 좀 더 확장하자면, 양심을 느낄 수 있도록 하는 옳고 그름의 기준 곧 자연법 또한 일반계시에 속할 것입니다. 우리는 아름답고 광대한 자연을 볼 때, 이 모든 것을 설계한 거대한 존재가 있는 것 같은 기분을 느낍니다.

이처럼 자연세계와 도덕성을 관찰하다 보면, 자신이 보잘것없는 존재임을 깨닫게 하는 거대한 신적 실재와 마주하는 경험을 할 때가 있습니다. 인류 역사상 수도 없이 많은 사람들이 이런 체험을 했으며, 이는 특정 종교에 국한되지 않습니다. 심지어 많은 무신론자들조차 이러한 체험을 했다는 보고가 있습니다. 미국의 심리학자이자 철학자인 윌리엄 제임스는 이를 종교 체험religious experience이라고 불렀으며, 종교를 이해하기 위한 핵심 단서로 삼았습니다.[8]

기독교 전통은 일반계시에 대해 대체로 긍정적이었습니다. 많은 신학자들이 일반계시가 하나님의 신성과 위엄을 어렴풋이 맛보게 해준다는 데 동의했습니다. 일반계시라는 개념 자체가 특별계시인 성경의 지지를 받고 있기 때문입니다.

이는 하나님을 알 만한 것이 그들 속에 보임이라. 하나님께서 이를 그들에게 보이셨느니라. 창세로부터 그의 보이지 아니하는 것들 곧 그의 영원하신 능력과 신성이 그가 만드신 만물에 분명히 보여 알려졌나니 그러므로 그들이 핑계하지 못할지니라.

롬 1:19-20

여기서 "그들 속에 보인" 것은 도덕법과 양심으로, 만물에 알려진 "능력과 신성"은 자연에 드러난 계시로 받아들일 수 있습니다. 따라서 신의 존재에 대한 우주론적 논증과 도덕적 논증은 성경의 지지를 받고 있는 탐구 방법인 셈입니다(이 주제는 열다섯 번째 질문에서 보다 구체적으로 살펴보겠습니다). 그러나 이 논증들의 결론부에서 볼 수 있듯이, 일반계시는 하나님을 온전히 알기에는 부족한 지식입니다. 그럼에도 로마서를 보면, 하나님이 그들에게 주어진 정보에 따라 공정한 판단을 내리시는 것처럼 보입니다.

율법을 가지지 않은 이방 사람이, 사람의 본성을 따라 율법이 명하는 바를 행하면, 그들은 율법을 가지고 있지 않아도, 자기 자신이 자기에게 율법입니다. 그런 사람은, 율법이 요구하는 일이 자기의 마음에 적혀 있음을 드러내 보입니다. 그들의 양심도 이 사실을 증언합니다. 그들의 생각들이 서로 고발하기도 하고, 변호하기도 합니다.

롬 2:14-15, 새번역

그러나 진짜 문제는 이런 방식으로 구원을 얻은 사람들이 있느냐는 것입니다. 로마서 1-2장의 관련 구절들을 정직하게 읽어 보면, 이 구절들이 대체로 부정적인 맥락에서 쓰였음을 알 수 있습니다. 바울은 이러한 증거들이 예전부터 주어졌으니 우리의 조상들이나 원주민 부족들에 대해 걱정할 필요가 없다고 말하는 게 아닙니다. 앞에서 살펴본 로마서 1:20의 표현처럼, 바울은 오히려 핑계를 차단하기 위해 이런 구절들을 적어 놓은 것처럼 보입니다.

전 휘튼 대학 교수이자 목회자인 샘 스톰스는 이에 대해 상당히 부정적인 결론을 내립니다.

> 하나님은 이들에게 주신 자신의 계시를 근거로 그들에게 책임을 묻고 심판하실 것이다. 이런 계시는 명백하고 불가피하며 충분할 만큼 편만하고 분명하여, 이들은 자신이 여기에 반응하지 못한 것과 우상을 숭배한 것에 대해 핑계할 수 없을 것이다.[9]

한마디로 말하면, 예수님에 대해 들어 본 적 없는 사람들이 전부 심판을 받을 것이란 사실은 변함없지만, 그들은 충분한 일반계시를 제공받았으므로 하나님께 반문할 수 없다는 것입니다.

하지만 이런 식의 변증은 문제를 해결하지 못하는 것으로 보입니다. 우리가 제기하는 진짜 문제는, 그렇게 많은 사람들이 지옥에 떨어지는 현실 속에서 하나님의 공의를 발견할 수 있느냐는 것입니다. 만일 예수님에 대해 들어 볼 기회가 없던 사람들이 일반계시를 보고 돌이킬 가능성이 전혀 없다면, 그것은 결국 하나님이 자기변호를 위해 설정해 놓은 장치에 불과할 것입니다.

이러한 이유 때문에 일반계시를 보고 사람들이 돌이켰을 가능성을 주장하는 그리스도인들도 많이 있습니다. 그 근거로 흔히 성경의 인물들이 제시됩니다. 예를 들어,

모세나 엘리야는 하나님과 매우 가까웠지만 예수님의 이름을 들어 보지 못했습니다. 하지만 그들이 구원받지 못했다는 결론을 내리는 것은 지지하기 어려운 결론입니다. 예수님은 변화산 사건에서 모세와 엘리야를 만나 대화를 나누는 신비한 모습을 보이십니다. 적어도 성경의 기록자들이나 첫 그리스도인 독자들 중 모세나 엘리야가 구원을 얻지 못했을 것이라 생각한 사람은 없는 것 같습니다.

그렇다면 이들은 예수님과 상관없이 자신의 선한 행실을 통해 구원을 얻은 것일까요? 일반계시에 대해 소개하며 예수님을 몰랐던 선한 이들의 구원을 인정하는 듯 보였던 바울은, 로마서 3장에서 갑자기 무시무시한 선언을 합니다.

> 그러면 어떠하냐. 우리는 나으냐. 결코 아니라. 유대인이나 헬라인이나 다 죄 아래에 있다고 우리가 이미 선언하였느니라. 기록된 바 의인은 없나니 하나도 없으며 깨닫는 자도 없고 하나님을 찾는 자도 없고 다 치우쳐 함께 무익하게 되고 선을 행하는 자는 없나니 하나도 없도다. 롬 3:9-12

바울이 여기서 특유의 과장법을 사용했다 할지라도, 이 구절이 말하는 결론은 피해 갈 수 없습니다. 자신의 선한 행위만으로 죄에서 벗어나 구원을 쟁취할 수 있는 사람은 단 한 명도 없다는 것입니다. 이처럼 만일 예수님에 대해 들어 본 적 없는 이들이 구원을 받을 수 있다 할지라도, 그것이 그들 스스로의 선행 때문은 아닐 것입니다. 그렇다면 무엇 때문일까요? 복음을 들어 본 사람의 구원 조건과 마찬가지로, 철저한 회개와 구원에 대한 갈망 때문일 것입니다.

그렇다면 우리가 던지는 질문의 예시가 세종대왕이나 이순신 장군처럼 훌륭한 인물인 것은 아무 상관이 없는 것일까요? 그분들이 아무리 선한 삶을 살았더라도 회개를 하지 않았기에 그 시대의 평범한 사람들보다 구원의 가능성이 높지 않았던 것일까요? 이에 관해 답하기 위해 한 가지 아이러니를 설명해야만 합니다. C. S. 루이스의 통찰에 따르면, 회개할 수 있는 능력은 선한 사람에게만 주어집니다.

> 사실 회개는 선한 사람이 할 수 있는 일입니다. 바로 여기에 함정이 있습니다. 정작 회개가 필요한 사람은 악한 사람인데, 완전한 회개는 선한 사람만 할 수 있으니 말입니다. 여러분이 악해질수록 회개의 필요성은 점점 커지고 회개할 수 있는 능력은 점점 작아집니다. 완전하게 회개할 수 있는 유일한 사람은 완전한 인간—회개할 필요가 없는 인간—뿐입니다.[10]

선한 삶을 살려고 노력해 본 사람일수록 그것이 얼마나 힘든 일인지 깨닫게 됩니다. 설령 예수님에 관해 들어 본 적이 없더라도, 각자의 마음에 새겨진 양심이라는 율법을 지켜 보려 무던히 노력한 사람이라면 결국 <u>스스로의 비참함</u>에 대해 어렴풋이 알게 됩니다. "왜 나는 이토록 선한 이상을 지녔음에도 이 정도밖에 행하지 못하는가?" 이는 죽는 날까지 하늘을 우러러 한 점 부끄럼이 없기를 바랐지만 잎새에 이는 바람에도 괴로워했던 윤동주 시인의 마음입니다. 그가 악한 사람이 아니라 선한 사람이었기에 가질 수 있었던 겸손인 것입니다.

이처럼 선한 삶을 살려고 노력했던 사람들 중 일부는

더 큰 도덕적 이상과 하늘의 뜻을 짐작하고 겸손하게 자신을 낮출 것입니다. 그리고 하늘의 도움을 바랄 것입니다. 하나님이 이들의 간구를 그저 무시하셨을까요? 고아와 과부를 돌보시며, 출애굽과 바벨론 귀환을 통해 일방적인 구원을 베푸시던 하나님은 구약 시대에도 사랑의 하나님이셨습니다. 저는 그분께서 이들의 겸손한 마음을 보고 불쌍히 여기셨을 것이라 생각합니다.

그러나 이 모든 사안에 해당하는 사람이 있더라도, 그가 그리스도와 관계없이 구원을 얻은 것은 아닙니다. 하나님은 오직 예수님의 십자가를 통해 구원의 완성을 이루십니다. 따라서 그리스도의 십자가가 과거, 현재, 그리고 미래의 죄에 대한 용서를 포함한다고 보는 것이 합리적입니다. 여기서 과거란 그리스도께서 이 땅에 오시기 전의 과거까지 포함합니다.

윌리엄 레인 크레이그는 이것을 다음과 같은 비유로 표현합니다. 어떤 사람이 어느 날 한 번도 본 적 없는 부자 삼촌의 상속자로 선택되었다는 사실을 알게 되었다고 가정해 봅시다. 그는 하루아침에 엄청난 행운의 주인공이 된 것입니다. 그런 삼촌이 존재한다는 사실을 평생 모르고 살았더라도 말입니다.[11] 이처럼 그리스도에 관해 평생 들어 보지 못했더라도, 자신에게 주어진 정보 내에서 하나님의 존재와 은혜에 대한 감격을 느꼈다면, 그 사람은 그리스도의 죽음을 통한 은혜를 입을 수 있을 것입니다. 비록 죽고 난 뒤에야 그 사실을 듣게 된다 할지라도 말입니다.

그럼에도 일반계시를 통한 구원이 얼마나 많은 사람들에게 허락되었을지는 알 수 없습니다. 로마서 1-2장 말씀을 고려할 때, 이런 방식이 많은 이들에게 해당되지는 않는 것 같습니다. 그럼에도 샘 스톰스보다는 윌리엄 레인 크레이그의 생각에 좀 더 동의가 됩니다. 이런 난제를 풀 때에 하나님의 공의와 사랑의 성품이 다른 모든 요소보다 우선시되어야 하기 때문입니다. 만일 핑계를 대지 못하게 하려고 하나님이 아무 효력이 없는 일반계시를 제공하셨다는 주장을 한다면, 이는 공정하신 하나님의 성품을 해치는 일이 될 것입니다. 이는 다른 많은 성경구절과 모순됩니다.

결론: 그래서 이순신 장군은?

세종대왕과 이순신 장군은 지옥에 갔을까요? 우리는 함부로 그렇다고 말할 수 없습니다. 그러면 천국에 갔을까요? 이 또한 그렇다고 말할 수 없습니다. 가장 정직한 대답은 '주어진 정보로는 알 수 없다'는 것입니다. 만일 그들이 기록된 내용을 넘어 실제 삶 전체에서 자연과 양심에 주어진 정보에 올바른 반응을 보였다면, 그리스도의 죽음을 통한 은혜를 입었을지도 모릅니다. 하지만 그들이 실제로 어떤 정보를 얻었는지, 그리고 거기에 어떻게 반응했는지 우리는 충분히 알지 못합니다.

그리스도인들은 마치 하나님의 마음을 모두 파악한 것처럼 여길 때가 있습니다. 하지만 우리는 역사적 인물뿐 아니라 주변의 이웃이나 교회에 다니는 성도들의 구원에 대해서도 확신하거나 판단할 수 없습니다. 사회에서도 다른 사람의 죽음에 대해서 함부로 이야기하지 않는 것이 기본적인 예의입니다. 어쩌면 죽음보다도 더 중한 문제일 수 있는 타인의 구원 여부에 대해 함부로 왈가왈부한다면 얼마나 큰 무례일까요? 허락된 만큼 추론하되, 하나님만이 지니고 계신 판결의 권한까지 빼앗으려 들어서는 안 될 것입니다.

나눔을 위한 질문 1

다른 사람의 구원 여부에 대해
판단한 경험이 있나요?

_____

_____

_____

_____

_____

나눔을 위한 질문 2

그리스도인이라는 이유로
차별적인 사람으로 대우받은 경험이 있나요?

_____

_____

_____

_____

_____

나눔을 위한 질문 3

그리스도인이 타종교인이나
무교인을 대하는 자세는 어떠해야 할까요?

_____

_____

_____

_____

_____

Q12. 그리스도인은 동성애를
특별한 죄로 여겨야 할까?

동성애는 우리 시대에 가장 민감한 주제 중 하나입니다. 그리스도인들이 가장 다양한 반응을 보이는 주제이기도 합니다. 동성애를 특별히 큰 죄로 규정하는 보수적인 그리스도인부터, 죄이기는 하지만 다른 모든 죄와 다를 바 없다는 중도적인 입장, 그리고 전혀 죄라고 볼 수 없다는 소위 앨라이 그리스도인의 입장도 존재합니다.

어느 입장에 있든, 동성애에 대한 입장 표명은 사람들과 대화하며 일상적으로 맞닥뜨리는 주제가 되었습니다. 심지어 어떤 그리스도인 청년들은 동성애자에 대한 교회의 태도에 실망하고 신앙을 버리는 경우까지 있습니다. 그런 맥락에서 동성애 자체보다는 동성애자를 바라보는 그리스도인의 시선에 중점을 두고 이야기를 해보려고 합니다.

몇 년 전에 한 대형교회의 부목사가 이와 비슷한 요지의 설교를 했다가 큰 곤욕을 치른 적이 있습니다. 그 설교의 내용을 간략히 요약하면 다음과 같습니다.

나는 동성애 자체가 아니라 동성애를 바라보는 우리의 시선에 대해 이야기하고 싶다. 동성애 자체는 물론 죄다. 하지만 동성애자를 과격하게 반대해서는 안 된다. 사람들이 동성애에 대한 교회의 공격적인 태도를 가리켜 꼰대라고 생각한다. 그들의 입장에서 보면 대세는 이미 넘어간 것이다. 정말 이 문제가 걱정된다면 동성애를 틀어막기보다는 우리의 일상, 부부관계, 가정생활을 복음으로 잘 살아내는 모습을 보여주어야 한다.

해당 설교는 많은 그리스도인들의 격분을 일으켰습니다. 그들이 크게 문제를 제기한 두 가지 표현이 있었는데, "대세는 이미 넘어갔다"는 발언과 "동성애자들을 비난하는 것은 소위 꼰대들의 이야기가 되어 버렸다"는 발언이었습니다. 그 후 이 목사를 면직시켜야 한다는 여론이 들끓었습니다. 그러자 설교를 한 부목사뿐 아니라 담임목사까지 해명의 글과 더불어 사과문을 교회 게시판에 올렸습니다. 그럼에도 교회에는 항의 전화가 빗발쳤고, 사건이 필요 이상으로 커지는 것이 부담스러워 그 교회를 떠나는 사람들도 생겼습니다.

동성애는 성경적으로 더 큰 죄인가

다른 교회 목회자를 면직시켜야 한다고 수많은 사람들이 달려드는 것은 흔치 않은 일입니다. 왜 이런 격한 반응이 일어났을까요? 정치적 이유부터 신학적 이유까지 다양하겠지만, 가장 큰 원인은 동성애를 특별한 죄로 바라보기 때문입니다. 실제로 많은 성도들이 동성애를 다른 죄들보다 더 큰 죄로 여깁니다.

좀 더 살펴보기에 앞서 미리 밝히자면, 저는 성경이

동성애를 확실히 죄로 규정한다는 입장입니다. 물론 그동안 반대 의견들도 충분히 들어 왔습니다. 성경이 동성애를 반대하지 않는다는 주장은 대부분 존 보스웰의 연구서인 『기독교, 사회적 관용, 그리고 동성애』에 큰 빚을 지고 있습니다.[1] 이 연구에 대한 비판서도 그동안 많이 출간되어 있는데, 보스웰의 해석보다 더 설득력이 있었습니다.

여기서 동성애가 성경적으로 죄냐 아니냐를 깊이 따지고 싶지는 않습니다. 신약성경의 윤리를 21세기에 그대로 적용할 수 있는지에 대한 주제도 흥미롭겠지만, 이 역시 초점에서 벗어납니다. 중요한 것은 동성애가 죄라 할지라도 그 무게가 다른 죄와 아무런 차이가 없다는 점입니다. 선과 악을 하나님의 판단 기준에 둔다면, 이성애자들이 동성애자들보다 존재론적으로 나은 점은 하나도 없다고 말해야 합니다. 모든 성적 지향성을 지닌 사람들은 하나님 앞에서 동등한 죄인이고, 여전히 그리스도의 구원이 필요합니다.

물론 동성애가 더 큰 죄라는 주장에도 나름의 근거가 존재합니다. 보통 특정 성경구절들을 근거로 논지가 전개되는데, 이는 다른 성경구절을 살펴보는 방법으로 반박될 수 있습니다. 지금부터 소개할 주장들은 이 주제에 관한 제 유튜브 영상에서 댓글을 통해 실제로 받은 내용들을 정리한 것입니다.

우선, 이렇게 말씀하시는 분이 있었습니다. "하나님은 니느웨는 용서하셨지만 소돔과 고모라는 단번에 심판하셨다. 이를 통해 소돔과 고모라가 가장 악한 도시라는 점을 알 수 있다. 그러므로 이 도시들의 멸망 원인이 된 동성애는 가장 큰 죄다."

이것이 옳은 주장일까요? 우선 롯의 집에 거하던 남성 손님들과 성관계를 맺겠다던 도시 사람들을 잘 관찰해 보아야 합니다. 이들이 저지르려 한 것은 일차적으로 동성 성관계가 아니라 집단 성폭행입니다(창 19:4-9). 더구나 이야기의 맥락상 그들은 성욕만 채울 수 있다면 상대방의 성별 따위는 가리지도 않는 것처럼 보입니다. 이처럼 소돔과 고모라의 멸망 원인이 동성애라는 주장은 여전히 논란의 여지가 있습니다. 실제로도 학자들은 이 부분에 대해 서로 의견을 달리합니다.

더 나아가, 성경에는 소돔과 고모라가 가장 악한 도시라는 말도 없습니다. 예수님은 오히려 마태복음에서 "가버나움아, 네가 하늘에까지 높아지겠느냐. 음부에까지 낮아지리라. 네게 행한 모든 권능을 소돔에서 행하였더라면 그 성이 오늘까지 있었으리라"(마 11:23)고 말씀하십니다. 여기서 예수님은 소돔보다 가버나움이 더 악하다고 말씀하고 계십니다. 이렇게 말씀하신 이유가 무엇일까요? 그 앞의 구절에 이유가 등장하는데, 가버나움 사람들이 회개를 하지 않았기 때문입니다(마 11:20). 동성애에 대해 회개하지 않아서가 아니라, 그 어떤 죄가 되었든 회개하지 않았기 때문입니다.

예레미야애가서의 말씀을 살펴보면, "전에 소돔이 사람의 손을 대지 아니하였는데도 순식간에 무너지더니 이제는 딸 내 백성의 죄가 소돔의 죄악보다 무겁도다"(애 4:6)라고 말합니다. 이는 예레미야 선지자가 바벨론에게 멸망당한 유대 땅을 바라보며 하는 말입니다. 그가 백성의 죄를 두고 소돔의 죄악보다 무겁다고 말할 때, 이 죄는 과연 동성애를 말하는 것일까요? 이스라엘은 동성애가 아니라 우상숭배와 탐욕, 그리고 회개 없음 때문에 망했습니다.

마지막으로, 에스겔 선지자는 소돔이 망한 이유에 대해 "네 아우 소돔의 죄악은 이러하니 그와 그의 딸들에게 교만함과 음식물의 풍족함과 태평함이 있음이며 또 그가 가난하고 궁핍한 자를 도와주지 아니하며 거만하여 가증한 일을 내 앞에서 행하였음이라"(겔 16:49-50)고 말합니다. 이 말씀에 따르면, 가난한 사람을 도와주지 않는 자들은 전부 소돔처럼 망할 것입니다. 음식물이 풍족하다고 게으르게 살아도 소돔처럼 망할 것입니다. 이는 굉장히 무서운 말입니다. 구제를 게을리하는 것에 대한 경고는 오늘날의 그리스도인들도 찔릴 수 있는 대목이기 때문입니다. 이 구절들을 통해 분명히 알 수 있는 사실은 소돔과 고모라가 성경에 등장하는 가장 악한 도시들이 아니며, 멸망한 핵심 원인 또한 동성애가 아니라는 점입니다.

이와 관련하여 또 다른 각도에서 반론을 펼치는 분도 있었습니다. "동성애는 창조질서를 거스르면서 하나님께 정면으로 대항하는 죄다. 그러므로 인간들에게 저지르는 죄와는 차원이 다르다."

우선, 창조질서를 거스르는 것은 확실히 죄가 맞습니다. 하지만 과연 동성애만 창조질서를 거스르는 죄일까요? 이성애자의 탐욕은 창조질서에 부합한가요? 이성애자인 유부남이나 유부녀가 유흥업소에 가는 것은, 돈 때문에 교회에 분열이 생기는 것은, 타인을 정죄해서 마음을 무너뜨리는 일은 창조질서에 부합한가요? 모든 죄는 하나님의 창조질서에 반하는 일입니다. 어떤 죄인이든 하나님께 정면으로 대항하고 있는 상태입니다. 여기에 궁극적인 우열은 없습니다.

하다못해 우열이 있다 하더라도 그것이 무슨 의미가 있을까요? 남들보다 좀 나은 죄인이 될 수는 있겠지만, 하나님의 심판대 앞에서 떳떳한 의인이 될 수는 없습니다. 동성애는 그 마음 자체로 죄라기보다는 죄의 열매로서 드러난 측면이 더 강합니다. 이는 타락 이후 세상에 들어온 죄가 교만, 탐욕, 정죄, 간음 등의 열매를 만든 것과 흡사합니다.

팀 켈러는 컬럼비아 대학에서 열린 베리타스 포럼에서 동성애에 관한 질문에 답했는데, 그 내용의 일부를 소개합니다.

사회자: 하나님 앞에서 동성애적 행위를 저지르는 것은 죄인가요?

팀 켈러: 죄를 어떤 의미로 말씀하시는 건지 모르겠지만, 제 대답은 '그렇다'입니다.

사회자: 그렇군요.

팀 켈러: 그런데 여기에는 문제가 좀 있습니다. 동성애자라는 이유로 지옥에 가는 것이 아니기 때문입니다.

사회자: 하지만 동성애적 행위를 저지르는 것으로는 지옥에 가게 됩니까? 왜냐하면 몇몇 사람들은 동성애자여서가 아니라 동성애적 행위들을 저지르는 것이 문제라고 하거든요.

팀 켈러: 아닙니다. 이렇게 말해 보죠. 이성애자라고 해서 천국에 가는 게 아닙니다. 그런데 어떻게 동성애자라는 점이 지옥에 가는 이유가 되겠습니까? 예수님은 탐욕에 대해서 간음보다 열 배는 더 자주 말씀하셨습니다. 저는 예를 든 것입니다. 여기서 그리스도인이 가지고 있는 한 가지 문제가 발생하는데요.……여러분을 지옥에 보내는 것은 자기 의입니다. 스스로가 자기 자신의 구원자요 주인이 될 수 있다고 생각하는

것이지요. 그리고 여러분을 천국으로 보내 주는 것은 그리스도와 연합하는 일입니다. 당신이 스스로 죄인이라는 것을 깨닫고 외부의 도움이 필요하다는 사실을 인정하는 것이지요.[2]

이성애자로 충실히 남아 있는다고 해서 구원을 얻는 것이 아닙니다. 이성애자도 여전히 성적인 죄를 지을 수 있습니다. 인간은 성적 지향성이 아니라, 오직 그리스도의 십자가 은혜로 구원을 받습니다. 오히려 동성애자들을 보고 자신은 그들보다는 의인이라고 생각하며 위안으로 삼는다면, 그 사람은 더 지옥에 가까운 존재입니다.

저는 동성애자들이 죄인이 아니라고 말하려는 것이 아닙니다. 이 세상에 의인이 단 한 사람도 없다고 성경이 확실히 못 박고 있는데(롬 3:12) 어떻게 동성애자들이 죄인이 아니겠습니까? 심지어 그들은 동성애자가 아니었어도 죄인이었을 것입니다. 인간은 성적 지향에 관계없이 죄를 짓습니다. 그들이 깨끗해지기 위해서는 성적 지향의 전향이 아니라 그리스도의 은혜가 필요합니다. 이를 부정한다면 어떻게 복음을 믿는다고 할 수 있겠습니까?

이름을 불러 주시는 분

뉴욕에서는 매일 동성애자들을 만날 수 있습니다. 그들은 교실에도 있고, 일터에도 있고, 길거리에도 있습니다. 교회에 다니는 수많은 청년들은 동성애적 지향성을 지닌 친구들을 두고 있습니다. 사실 그러한 친구가 '베스트 프렌드'인 경우도 적지 않습니다. 그들을 친한 친구로 둔 사람들의 공통적인 특징은, 해당 친구를 동성애자로 분류하지 않는다는 점입니다. 그들은 각각의 인격체로 친구들의 이름을 부릅니다. 이처럼 예수님도 사람을 어떤 범주로 나누지 않고 각자의 이름을 불러 주셨습니다.

> 문으로 들어가는 이는 양의 목자라. 문지기는 그를 위하여 문을 열고 양은 그의 음성을 듣나니 그가 자기 양의 이름을 각각 불러 인도하여 내느니라.　　　요 10:2-3

우리가 주님이 하신 것처럼 동성애자 한 사람의 이름을 알려는 마음을 가진 적이 있는지 진지하게 돌아볼 필요가 있습니다. 더 심한 죄인이라고 생각하지는 않더라도, 혹시 그들을 '교회를 무너뜨리려는 정치적 이데올로기에 이용당하는 불쌍한 부류'라고 생각한 적은 없습니까?

요즘 어디를 가나 '정치적 올바름'Political Correctness, PC 담론이 유행입니다.[3] 사람을 개인이 아니라 집단으로 본다는 점은 이러한 담론의 가장 큰 단점으로 꼽힙니다. 그리고 이러한 범주화는 집단 간의 피할 수 없는 대결 구도를 부추깁니다. 그런데 거기에 대항하겠다고 똑같은 방식을 취하는 그리스도인들이 많습니다. 그들은 동성애자가 아니라 인격을 지닌 사람들입니다. 예수님은 모두가 돌로 쳐야 한다던 간음한 여인을 한 인격체로 대하셨습니다(요 8:10-11). 또한 모든 유대인이 무시하던 사마리아 여인, 수로보니게 여인을 각각의 인격체로 대하셨습니다(요 4:7-27, 막 7:25-30).

동성애를 반대하는 운동이나 단체는 많습니다. 이것들 대부분은 교회가 주도합니다. 그리고 말로는 사랑해서 반대하는 것이라고 말합니다. 하지만 정말 그들을 개인적으로 만나서 대화해 본 적이 있습니까? 동성애자들과 그리스도인들이 서로의 의견을 들어 보는 대화의 장이 공식적으로 열린 적이 있습니까?

많은 그리스도인들이 다른 종류의 죄에 대해서는 쉬쉬하지만, 유난히 동성애자에게는 죄를 알려 주어야만 한다는 사명감에 불탑니다. 그러나 이는 선택적 사명감에 불과합니다. 동성애가 죄이기에 동성애자가 죄인인 것이 아니라, 우리 모두는 원래 죄인인 것입니다. 자신이 저지를 수 있는 죄에 대해서는 원래 인간이 죄인이라는 평계를 대면서, 동성애자들에게는 마치 특정 죄가 더 심각한 듯 말하는 사람들이 많습니다. 그러나 이는 성경의 가르침이 아닙니다.

우리가 탐욕이 가득한 자들에게 자신만만하게 지적을 하지 못하는 이유는 우리의 마음속에도 탐욕이 도사리고 있다는 사실을 잘 알기 때문입니다. 반대로 동성애에만 더 큰 목소리를 내는 이유는, 자신이 결코 동성애자가 될 일이 없기 때문이 아닐까요? 자신은 전혀 유혹을 받아 본 적 없는 종류의 죄를 맹렬히 비판하는 일만큼 자기 의를 드러내기에 손쉬운 것도 없습니다. 죄를 지적하기에 앞서 마음속 동기를 제대로 살펴야 할 것입니다.

동성애를 둘러싼 정치적 문제

앞에서 살펴본 동성애에 관한 설교로 다시 돌아가면, 해당 설교의 내용에는 전혀 문제가 없다고 생각합니다. 다만 특정 표현들이 불편할 수는 있습니다. 흥미로운 점은, 이 설교에 대한 비판의 포인트가 처음에는 표현의 문제였다가 결국 정치 이슈로 넘어갔다는 점입니다.

저는 정치적 올바름의 성지 중 하나인 뉴욕에서 학교를 다니며 많은 고민을 한 바 있습니다. 제 동생은 그중에서도 가장 PC 성향이 강한 뉴욕 맨해튼 한복판의 미대를 졸업했습니다. 결론부터 말하자면, 뉴욕의 대학가에는 교수나 학생들이 과도하게 정치적 올바름을 강요하는 분위기가 분명히 존재합니다. 이것은 제가 지난 세월 동안 직접 보고 느낀 사실입니다. 이과는 그나마 덜한 편이지만, 교회에 다니는 문과나 예술계 학생들은 이런 부분 때문에 많은 고민을 하기도 합니다. 뉴욕의 미대들은 남성 중 동성애자의 비율이 절반에 가깝고, 그것이 당연한 분위기이며, 오히려 이성애자가 트렌드를 따르지 못하는 재미없는 사람으로 여겨지기도 합니다.

이 도시에서 길거리를 지나다니다 보면 낙태 합법화 시위나 여성 관련 시위, 육식 반대 시위 등 각종 정치적 올바름과 관련된 사안을 볼 수 있습니다. 그들이 주장하는 내용과 별개로 특별히 문제의식을 느끼게 된 계기가 있었습니다. 지난 2016년 미국 대선에서 도널드 트럼프가 당선되던 날, 평소에 교양 있어 보이던 수많은 학우들이 각자 SNS에 트럼프를 투표한 사람들에 대해 저주하기 시작했습니다. 심지어 트럼프를 뽑았으면 지옥에나 가라고 외치는 모습도 보았습니다.

정치적 올바름이 말하는 소수자에 대한 보호나 인권에 대한 존중은 그 자체로는 선합니다. 사실 그 정신은 이웃사랑과 평등을 주장한 기독교적 도덕과 일맥상통하다고 볼 수도 있습니다. 하지만 양자 사이에 분명한 차이점 또한 존재합니다. 기독교는 약한 자들을 박해하는 데 직간접적으로 일조한 주범으로 자기 자신을 지목하도록 합니다. 이를 통해 자기반성과 회개를 일으켜 한 사람씩 태도를 돌이키는 것이 기독교가 인권 이슈를 해결해 온 주요 방법입니다.

정치적 올바름 담론은 대부분 타인이나 집단만을 가해자로 지목함으로써, 자기 자신 곧 '깨끗한 나'를 '사악한 무리들'과 깔끔하게 분리시킵니다. 이러한 분리는 종교적 바리새인들의 모습과 크게 다를 바 없는 것으로, 필연적으로 새로운 폭력성과 억압을 불러옵니다. 특히 미국 사회에서는 PC 담론이 거의 성역화되어 있어 반대 의견을 꺼내려면 큰 용기가 필요합니다. 대학가에서 보수적 성향을 지닌 인사들의 강연을 강제로 막거나, 원하지 않는 주장을 듣지 않을 안전한 공간safe space을 형성하려는 담론도 이미 활발합니다.

이런 맥락에서 보수 기독교 진영이 차별금지법에 대해 민감한 이유도 공감할 수 있습니다. 그들 또한 차별이 나쁘다는 것은 당연히 알고 있을 것입니다. 하지만 눈에 보이는 사안 너머를 우려하기에 반대하는 것입니다. 표현의 자유가 억압당하고, 특별히 기독교적 교리를 당당히 말하면 박해당하는 사회가 도래할지도 모른다는 두려움이 보수적 성향의 그리스도인을 움직이게 합니다.

과거 역사 중 많은 부분이 기독교 박해의 역사였습니다. 오늘에 이르기까지 정말 많은 수의 그리스도인들이 발언권을 억압당해 왔습니다. 그들 중 많은 숫자가 국가 권력이나 특정 세력으로부터 목숨을 잃기도 했습니다. 그러니 그리스도인이 공적으로 억압받는 시대가 다시 오지 않으리라는 보장은 없습니다. 이러한 불안 요소를 없애기 위해 표현의 자유를 수호하려는 노력은 공감이 됩니다.

그렇지만 앞서 살펴본 설교와 관련된 사건을 통해 치명적인 모순이 발견되었습니다. 표현의 자유를 근거로 차별금지법을 반대하는 사람들이 오히려 표현의 자유를 억압하는 데 앞장서는 모습을 보였기 때문입니다. 보수 그리스도인들 중 많은 수가 인터넷상에서 폭력적인 언행을 저질렀습니다. 표현의 자유를 소중히 여기는 이들이 표현 몇 마디에 한 사역자의 목회 인생을 끝장내려는 모습은 섬뜩했습니다. 이런 이슈로 해당 교회에서 강제로 물러난다면, 과연 앞으로 다른 교회에서 정상적인 사역이 가능할까요?

몇몇 사람들은 목사가 돈을 보고 하는 직업이냐고 묻습니다. 주의 종으로 헌신했으면 세속적인 기준은 버리고 죽을 각오로 섬겨야 한다는 것입니다. 개척교회 목사 아들로서 이러한 생각은 사역자와 그 가족에게 큰 상처를 입힌다고 말하고 싶습니다. 물론 목사가 돈을 보고 하는 직업은 아닙니다. 그러나 최소한의 생계에 대한 권리는 보장받아야 합니다. 문제가 있다면 정상적인 치리 절차를 거쳐야지, 여론으로 목회를 못 하게 만들어서는 안 됩니다.

르네 지라르는 희생양을 만들고 폭력을 쏟아 넣어 집단의 정체성을 강화하는 방식이야말로 악의 본질이라고 분석합니다. 그는 이런 식의 폭력 자체가 사탄의 정체라고 규정합니다.[4] 그는 예수님이 이 폭력을 대신 받으심으로써 온 세상에 폭로하셨다고 말합니다. 더 이상 우리가 그 일을 저지르지 못하게 하시려고 말입니다. 지라르의 생각에 모든 지점에서 동의할 수는 없지만, 사탄이 집단 폭력성을 주력 무기로 사용한다는 점은 의심할 여지가 없습니다. 무서운 점은 이 힘이 보수나 진보 그 어느 쪽에나 작용할 수 있다는 점입니다.

실제로 우리는 진영논리에 눈이 멀어서 사탄의 반쪽밖에 보지 못합니다. 누군가는 하나님이 정하신 가정이나 사회의 경계가 완전히 해체되어도 아무 생각이 없을 것이고, 누군가는 동성애 반대 시위에는 적극적으로 나가면서 정작 교회 안에 만연한 기복주의나 세습에는 침묵할 것입니다. 서로가 왜 사탄의 계략을 보지 못하냐며 물어뜯을 때, 원수는 조용히 승리의 미소를 짓습니다.

사탄은 삼킬 사상이 아니라 삼킬 자를 찾아다닙니다. 사람 한 명을 타락시키는 데 성공하면, 그 악을 주변에 전염시킵니다. 성경 초반부에 등장하는 이야기가 바로 그것입니다. 뱀은 거대한 사회적 물결이나 사상으로 아담을 압박하지 않습니다. 그저 맛있어 보이는 열매 하나를 따먹으라고 꼬드깁니다. 이것을 먹으면 하나님처럼 강해질 수 있다는 유치한 멘트까지 덧붙여서 말입니다. 그렇게 사소해 보이는 불순종으로 인해 인류는 죄를 지을 수밖에 없는 상태가 되었고, 마침내는 하나님의 아들까지 돌아가셔야만 했습니다.

결론: 이 반지는 내 거야!

판타지 작가로 유명한 J. R. R. 톨킨의 작품에는 기독교적인 색채가 많이 담겨 있습니다. 톨킨은 「반지의 제왕」을 통해 절대적인 외부의 악과 내면의 악을 동시에 표현합니다. 외부의 악은 악의 군주인 사우론으로 상징되며, 내면의 악은 원래 사우론의 것이었으나 사람들에게 전해진 절대반지로 상징됩니다. 매우 강력한 힘을 가진 절대반지는 많은 인물들의 탐욕과 민낯을 보여주는 역할을 합니다. 주인공인 프로도 또한 이 욕망 때문에 착한 수행인인 샘에게 못되게 굴게 됩니다.

이 작품의 클라이맥스에 이르러, 프로도는 간신히 반지를 파괴할 수 있는 장소에 도착하게 됩니다. 당연히 이

곳에 도달하기 위해 수많은 고생과 동료들의 희생이 뒤따랐습니다. 그런데 프로도는 결정적인 순간 반지를 부수지 않고 무언가에 홀린 것처럼 서 있습니다. 그러다가 갑자기 "이 반지는 내 거야!"라며 반지를 끼고 타락해 버립니다. 그 후 사우론의 거대한 눈이 그곳을 주시하며, 온갖 악의 군대가 프로도가 있는 곳으로 몰려들게 됩니다.

어린 시절에 영화관에서 이 장면을 처음 보았을 때에는 이것을 도무지 이해할 수 없었습니다. 프로도를 넘어, 시나리오를 쓴 사람마저 정신이 나갔다고 생각했습니다. "도대체 저기서 왜 반지를 탐하지? 저것 때문에 죽을 고생을 몇 번이나 했는데. 그냥 던져 버리면 되잖아!" 그런데 어른이 되니 프로도에게서 저 스스로의 모습을 발견하게 됩니다. 악의 군주인 사우론보다 더 강한 악이 각 사람의 마음속에 자리 잡히고 있다는 경고야말로 성경이 계속해서 우리에게 말하는 내용입니다.

사우론과 같은 '외부의 적'을 설정하고 대적하기 전에 절대반지를 탐하는 스스로의 마음부터 점검해야 할 것입니다. 교회가 자신들을 박해하는 모든 불리한 법과 세력을 다 몰아내어 마침내 세계의 패권을 쥐게 되는 날을 상상해 봅시다. 상상을 시작하려는 순간, 우리는 이미 그런 시기가 역사 속에 존재했음을 깨닫게 됩니다. 아름다운 하나님 나라가 도래했을까요? 그렇지 않습니다. 기독교의 이름을 내건 살육과 전쟁이 휘몰아쳤습니다. 사우론과의 싸움에 집중할수록 반지는 우리를 삼키기 위한 기회를 노립니다. 이것이 다른 사람이 아니라 자기 자신에 대해 가장 먼저 깨어 있어야 하는 이유입니다.

동성애자와 대화를 나누어 본 적이 있나요?
만일 그렇다면, 대화 후에 그들에 대한 인식이 어떻게 바뀌었나요?

하나님 앞에서 지은 죄에도 경중이 있을까요?
특정한 죄를 더욱 악한 죄로 생각해 본 경험이 있다면 나누어 봅시다.

나는 사우론이 아니라 절대반지의 유혹을 상대하기 위해
어떤 노력을 하고 있나요?

4부

가슴에서 다시 머리로

하나님

Q13. 예수님이 이 땅에 오신 게
나와 무슨 상관일까?

미국에서 고등학교를 다닐 당시 이스라엘에서 온 유대인 친구들이 있었습니다. 이들의 사고와 문화는 유태계 미국인과는 확연히 달라서 금방 이스라엘 사람이라는 것을 알 수 있었습니다. 그중 야일이라는 친구가 어느 크리스마스 방학 전날 이렇게 말했습니다.

"나는 예수님이 좋아. 그분도 유대인이었잖아!"

아마 크리스마스에 쉬게 해주어서 고맙다는 의미의 농담이었던 것 같습니다. 한국에서 석가탄신일을 맞이해 쉴 때면, 아무리 독실한 그리스도인이라도 부처님께 감사해하는 것처럼 말입니다.

예수님도 유대인이어서 좋다는 이 친구의 농담은 사실 신학적으로 의미심장한 말입니다. 예수님을 한 명의 유대인으로 새롭게 인식한 것이 1세기 기독교 연구의 패러다임을 크게 바꾼 학문적 사건이었기 때문입니다. 그분은 유대교의 배경 아래에서 태어나셨고, 빠짐없이 그들의 문화와 절기를 지키셨습니다. 심지어 복음서의 유명한 몇몇 장면도 유대교의 회당 안에서 벌어진 일이었습니다.

예수님은 경배받아야 할 신이기 이전에 30여 년간 이스라엘 땅 위에서 살다 가신 한 인간이셨습니다. 그런데 우리의 신앙은 예수님의 신적 측면에만 집중된 것 같습니다. 우리가 흔히 듣는 예수님은 경배받으셔야 할 분이며 믿어야만 할 초월적인 대상입니다. 또한 예수님은 인간의 죄를 대신해 십자가에 못 박혀 돌아가시고, 삼 일 후에 부활하셔서, 지금은 하나님과 함께 계시는 분입니다. 그런데 결국 그분이 성삼위 하나님이라고 합니다.

사실 교회에 오래 다닌 사람도 이 내용에 대해서 뜬구름 잡는 소리처럼 느끼는 경우가 많습니다. '도대체 예수님이 이 땅에 오신 게 21세기를 살아가는 나와 무슨 상관인가?' 하고 묻고 싶지만, 너무 기초적인 내용인 것 같아서 쉽게 질문하지 못합니다. 하지만 이 물음에 대한 답을 스스로 정립하지 않으면 신앙이 피상적인 수준에 머물고 맙니다. 예수라는 신이 나를 사랑해 주고, 어려울 때도 함께 있어 준다는 일시적 감정의 채워짐이 곧 신앙의 전부라고 생각하는 것입니다. 이번 질문에서는 예수님이 이 땅에 오신 일이 세상에 어떤 영향을 미쳤는지, 그리고 우리 개개인과는 무슨 상관이 있는지 살펴보겠습니다.

우리가 처한 상황

예수님이 이 땅에 오신 게 어떤 의미가 있는지 다루기 전에, 우리가 처한 상태를 먼저 간략하게 살펴보아야 할 것 같습니다. 많은 그리스도인들은 '인간은 죄인이다'라고 말하기를 좋아합니다. 하지만 저는 '인간이 죄 아래에 있다'는 표현을 선호합니다. 이 말은 곧 우리가 살아가면서 때로는 죄의 가해자도 되고 피해자도 될 수밖에 없는 악한 구조

안에 놓여 있다는 뜻입니다. 물론 사람들 중에는 상식을 뛰어넘는 악한 사람들도 많이 있습니다. 충격적이게도, 우리 중 대부분도 상황에 따라 그렇게 될 수 있음을 여러 연구와 사례가 뒷받침하고 있습니다.[1]

물론 가능성만으로 아직 저지르지도 않은 죄의 책임까지 묻는 것은 개인이 중요해진 현대인에게 가혹한 일일 수 있습니다. 그렇다면 직접 지은 잘못만 두고 보면 어떨까요? 자신에 대해 털어서 먼지 하나 안 나올 사람이라고 자신 있게 선언할 수 있는 사람은 없을 것입니다.

이 부분에서 기독교가 부당한 죄책감을 불러일으킨다는 비판이 제기됩니다. 사람들은 세상에 그렇게 악한 사람만 있느냐고 따집니다. 하지만 큰 범죄를 저지르지 않더라도, 이기심과 악한 생각, 혹은 남에게 입힌 상처들이 모여 우리의 존재를 결정합니다. 작아 보이는 것들이 점진적으로 발전해 큰 결과를 초래한다는 것입니다.

처음 죄를 짓게 된 인류 혹은 개개인의 모습은 악독한 살인마나 폭군보다는, 중대한 실수를 저지르고 당황해하는 신입사원의 모습에 더 가깝습니다. 이로 인해 회사와 동료들이 큰 피해를 입을 수 있다고 가정해 봅시다. 그의 입장에서는 여전히 실수이지만, 상사와 동료들은 그것을 잘못으로 여기게 될 것입니다.

만일 이를 덮기 위해 거짓을 말하기 시작한다면, 그는 결국 끝없는 벼랑 끝으로 몰릴 것입니다. 그리고 눈덩이처럼 불어난 죄는 처음의 잘못이 무엇이었는지도 잊게 만들 것입니다. 이것은 아담과 하와가 창세기 3장에서 보여주는 바로 그 모습이자, 인류의 전반적인 모습입니다.

물론 신입사원의 첫 실수 또한 분명한 잘못입니다. 모

두에게 피해를 주었으면 마땅히 처벌을 받아야 합니다. 하지만 어딘지 모르게 불쌍합니다. 누구나 이런 상황에 처할 수 있기 때문입니다. 여기서 기독교가 인간을 바라보는 특별한 관점이 드러납니다. 죄 아래 놓인 인간은 분명히 죄인이지만, 때려죽일 죄인이 아니라 불쌍한 죄인입니다.

성경이 시종일관 강조하는 죄의 결과는 죽음입니다. 어떻게 이런 결과가 도출되는 것일까요? 기독교는 죄가 하나님과의 단절을 불러일으킨다고 말합니다. 죄를 지은 인간은 마치 중대한 잘못을 저지른 신입사원이 사장을 피하듯 자발적으로 신을 피하게 됩니다. 이것은 아담이 선악과를 먹은 뒤 하나님으로부터 숨었던 모습과 같습니다(창 3:8). 이후 하나님을 대면해도 자신의 잘못을 숨기기 위해 남의 핑계를 대고 정당화를 시도합니다. 이것이 계속되면 사람은 점점 죄책감과 오기 사이에서 피폐해집니다. 그러면 더 하나님으로부터 멀어지고 싶은 마음이 듭니다. 악순환의 고리인 것입니다.

하나님으로부터 멀어진 인간의 운명은 죽음입니다. 모든 생명이 곧 하나님으로부터 오기 때문입니다. 그런데 인간의 죽음은 보통 동물의 죽음과는 다릅니다. 인간은 자아와 기억을 축적하고 미래에 대해 소망할 수 있는 존재입니다. 그런 존재의 생명이 사라진다는 것은 곧 생물학적인 생명뿐 아니라 자아가 쌓은 모든 것까지 한꺼번에 잃어버린다는 뜻입니다. 여태 쌓아 온 기억은 물론이고, 어쩌면 미래에 누릴 수 있었을 수많은 사랑과 의미와 행복의 가능성까지도 소멸되어 버립니다.

어떤 이들은 죽음에 대해서 먼 미래의 문제라 생각할 수도 있습니다. 그러나 죽음은 인간에게 지금 당장의 부조리를 불러옵니다. 우리에게 의미를 주는 것처럼 보이는 모든 것이 죽음 앞에서는 허무하다는 것입니다. 큰 잘못을 저질렀던 신입사원을 다시 소환해 보겠습니다. 그의 잘못이 사장에게 발각되는 것은 시간문제입니다. 취업 준비만 3년을 했는데 이대로 해고되면 삶이 고단해집니다. 다음 취업에도 악영향을 미칠 수 있습니다. 가장 최악의 경우는, 회사가 입은 손실을 그가 배상해야 할 수도 있다는 것입니다.

이 사원은 이제 상사들이 말을 걸 때마다 심장이 쿵쾅거릴 것입니다. 생각보다 오랫동안 발각되지 않았더라도, 곧 사람들이 알아차리는 게 시간문제라는 것만큼은 압니다. 자신이 회사에 큰 피해를 입혔고, 객관적인 시각에서 해고당해야 마땅한 사람인 것도 알고 있습니다. 하지만 한순간의 미숙함으로 이런 상황에 놓인 것이 왠지 부조리하게 느껴지기도 합니다.

그렇게 다음 날이 되었습니다. 회사에서 모든 직원에게 보너스를 준다고 합니다. 잠깐은 기쁠 수 있지만, 다시 자신의 잘못을 생각하면 마음이 내려앉습니다. 점심시간이 되어 나갔는데 날씨도 너무 좋고, 평소에 짝사랑하던 동료에게 오늘따라 멋지다는 말까지 들었습니다. 기분이 좋은 것도 잠시, 죄와 벌의 문제는 이 사람의 상태를 밑 빠진 독처럼 만듭니다. 이 궁극적인 문제가 해결되지 않는 한, 무엇을 해도 완전한 기쁨과 만족이 없습니다.

이것이 바로 인간이 겪는 부조리입니다. 현재와 죽음 사이를 살아가는 인간은 본질적으로 불안합니다. 살면서 기쁜 일이 있어도 그때뿐입니다. 대학에 입학할 때 기뻤고, 처음 연애했을 때 기뻤고, 취업할 때 기뻤고, 이직할 때 기뻤고, 결혼할 때 기뻤지만, 우리에게는 그 기쁨을 오래 붙들어 놓을 능력이 없습니다.

　　우리에게는 어떤 형태이든 이런 상황을 해결할 수 있는 구원이 필요합니다. 그래서 사람은 자신을 지켜 줄 무언가를 찾습니다. 예를 들면, 돈이나 명예 같은 것을 들 수 있습니다. 또 다른 사람들은 인생을 걸고 추구할 만한 가치를 찾아다닙니다. 이 갈망은 과학과 기술이 눈부시게 발전한 현재에도 여전합니다. 사람들의 전반적인 정신건강 상태를 보면 예전보다 갈망이 더 커진 것처럼 보이기도 합니다. 이런 상황에서 예수님의 구원은 우리에게 어떤 의미를 지닐 수 있을까요?

그리스도의 십자가와 부활

기독교는 하나님의 아들이신 예수님이 십자가 위에서 돌아가시고 다시 부활하셔서 이 모든 인간의 상태를 해결했다고 말합니다. 만일 이 말이 사실이라면, 이것은 온 인류를 옭아매고 있던 죽음으로부터의 독립 선언입니다. 예수께서 하신 일은 죽음과 운명의 전투를 벌인 것이기 때문입니다. 십자가는 그 싸움이 벌어진 링이었습니다. 마치 한국인을 대표해서 볼카노프스키에게 도전한 정찬성 선수처럼, 예수님은 인류를 대표해서 죽음이라는 무패의 챔피언에게 맞섰습니다.

　　예수님은 결국 이 싸움에서 승리하셨습니다. 그러나 이렇게 물을 수도 있습니다. "백 번 양보해서 그게 사실이라 치더라도, 예수만 죽었다 살아났다면 그게 무슨 의미가 있는가?" 만일 이 전투가 격투 시합의 이미지로만 국한된다면 옳은 지적입니다. 만일 정찬성 선수가 챔피언을 이겼다 하더라도, 모든 한국인이 서양인들을 이길 수 있다는 뜻은 아닐 것입니다.

그렇다면 예수님의 전투를 전쟁의 이미지로 확장시켜 보겠습니다. 그분의 승리는 마치 노르망디 상륙 작전과도 같습니다. 이는 나치 세력의 핵심부에 치명타를 입히고, 전세를 완전히 뒤집은 사건입니다. 중요한 것은, 이 작전이 성공했다고 2차 세계대전이 곧바로 끝난 게 아니라는 사실입니다. 실제로 전쟁은 일 년이나 더 지속되었고, 그 사이에도 많은 사상자가 나왔습니다. 그럼에도 작전의 성공 소식은 모든 연합군의 군인과 가족들에게 기쁨을 주는 소식이었을 것입니다. 적의 핵심 세력은 무너졌고, 전쟁은 곧 끝날 것입니다. 이것은 문자 그대로 복음입니다.

기독교의 복음 또한 동일한 역할을 합니다. 먼발치에서 들려오는, 예수께서 죽음에게 승리하셨다는 기쁜 소식인 것입니다. 우리는 노르망디 상륙 작전 이후 종전 사이의 일 년을 살아가고 있습니다. 결과적으로, 우리는 죽음에게 승리할 것입니다. 이 소식은 우리의 사고와 삶을 곧바로 바꿔 놓습니다. 죽음이 불러온 모든 부조리와 허무는 이 소식으로 인해 지금 당장 사라질 수 있습니다.

그다음으로, 그리스도의 십자가와 부활은 죄의 문제에 대한 해결책입니다. 앞서 살펴본 것처럼, 우리는 모두 죄 아래에 있습니다. 이 때문에 남을 해치기도 하고, 자신이 남으로부터 고통을 받기도 합니다. 2022년 현재 유럽에서 벌어지고 있는 끔찍한 전쟁까지 떠올리지 않더라도, 일상에서 접하는 다툼과 혐오와 마녀사냥과 험담을 통해서도 죄의 참상을 목도할 수 있습니다.

이쯤에서 다시 신입사원을 떠올려 봅시다. 그는 결국 잘못의 대가를 치러야 합니다. 막대한 손실을 입혔는데 불쌍하다는 이유로 봐준다면, 그 회사는 정상적으로 돌아갈 수 없을 것입니다. 회사를 넘어 정부라고 가정하면 문제는 더욱 심각해집니다. 아무도 그런 정부를 바라지 않습니다. 그렇다면 정부를 넘어서 우주 전체를 경영하는 신이 존재한다면 어떨까요? 사람들의 모든 잘못을 아무 조건 없이 넘어가 주면서도 올바른 경영을 할 수 있을까요? 그럴 수 없을 것입니다.

그런데 갑자기 이런 일이 일어났다고 가정해 봅시다. 평소 회사에서 굉장히 평판이 좋은 베테랑 상사가 있었습니다. 이 상사가 신입사원의 잘못을 가장 먼저 알아차린 것입니다. 이 사원이 손실을 배상해야 할 수도 있다는 생각에 불쌍한 마음이 든 상사는 즉시 회사에 가서 자신의 잘못으로 문제가 발생했다고 말합니다. 이 일 때문에 상사는 자신의 경력에 손해를 입고, 회사에서의 입지도 좁아졌습니다. 그러나 회사 손실은 보험으로 잘 무마되었고, 결국 신입사원은 책임을 면하게 되었습니다. 이제 남들 눈치를 보지 않고 회사에서 계속 일할 수 있게 된 것입니다.

기독교는 예수님이 십자가에서 우리에게 하신 일이 바로 이런 것이라고 말합니다. 상사의 경우 경력에 흠집이 나는 선에서 마무리되었지만, 예수님은 하나님으로부터 단절되어 인간이 평생 겪을 죽음과 불안, 부조리의 문제를 하룻밤 사이에 모두 받아 내셨습니다. 십자가는 하나님과 우리의 관계를 확실하게 재확인시켜 줍니다. 그분은 인간을 죽어 마땅한 죄인으로만 여기지 않습니다. 도리어 인간을 사랑하셔서 아들을 보내신 것입니다.

그동안 교회를 열심히 다녔다면, 지금까지의 이야기를 여러 설교와 성경공부를 통해 직간접적으로 들어 왔을 것입니다. 제가 한 일은 그저 이 크고 위대한 이야기가 우리 개개인에게 조금이라도 가깝게 다가오도록 가공한 것일 뿐입니다. 그러나 예수님을 단지 십자가와 부활이라는 클라이맥스 사건으로만 기억한다면, 여전히 나와는 거리가 먼 교리적인 이야기로만 느껴질 수 있습니다.

서두에서 말했듯이, 예수님은 실제로 1세기 팔레스타인 땅을 걷던 유대인이셨습니다. 요한복음은 말씀이 육신이 되어 우리 가운데 거하셨다고 증언하고 있습니다(요 1:14). 기독교는 이 사건을 성육신이라고 부릅니다. 이를 잘 이해하는 것은 십자가와 부활을 믿는 일만큼이나 중요합니다.

그렇다면 예수님은 어떻게 이 땅에 탄생하셨을까요? 마태복음의 첫 부분을 보면 예수님의 족보가 등장합니다. 족보란 당시 유대인들에게 이력서와 비슷한 것이었습니다. 누군가가 적법한 혈통과 권리를 가지고 있는지를 판단해 주는 기준이었다는 뜻입니다. 그런데 예수님의 족보에는 이상한 요소가 하나 포함되어 있습니다. 다말, 라합, 룻, 우리야의 아내라는 네 여성의 이름이 들어간 것입니다(마 1:3-6). 당시 유대인의 족보에 여성이 있는 것도 특이한 일이지만, 이들의 프로필은 더욱 놀랍습니다. 다말과 라합은 창녀였고, 룻은 이방 여인이었으며, 우리야의 아내는 자의가 아니었다 할지라도 불륜을 저지른 여인이었습니다.

왜 이처럼 중요한 문서에 논란의 여지가 있는 이들을 넣었을까요? 몇몇 학자들은 예수님이 고결한 사람들만의 가족이 아니었음을 보여주기 위해서라고 해석합니다. 그분의 족보에는 근친상간과 창녀와 불륜과 이방인의 흔적이 새겨져 있습니다. 왕궁이 아닌 베들레헴이라는 작은 마을에서 태어나신 예수님이 이 땅에 사시는 동안 가장 편하게 어울린 부류는 가난하거나 손가락질받는 이들이었습니다. 이 사실은 하나님이 주목받는 이들뿐 아니라 변두리에 속한 이들도 돌보시는 분이라는 사실을 보여줍니다. 예나 지금이나 예수님은 약한 자와 병든 자, 죄인과 율법 조항을 지킬 수 없던 자에게 첫 번째로 관심을 가지십니다.

우리가 사는 시대에도 이런 사람들은 너무나 많습니다. 우리는 예수님이 오신 날을 크리스마스로 기념하고 있습니다. 어느 도시나 그렇겠지만, 특히 뉴욕의 크리스마스는 빈부격차를 가장 뚜렷하게 보여주는 현장입니다. 세계 곳곳에서 방문하고 싶어 할 만큼 화려한 연말 분위기를 자랑하지만, 성탄절 당일에도 추위를 피하기 위해 거적때기를 걸친 노숙인들이 길거리에 넘쳐납니다. 이들이 실내 기차역에서 잠들기라도 하면 경찰들이 나타나 쫓아내곤 합니다.

만일 예수님이 이날 뉴욕에 방문하신다면 어느 곳에 오실까요? 선물을 파는 화려한 백화점이나 캐럴이 울러 퍼지는 번화가는 아닐 것입니다. 조심스럽지만, 교회도 아닐 확률이 높습니다. 그분은 가장 낮은 이들이 모인 곳에 오실 것입니다. 쫓겨나는 노숙인들과 함께하실 것이며, 길거리에서 추위를 견뎌야 하는 모든 이에게 찾아가실 것입니다. 첫 크리스마스의 무대가 궁전의 침대가 아니라 말구유였던 것처럼 말입니다.

그렇다면 예수님은 가난한 자들만의 주님이었을까요? 그렇지 않습니다. 가난하다고 해서 자동으로 그분의 제자가 될 조건을 충족하는 것은 아니었습니다. 사실 예수님에게 경제적 지위나 명성은 전혀 중요하지 않았습니다. 그분은 외로움과 육체의 고통을 겪고 있던 모든 사람에게 찾아오셨습니다. 높은 관리의 집에 찾아가 딸을 살려 주셨으며, 부자이자 세리장이던 삭개오에게도 찾아가셨습니다.

특히 삭개오에게 찾아가신 구절은 심금을 울립니다. 세리는 당시 식민지였던 이스라엘에게 세금을 걷어 로마에 바치던 사람들이었는데, 세리장은 쉽게 말해 거의 친일파 간부급이라고 볼 수 있습니다. 그런 삭개오가 예수님이 오신다는 소식을 듣고 나무 위에 올라갔습니다. 키가 작았던 이유도 있었지만, 군중들 사이에 섞이면 욕을 먹을 게 뻔했기 때문입니다. 부끄러운 자신의 모습을 숨긴 채 나무 위에서라도 그분을 보려 했던 것입니다. 그런데 예수님은 그런 삭개오를 보시고 그의 이름을 부르셨습니다.

> 삭개오야, 어서 내려오너라. 오늘 내가 네 집에서 묵어야 하겠다.
> 눅 19:5, 새번역

삭개오의 집에서 자고 가겠다는 예수님의 말씀은 결코 가벼운 것이 아니었습니다. 주변에 있던 사람들이 이 말을 듣고 분노했습니다. 우리 식으로 따지면, 약자들을 위한다는 인권운동가가 부패한 정치인이나 기업인과 어울리는 모습을 본 셈입니다. 당연히 모종의 결탁이 있을 것이며, 약자를 위했던 그의 모습은 그저 가식에 불과하다고 생각했을 것입니다.

하지만 예수님은 삭개오의 부를 보고 부르신 게 아니었습니다. 그의 집이 좋아 보여서 묵으신 것도 아니었습니다. 그저 창조주의 시선으로 삭개오를 바라보신 것입니다.

그분이 보시기에는 부유한 세리장도 길거리의 노숙인과 다를 바 없는 가련한 피조물에 불과했던 것입니다.

예수님은 사회 운동의 정치적 의제를 가지고 약자들을 대하지 않으셨습니다. 예수님은 가난한 사람들이 자신을 왕으로 삼으려 할 때 몇 차례나 피하셨으며, 당시 최약층이던 여성들을 대하실 때도 특별히 동정하는 모습을 보이지 않으셨습니다. 그분은 사회적 약자가 아니라, 원래 약자인 인간이라는 존재를 보셨습니다. 예수님 앞에서 모든 인간은 불행한 운명 앞에 놓인 외로운 존재일 뿐이었습니다.

흔히 예수님을 창녀와 세리의 친구라고 말합니다. 그런데 이 시대는 창녀는 사랑해도 세리는 사랑하지 않습니다. 불쌍한 자는 동정해도, 부패한 자는 죽어 마땅하다고 생각하며 돌을 던집니다. 바리새인들이 간음한 여인을 돌로 치려 할 때, 예수님은 "죄 없는 자가 먼저 돌로 치라"는 말로 그녀를 구해 주셨습니다(요 8:1-11). 그런데 만일 당사자가 간음한 여인이 아니라 부패한 관리였다면 어떠했을까요? 아마도 예수님은 동일하게 말씀하시며 구해 주셨을 것입니다.

예수님의 제안을 듣는 순간 삭개오의 삶은 총체적으로 뒤집혔습니다. 외로움을 숨기려 쓴 세리장이라는 사회적 가면이 무장해제되는 순간이었습니다. 이후 삭개오는 자신의 소유의 절반을 가난한 사람들에게 주고, 누구에게서 강제로 빼앗은 것이 있으면 네 배로 갚아 주겠다고 선언합니다(눅 19:8). 예수님이 강제한 적도 없는데 미리 준비라도 한 듯 공약을 내놓습니다.

오늘날 우리 주변에서도 예수님을 만난 사람들에게서 이런 고백을 찾아볼 수 있습니다. 이들은 시키지도 않았는데 예수님의 발자취를 모방해 보겠다고 굳건히 다짐합니다. 그분의 부르심은 지금도 누군가를 변화시키고 있습니다. 이렇게 변화된 이들은 미약하지만 굳건한 발걸음으로 이 땅을 조금씩 바꿔 나가고 있습니다.

예수님이 이 땅에서 하신 일

C. S. 루이스는 『실낙원』의 작가인 존 밀턴이 사탄을 정교하게 표현한 점을 보며, 작가들이 보통 선한 사람보다는 악당을 훨씬 잘 표현한다고 말합니다.[2] 그 악당이 작가의 마음속 깊숙이 숨겨져 있는 본체이기 때문입니다. 작가는 그저 평소에 감추어 두었던 악한 격정들을 글 위에 풀어놓기만 하면 됩니다.

그에 비해 정말로 선한 사람은 낯설고 묘사하기 어려운 존재입니다. 세상에는 선한 사람보다 악인이 훨씬 많습니다. 단지 성경이 그렇게 말하기 때문이 아니라, 인생을 살아갈수록 우리의 안과 밖에서 발견하는 진실입니다. 사람들은 인생을 살아가며 세상이 어릴 적 생각했던 것보다 더 춥고 어둡다는 사실을 알게 됩니다. 따뜻한 온기처럼 보였던 것들도 사실은 금방 꺼질 촛불에 불과해 보입니다. 애초에 불이 아니라 디스플레이에 불과했을지도 모릅니다.

존경받던 국내외 목회자들의 성추문이 여기저기서 드러났습니다. 새삼스러울 것도 없는 일이라는 사실이 우리의 마음을 더 답답하게 만듭니다. 인간이란 원래 그런 존재라는 것이 성경의 기본 세계관이지만, 그럼에도 이런 소식들을 들을 때마다 여전히 괴롭습니다. 가끔은 복음의 능력이라는 것이 실제로 존재하나 싶기도 합니다.

그런데 여전히 복음 외에 무엇을 붙잡아야 할지 알 수

없습니다. 인류는 이미 세속적 인본주의나 과학의 발전을 붙들어 보았습니다. 하지만 종교에서 벗어나 자유로워진 줄로 알았던 그곳에서 전쟁과 홀로코스트를 포함한 온갖 대학살을 마주해야 했습니다.

인간은 어디로 가야 할까요? 우리는 과연 진보할 수 있는 존재일까요? 윤리를 수정해 나가면 인간이 변화될 수 있을까요? 세련된 제도와 규율이 우리를 잘 억제해 주면 온전한 평화가 찾아올까요? 오늘 인류는 찰나의 평화를 누리는 시대에 살고 있습니다. 전 세계가 전쟁과 학살의 불구 덩이에 빠졌던 시절이 고작 반세기밖에 지나지 않았습니다. 더구나 이 평화는 결국 윤리가 아니라 핵무기가 만들어 주는 평화라고 봐도 무방합니다. 대량학살 수단 위에 서 있는 평화는 압도적인 황제와 군단의 파워로 이루어진 로마 제국의 평화와 사뭇 비슷해 보입니다.

고대 로마에는 "아우구스투스의 탄생일은 온 세상을 위한 복음의 시작이었다"라는 말이 존재했습니다. 로마 제국의 초대 황제이자 예수님과 비슷한 시기에 태어난 아우구스투스가 가져온 복음은 '팍스 로마나'Pax Romana(로마 제국이 전쟁을 통한 영토 확장을 최소화하면서 오랜 평화를 누렸던 1세기와 2세기경의 시기) 곧 압도적인 힘으로 다스려 강제로 이룩한 평화였습니다. 이러한 흐름은 우리가 사는 현대에도 그대로 적용됩니다. 많은 것들이 힘의 논리로 작동합니다. 심지어 "힘을 키워야 남도 도울 수 있다"는 말이 정설로 여겨집니다. 오직 강한 자만이 미약했던 자신의 과거까지도 미담과 간증으로 포장할 수 있습니다.

네 개의 복음서 중 가장 먼저 쓰인 마가복음은 "예수 그리스도의 복음의 시작"이라는 말로 서문을 엽니다(막

1:1). 이는 아우구스투스 탄생 복음의 의도적인 패러디입니다. 예수님의 탄생은 로마가 자랑하던 힘의 역학을 뒤집어 놓았습니다. 그래서 사도 바울은 빌립보서 2장에서 가장 강한 왕이 연약한 모습으로 오셔서 죽기까지 순종하셨다는 사실, 그리고 그 죽음이 그분을 다시 하늘까지 높였다는 역설을 표현하고 있습니다(빌 2:5-11).

니체는 서구 도덕의 근원이 된 그리스도교 윤리가 결국 강자들에 대한 노예들의 원한을 기반으로 만들어졌다고 말합니다. 힘으로는 이기지 못하니 도덕적 우위라도 점하려는 수작으로 보았던 것입니다. 그러나 예수님에게는 온 우주를 다스릴 힘이 있었습니다. 자신을 체포하러 온 자들을 칼로 저지하려는 베드로에게, 예수님은 내가 아버지께 청하기만 하면 당장에 열두 군단도 넘는 천사를 불러올 수 있다는 것을 모르냐고 반문하셨습니다(마 26:51-53).

예수님이 군대를 불렀다면 그 자리에 온 적들을 섬멸하고 빠져나갈 수 있었겠지만, 인류를 지배하는 악의 실재와 전투를 벌이실 수는 없었을 것입니다. 악에 대항하는 그분의 가장 큰 무기는 '자발적 죽음'이었기 때문입니다. 이 죽음의 숭고함은 지금도 인류 역사상 가장 강력한 영감이 되어 우리 문화와 사고방식 곳곳에 스며들어 있습니다.

오늘날 유행하는 히어로물도 이러한 메시아 서사를 답습하고 있습니다. 큰 힘에는 책임이 따른다는 원리부터, 타인을 구원하는 가장 큰 동력은 힘이 아니라 자기희생이라는 테마까지 모두 예수 그리스도를 모티브로 한 이야기입니다. 효율이 떨어져도 약자를 돕는 편이 더 옳다는 것 또한 흔히 등장하는 주제입니다. 물론 이야기의 제작자들에게 이러한 사실을 언급하면 금시초문이라고 할 테지만,

이것이야말로 복음의 위대한 점입니다. 그만큼 사람들의 의식 속에 뿌리 깊이 박혀 있다는 뜻이기 때문입니다.

동굴 안으로 들어온 태양

고대 그리스의 위대한 철학자 플라톤은 '동굴의 비유'를 듭니다. 여기 한 동굴이 있습니다. 동굴에는 많은 사람들이 쇠사슬에 묶인 채 벽을 향해 앉아 있습니다. 그들은 자신들이 보는 것을 실재라고 여기지만 사실은 벽에 비친 그림자일 뿐입니다. 평생 그림자밖에 본 일이 없기에 그것이 세상의 전부인 줄 압니다. 꿈도 희망도 없는 어두운 세계관입니다. 그런데 어쩌다가 풀려나서 밖으로 나가 태양을 보고 온 사람들이 있습니다. 플라톤은 이들을 철학자라고 부릅니다. 이 사람들은 자신이 본 세계의 진실을 동굴 안의 사람들에게 알려 주려고 하지만, 결국 그림자만 보는 것에 만족하는 사람들에게 배척당해 죽게 됩니다.[3]

플라톤은 태양을 통해 궁극의 선(善) 곧 '선의 이데아'를 표현하고자 했습니다. 이를 신 또는 진리라고 표현해도 큰 문제는 없을 것입니다. 태양을 보고 돌아온 자들은 마치 구약성경의 선지자와 같은 이들입니다. 플라톤이나 구약성경에 감명을 받은 사람들은 자신 또한 선지자가 되고 싶어 할 것입니다. 그런데 신약성경을 기반으로 한 기독교는 좀 다릅니다. 기독교는 선지자들의 실패 이후 더 훌륭한 선지자를 배출하려고 하지 않습니다. 인간에게 진리를 찾기 위해 더 힘쓰라는 요구도 하지 않습니다.

예수님이 우리가 사는 땅에 오신 것은 태양이 직접 동굴 안으로 들어와 버린 사건입니다. 요한복음은 그분의 성육신을 어두운 세상에 빛이 비추어진 일이라고 묘사합니다(요 8:12, 9:5). 이제 사슬에 묶인 노예나 진리를 깨우친 철학자나 모두 이 빛을 마주하게 됩니다. 누군가의 노력 없이도 세계의 진실이 밝혀진 것입니다. 이런 신화적인 이야기가 어떻게 사실일 수 있을까요? 이 이야기의 내용은 예나 지금이나 급진을 넘어 도발에 가깝습니다.

옛적부터 사람들은 신화를 좋아했으며 언제나 신화를 만들어 왔습니다. 모든 종교에는 신화적인 부분이 있으며 이는 성경도 마찬가지입니다. 현대인이라고 해서 신화를 만들지 않을까요? 누군가의 학창시절 17대 1 싸움의 전설을 전파하는 일부터, 『반지의 제왕』의 작가인 톨킨처럼 거대한 세계관을 구축하는 일까지 모두 신화에 대한 갈망에서 비롯됩니다.

그리스도의 성육신은 단 한 번 사실이 된 신화입니다. 증명해 낼 수는 없지만, 그리스도인들은 이 사실을 믿는 사람들입니다. 가장 완벽한 이가 완벽한 희생을 통해 완벽하게 모두를 구원해 내는 신화. 인간들이 상상 속으로만 항상 갈망하던 신화가 실제 사실이 되어 사람들의 눈앞에 실제로 펼쳐졌다고 믿는 것이 바로 기독교 신앙입니다.

그렇다면 신화가 실제로 구현되었다는 이 이야기 자체도 신화일까요? 성경의 복음서에서는 그러한 분위기를 찾을 수 없습니다. 실제로 그 이야기를 살펴보니 신화로 보일 만큼 신비로웠던 것입니다. 다시 말해, 종교적 교리를 묵상하는 과정에서 예수님이 신이었다는 결론이 도출된 게 아니라, 예수님의 삶을 살펴보니 이분이 신이 아니고서는 설명이 되지 않았던 것입니다. 그래서 복음서 곳곳에는 기록자들의 경이로움을 나타내는 표현들로 가득합니다.

많은 이들이 구약의 장엄한 기적들보다는 인간 예수

의 말과 행동을 보고서 더욱 강력한 신성을 느낍니다. 홍해를 가르고 하늘에서 불을 내리는 일은 우리가 시도하거나 욕심을 낼 수조차 없는 신의 영역입니다. 만일 저 멀리 우주의 창조자가 존재한다면, 그 창조자가 이런 일을 할 수 있는 것은 너무나 당연하지 않겠습니까? 축구를 잘해 보려고 노력해 보지 않은 사람은 메시가 왜 그렇게 대단한지 알 수 없습니다. 만일 예수께서 하신 일이 우리의 일상과 전혀 상관없는 일이었다면, 우리는 그분에게서 이토록 강한 경이로움을 느끼기 어려웠을 것입니다. 하지만 예수께서 하신 일들—가령 약자의 편에 서는 것, 소외된 자들의 마음을 치유하는 것, 유혹에 흔들리지 않는 것, 불의에 저항하고 맞서 싸우는 것, 남을 위하여 기꺼이 자신의 목숨을 내어놓기까지 사랑하는 것—은 우리가 매번 시도하는 것들입니다.

우리들은 이 일들을 제대로 해보려고 노력했으나 끝내 실패해 왔습니다. 우리는 예수님과 공평한 게임을 하고 있지만, 비교도 안 되게 초라한 결과물을 냅니다. 가끔은 그 사실을 받아들이기가 부끄러워서 시도조차 하기 싫을 때가 있습니다. 이런 의미에서 예수님의 삶을 바라보면 참으로 신성이 느껴집니다. 예수께서 인간이셨기에, 오히려 인간을 초월했음이 선명하게 보이는 것입니다.

결론: 예수님은 클론을 만들고 계신다

예수님의 인간적인 면모는 그분의 본체이신 하나님도 원래 인간적인 분이었다는 사실을 보여줍니다. 원시종교부터 시작해 지금까지도 인류의 역사는 신에 대해 논해 왔습니다. 누군가는 신을 무리하게 변호하다 그분을 기계적 틀 안에 가두어 버렸고, 누군가는 신을 너무나 미워한 나머지 인간의 악행을 포함한 모든 책임을 신에게 전가했습니다.

C. S. 루이스의 표현에 따르면, 원래 피고석에 앉아 선고를 기다려야 할 인간들이 오히려 재판장인 하나님을 피고석에 세우고 말았습니다.[4] 하나님은 기꺼이 피고석에 내려가 온갖 혐의에 항변하시는 중입니다. 그런데 그분의 무죄를 증언하기 위해 그리스도께서 증인석에 출두하셨습니다. 예수께서 이 땅에서 보이신 말과 행동은 인간을 향한 하나님의 최종 변호입니다. 예수님의 발걸음 하나하나가 자신을 보내신 분에 대한 증언이었기 때문입니다. 그리스도는 증인석에 서신 하나님입니다.

언젠가 이런 생각을 해본 적이 있습니다. '이 지구에 단 한 사람만을 남겨 70억 명으로 복사한다면, 그 대상을 누구로 정해야 유토피아가 이루어질 수 있을까? 아무리 상상해 봐도 오직 예수님밖에 떠오르지 않았습니다. 그리스도인이라 그럴 수도 있겠지만, 분명히 예수님 말고도 수많은 위인들을 좋아하고 존경합니다. 하지만 오직 그들의 클론만으로 가득 찬 세상은 좀 피곤하겠다는 생각이 듭니다. 그러나 예수님의 인격이 가득한 지구라면 상상만 해도 가슴이 벅차오릅니다. 모두가 옆 사람을 위해 죽기까지 섬기는 세상, 그곳이야말로 천국이 아닐까요?

그런데 예수님은 이미 이 일을 하고 계십니다. 자기 십자가를 지고 따라오라는 제자도의 가르침으로 수많은 클론들을 양성하고 계신 것입니다. 이 클론들은 예수님의 삶과 가르침, 죽음을 통해 인생이 바뀐 이들입니다. 그 길을 따른다면 진정으로 작은 예수라 불릴 수 있습니다. 또한 이들이 모이면 세계를 바꿀 수 있습니다. 그분의 탄생이 로마의 힘을 극복한 것처럼 말입니다.

이번 질문 초반에 예로 들었던 신입사원의 이야기는 팀 켈러가 목회하던 뉴욕의 리디머 교회의 성도에게 있었던 일을 조금 각색한 실화입니다. 실제로 해고를 당할 만큼 중대한 잘못을 저질렀던 신입사원은 책임을 면한 반면, 상사는 여러 면에서 큰 손실을 입었습니다. 이를 지켜보고 무척 놀란 신입사원이 상사에게 묻습니다. "공을 가로채는 상사는 여럿 보았지만, 남의 허물을 대신 지는 경우는 처음입니다. 어떻게 그럴 수가 있죠?" 상사가 대답을 피하지만 신입사원은 재차 묻습니다.

이에 상사가 대답합니다. "이런 말할 생각이 없었지만 계속 물으니 답하겠습니다. 나는 그리스도인입니다. 이 말에 여러 가지 의미가 있겠지만, 내가 저지른 잘못의 대가를 예수 그리스도께서 떠맡았다는 뜻이기도 합니다. 그분은 나 대신 십자가를 지셨습니다. 그래서 나도 힘닿는 데까지 다른 사람의 짐을 지고 싶어 하는 것입니다." 그러자 한참을 쳐다보던 신입사원이 묻습니다. "어느 교회 다니세요?"[5]

예수님은 이 상사와 같은 사람으로 우리를 부르고 계십니다. 남의 공을 가로채서라도 성공하려는 생각에서 벗어나, 다른 사람의 허물을 덮고 십자가를 지는 삶을 살라고 초청하십니다. 만일 구글이나 애플의 사장이 우리를 직접 스카우트한다면 너무나 기뻐서 밤잠을 설칠 것입니다. 그렇다면 우리가 예수님의 부르심에 시큰둥할 이유가 무엇입니까? 기회는 언제나 열려 있습니다. 우리도 복음을 받아들여 전 인격적인 구원을 체험할 수 있습니다. 또한 예수님과 함께 세상을 바꾸는 영광에 동참할 수 있습니다. 이것이 2천 년 전에 오신 예수님이 우리와 상관있는 이유입니다. 이제 믿고 뛰어드는 일만 남았습니다.

나눔을 위한 질문 1

만일 예수님이 십자가를 지시지 않았던 것으로 밝혀진다면,
오늘의 나에게는 어떤 영향이 있을까요?

_____

_____

_____

_____

_____

나눔을 위한 질문 2

예수님께 감사한 것과 이순신 장군에게 감사한 것의
차이는 무엇일까요?

_____

_____

_____

_____

_____

나눔을 위한 질문 3

복음을 받아들인 사람이
가장 먼저 할 수 있는 실천에는 무엇이 있을까요?

_____

_____

_____

_____

_____

Q14. 과학과 철학의 발전이
신을 죽였을까?

의심하는 그리스도인이 던질 수 있는 질문에는 여러 가지가 있습니다. 그중에서도 신앙의 근간이 되는 하나님에 대한 의문은 가장 먼저 찾아오곤 합니다. '하나님은 과연 존재할까? 존재한다면 어떤 분일까?' 사실 신앙생활을 오래 해도 이런 질문을 마주하지 못하는 경우가 대부분입니다. 그렇기에 한번 물꼬를 튼 의문은 꼬리를 물고 회의를 가속시키곤 합니다.

　　하나님에 대한 의문은 의심을 마주한 그리스도인들이 가장 먼저 다루어야 할 주제입니다. 특히 학문의 발전이 신에 대한 생각을 어리석게 만든 게 아닌가 하는 의문이 들 때가 있습니다. 이번 질문에서 우선 과학과 철학이 기독교 신앙에 어떤 영향을 끼쳤는지 살펴보고, 이후 질문에서 신의 존재에 대한 논증에 대해 살펴보겠습니다.

신은 죽었다는 말의 뿌리
무신론 철학자 프리드리히 니체는 『즐거운 학문』이라는 책에서 한 미친 남자의 이야기를 들려줍니다. 이 남자는 이른

아침부터 시장에 나와 신을 찾아 헤매고 있습니다. 그러자 신을 믿지 않는 다른 이들이 남자를 조롱합니다. 화가 난 남자는 그들을 쳐다보며 자신을 포함해 모두가 신을 죽인 살인자들이라고 말합니다. 그러고는 신의 죽음에 대한 결과로 찾아올 허무에 대해 연설합니다.

> 우리는 계속해서 추락하고 있는 것이 아닌가? 뒤로, 옆으로, 앞으로, 모든 방향으로? 아직도 위쪽이 있고 아래쪽이 있는가? 우리는 끝없는 허무 속에서 헤매고 있는 것이 아닌가?……신은 죽었다.……그리고 우리는 그를 죽였어. 모든 살인자 중의 살인자인 우리는 어떻게 스스로를 위로할 것인가?[1]

많은 사람들이 "신은 죽었다"는 니체의 말을 승리감에 도취해 내뱉는 선언이라고 생각합니다. 하지만 문맥을 자세히 살펴보면 전혀 다른 뉘앙스를 느낄 수 있습니다. 니체가 살던 19세기는 계몽주의로 인해 이미 신 중심의 사고에서 벗어난 시대였습니다. 그 시대 사람들은 인간 중심의 생각을 정착시켰으며, 과학의 혁명적 발전으로 인해 완벽한 세상을 건설할 수 있다는 희망으로 가득했습니다. 심지어 많은 기독교 신학자들도 초자연이나 초월적인 신에 대해 말하는 일을 꺼리는 분위기였습니다. 이러한 맥락에서 니체는 신이 인간에 의해 살해당했다는 표현을 쓴 것입니다.

신이 죽었다는 생각은 인간의 이성이 중요해진 시점부터 유행하기 시작했습니다. 이와 관련한 프랑스의 수학자 라플라스의 일화는 유명합니다. 그는 창조주를 배제한 채 우주에 관한 책을 쓴 자신을 의아해하는 나폴레옹에게 "폐하, 제게는 그런 가정이 필요하지 않습니다"라고 말했다고 합니다. 또한 스티븐 호킹과 같은 몇몇 과학자들은 신의 존재를 포함한 철학적인 담론 자체가 모두 무의미해졌다고 주장합니다. "이런 질문들은 전통적으로 철학의 영역이었으나, 철학은 이제 죽었습니다."[2]

위층과 아래층

신에 대한 믿음을 비판적으로 바라보는 사람들은 흔히 이렇게 말합니다. "아직도 신이라는 허구를 믿어?" 우선 '아직도'라는 말이 어떤 의미를 내포하는지 집중해 보고 싶습니다. 비판자들은 옛날 사람들이 현대인이 지닌 '무언가'를 알지 못했기에 신을 믿었던 것이라고 생각합니다. 지금은 그 '무언가'가 발전한 시대이기에 신을 믿을 수 없다는 것입니다. 결국 이 '무언가'는 현대의 학문, 더 자세히 말하면 과학과 철학이라고 볼 수 있습니다. 정말로 과학과 철학의 발전이 신이 존재하지 않는다는 사실을 증명한 것일까요?

이 질문에 답하기 위해 우선 세상을 두 층으로 나누어 보고자 합니다. 아래층을 우리가 매일 눈으로 보고 듣고 만지며 살아가는 세상이라고 가정합시다. 다시 말해, 아래층은 우리가 사는 물질적인 우주입니다. 그리고 이곳은 사실fact이 지배하는 영역이기도 합니다. 여기서 사실이란 주관적인 판단과는 반대되는 의미로 쓰입니다. 물은 H_2O라는 분자식을 지니고 있습니다. 그리고 100도에서 끓어 수증기가 됩니다. 이는 개인의 의견과 관계없이 항상 객관적인 사실입니다.

그렇다면 위층은 어떤 곳일까요? 아래층이 물질적인 세상이라면 위층은 형이상학적인 세상입니다. 우리가 흔히 정신이나 개념이라고 부를 만한 것들이 여기에 속합니다. 여기서 중요한 것은 이것들이 물리적이지 않다는 것입니다. 그렇다면 사랑, 우정, 윤리, 선과 악, 아름다움, 의미, 목적 등의 가치는 어디에 속할까요? 이것들이 아래층에서 전부 설명된다고 말하는 사람이 있고, 본질적으로 위층에 속한다고 보는 사람들이 있습니다. 이 핵심적인 차이를 살피기 전에 우선 과학이 어떤 학문인지부터 살펴봅시다.

과학이란 무엇인가

과학으로 신을 증명하거나 반증할 수 있는지를 논하기 전에, 먼저 과학이 어떤 학문인지부터 살펴볼 필요가 있습니다. 과학의 시초로 흔히 고대 그리스의 탈레스를 꼽습니다. 그는 만물의 기원이 물에 있다고 주장했습니다. 현대인의 눈으로 보면 말도 안 되는 이야기입니다. 그럼에도 탈레스는 매우 중요한 인물로 꼽히는데, 이전과는 완전히 다른 방식으로 사고했기 때문입니다. 이전 사람들은 자연을 보고 "와, 이 위대한 파도를 봐. 포세이돈 신이 노하셨나봐!" 하고 생각했습니다. 하지만 탈레스는 자신의 힘으로 직접 만물의 원인을 밝히고자 했습니다.

탈레스는 어떻게 만물의 기원이 물이라는 결론을 얻었을까요? 우선, 자연을 열심히 관찰했습니다. 나무는 물이 있어야 자랍니다. 사람도 물이 있어야 삽니다. 그리고 물은 공기가 되어 호흡이 있는 모든 생명들을 살립니다. 탈레스가 제시한 답은 엄밀히 말해 물이라기보다 H_2O였던 것입니다. 그는 얼음도 되고 물도 되고 수증기도 되는 이 신기한 H_2O를 만물의 근원이라 생각했습니다.

탈레스의 탐구 방법은 과학의 시초가 되었습니다. 과학의 기본은 그가 한 일처럼 가설을 세우고 관찰과 실험을 통해 이를 입증하는 것입니다. 그런데 어디를 관찰해야 하는 것일까요? 여기서 과학의 범위가 중요해집니다. 과학은 앞에서 살펴본 두 층에서 아래층만을 다루는 학문입니다. 위층은 과학이 다룰 수도 없고 다루지도 않습니다. 과학이 부족한 학문이라 그런 것일까요? 그렇지 않습니다. 발차기를 하지 못한다고 복싱이 킥복싱보다 못한 스포츠가 되는 것은 아닙니다. 그저 규칙상 발차기를 하지 않을 뿐입니다. 과학도 규칙상 사실을 넘어서는 영역을 다루지 않습니다.

탈레스 이전의 사람들은 아래층도 신화를 통해 해석하려고 했습니다. 번개는 제우스가 노한 증거이고, 파도는 포세이돈 신의 경고라는 식으로 말입니다. 하지만 거의 모든 경우, 과학이 아래층을 설명하는 가장 적합한 탐구방식임이 밝혀졌습니다. '거의'라는 단어를 덧붙인 이유는 유신론자로서 미세한 확률적 예외를 믿기 때문입니다. 이 예외를 우리는 기적이라고 부릅니다. 하지만 기적의 가능성을 믿는 사람조차 평소에는 자연법칙이 확실하게 작동한다고 믿어야 합니다. 그렇지 않으면 만일 기적이 일어난다 해도 그것을 기적이라 부를 수 없기 때문입니다.

이러한 맥락에서 자연주의라는 용어를 다루고 넘어갈 필요가 있습니다. 자연주의는 위층의 영역이 애초에 존재하지 않는다는 생각입니다. 자연주의에 따르면, 이 세계의 모든 것은 아래층 곧 물질로만 이루어져 있습니다. 우리가 정신이나 자유의지, 가치, 도덕, 의미 등으로 부르는 것들도 사실은 모두 아래층에 속한 것입니다. 예를 들어, 자연주의자는 사랑이라는 개념을 호르몬의 변화로 모두 설명할 수 있다고 봅니다. 설령 현재의 과학으로 전부 설명하지 못한다 할지라도 언젠가는 가능하게 될 것이라 믿습니다.

여기서 과학의 특성을 잘 알고 넘어갈 필요가 있습니다. 과학은 학문적인 필요에 의해 자연주의를 가정합니다. 자연이 세계에 존재하는 모든 것이라고 가정해야만 과학적 탐구가 가능하기 때문입니다. 예를 들어, 어느 실험실에서 실험 도중 어떤 신비로운 물질이 발견되었다고 가정해봅시다. 한 그리스도인 과학자가 그것을 보며 하나님이 만드신 물질이라며 감탄만 하고 있습니다. 그런데 하필 이 사람이 연구실의 총 책임자입니다. 그러면 이 연구실은 더 이상 과학을 연구할 수 없습니다. 아무리 신비롭다 하더라도 아래층 내에서 원인을 밝혀내야만 하는 게 과학입니다.

이러한 가정을 흔히 방법론적 자연주의라 부릅니다. 이 때문에 과학에는 무신론적 학문이라는 오해가 종종 따라붙습니다. 하지만 과학 자체는 자연주의라는 철학적 세계관을 지지하지 않습니다. 말 그대로 철학의 영역이기 때문입니다. 단지 과학자들이 일종의 직업가설로 과학을 하는 동안만 자연주의를 가정할 뿐입니다. 그래서 과학자들 개개인 가운데는 자연주의를 믿지 않는 사람들이 많이 있습니다.

과학으로 신을 반증할 수 있을까

자연주의는 과학이 아니라 철학 사조입니다. 즉 자연주의 자체가 위층 소속이라는 뜻입니다. 그런데 앞에서 말했듯이, 과학으로는 위층에 있는 것들을 탐구할 수 없습니다. 그러니 자연주의는 과학으로 증명할 수 없습니다. 교양 있는 과학자들은 이미 이 사실을 알고 있습니다.

그런데 일부 극단적인 이들은 마치 과학이 발전함에 따라 자연주의가 입증된 것처럼 행동합니다. 그들은 과학의 발전이 신이라는 망상을 몰아낼 것이라고 말합니다. 리처드 도킨스나 대니얼 데닛과 같은 소위 신무신론자들은 신을 믿는 것이 지적 자살 행위나 다름없다며 자신만만하게 선포합니다.

하지만 베일러 대학 철학 교수인 C. S. 에반스가 말하듯, 과학은 초자연적인 세계가 존재하는지를 따지는 데 부적절한 방법입니다.[3] 도킨스 다음으로 널리 읽혀 온 진화생물학자 스티븐 제이 굴드 또한 동일한 견해를 밝힙니다.

> 나의 모든 동료를 향해 수백 번도 더 반복해서 말한다. 과학이 아무리 합리적인 수단을 이용한다고 해도 자연을 관리하는 신의 문제를 판단하기란 한마디로 불가능하다. 우리는 그것을 증명할 수도, 부정할 수도 없다. 우리 과학자들은 그에 대해 이러쿵저러쿵 이야기할 수 없다.[4]

그렇다면 과학이 지금보다 더 발전하면 신을 반증하는 것이 가능할까요? 이런 질문은 마치 복싱 기술이 계속 발전하면 540도 발차기를 할 수 있게 되느냐는 말처럼 들립니다. 복싱의 룰은 540도가 아니라 1080도 발차기로 다운을 빼앗더라도 인정해 주지 않습니다. 오히려 해당 선수에게 실격패를 선언할 뿐입니다. 과학 또한 마찬가지입니다. 과학이 아무리 발전해도 학문의 정당한 범위를 벗어난 질문에는 답할 수 없습니다.

철학이란 무엇인가

'철학이란 무엇인가'에 대한 질문은 과학보다 더 어렵고 복잡합니다. 철학자들에게 물어보아도 답이 각각 다를 것입니다. 그러나 가장 일반적인 의미에서의 철학은 위층과 아래층을 모두 다루는 학문이며, 크게 형이상학, 인식론, 윤리학으로 나눌 수 있습니다. 여기서는 신에 대해 논하는 것이 목적이므로 형이상학만 간단히 설명하겠습니다. 형이상학이란 물질세계를 벗어난 것들을 탐구하는 학문입니다. 형이상학자들은 신, 선함, 사랑, 가치 등이 존재할 수 있는지를 묻습니다. 그리고 만일 존재한다면 무엇으로부터 존재하게 되었는지, 또는 어떤 방식으로 존재하는지도 물을 수 있습니다.

20세기를 대표하는 영국의 철학자 중 한 사람인 화이트헤드는 모든 서양 철학사는 플라톤의 주석이라는 유명한 말을 남겼습니다. 그만큼 플라톤을 논하지 않고는 철학을 말하기가 어렵다는 뜻입니다. 플라톤은 위층의 존재를 뚜렷하게 믿었던 사람으로, 위층에 '이데아'라는 이름을 붙였습니다. 이데아는 'idea'라는 단어와 어원이 같습니다. 쉽게 말해 '개념의 세계'라는 뜻입니다. 그의 제자인 아리스토텔레스는 아래층에 있는 개별적인 사물들로부터 이데아를 발견할 수 있다고 보았습니다.

플라톤과 아리스토텔레스 중 과연 누가 옳았을까요? 이 문제는 후에 보편논쟁으로 발전되며 중세 전체를 관통하는 주제가 되었습니다. 보편논쟁이란 이 세상의 개념들이 실제로 존재하는지, 아니면 이름만 있는 것인지를 묻는 논쟁입니다. 여기서 도출되는 두 가지 결론이 바로 실재론과 유명론입니다. 실재론은 모든 추상적인 개념이 실제로 존재한다고 말하며 플라톤을 계승합니다. 유명론은 개념들이 실제로 존재하는 게 아니라 단순히 이름만 있다고 말하며 아리스토텔레스를 계승합니다.

이해를 돕기 위해 '사랑'이라는 개념을 예로 들어 보겠습니다. 세상에는 사랑에 빠져 있는 연인이나 부부 혹은 부모와 자식이 있습니다. 이처럼 사랑을 하는 사람들이 존재한다는 사실은 분명합니다. 하지만 '사랑이라고 부를 수 있는 보편적인 개념이 정말로 존재하는가'라는 질문을 던질 때, 그에 대한 대답은 두 가지로 나뉩니다. 우선, 사랑이라는 추상적인 대상이 실제로 존재한다고 말한다면 실재론자입니다. 그와 반대로, 사랑이라는 대상은 존재하지 않으며 각기 다른 개개인의 경험에서 나타나는 공통적인 특징에 사랑이라는 이름을 붙였을 뿐이라고 말한다면 유명론자입니다.

철학사에 관심을 가져 보지 않은 이들을 위해 부연설명을 하자면, 근대에서도 보편논쟁의 핵심 쟁점은 여전히 중요했습니다. 물론 존재에 대한 관심이 인식에 대한 관심으로 넘어갔지만 말입니다. 근대 철학의 아버지라 불리는 데카르트는 실재론의 계보를 이어갔고, 흄이나 베이컨은 유명론의 계보를 이어갔으며, 칸트는 이 두 진영을 통합하고자 했습니다. 그리고 현대에는 여러 사상의 변곡점을 지나 모던과 포스트모던의 대립으로 이어지고 있습니다. 세부적인 구분이 부재한 지형도이지만, 이 정도면 비슷한 논쟁이 얼마나 오랫동안 반복되고 있는지 충분히 짐작할 수 있을 것입니다.

철학으로 신을 반증할 수 있을까

유신론이나 무신론과 관련된 토론 또한 보편논쟁에서 그 뿌리를 찾을 수 있습니다. 이 논쟁에 신을 대입해 보면, 신이라는 개념이 존재한다는 실재론적 입장이 곧 유신론이 될 것입니다. 반대로 인간 사회에서 쉽게 발견할 수 있는 종교나 체험담이 모여 어떠한 개념을 만들어냈으며, 거기에 단순히 신이라는 이름을 붙였다는 것이 유명론적 입장입니다.

유튜브에서 검색하면 '신이 지금의 인간을 만들었다는 결정적인 증거'라는 제목의 영상이 있습니다. 이 글을 쓰는 현재 조회수가 440만회에 달합니다.[5] 제목과는 다르게 이 영상의 핵심은 '사람들이 사회의 필요에 의해 신이라는 개념을 만들었다'는 것인데, 신에 대한 유명론적 입장을 잘 보여주는 주장이라 할 수 있습니다. 이 입장을 단순히 무신론이라고 불러도 큰 무리는 없을 것입니다.

앞서 과학으로 신의 존재를 입증하거나 반증할 수는 없다고 말했습니다. 그렇다면 철학으로는 가능할까요? 과학보다는 전망이 밝아 보입니다. 실제로 지금까지도 신의 존재에 대한 활발한 논의들이 있고, 관련 주제에 대해 철학자들이 논문을 내고 갑론을박합니다. 해외에는 신이나 종교를 주제로 한 학자들 간의 공개 토론도 많은 편입니다.

그럼에도 철학을 통해 신을 입증하거나 반증할 수는 있다는 생각에는 회의감이 듭니다. 지난 수천 년간 이 일에 완벽히 성공한 사람이 없기 때문입니다. 유신론이나 무신론을 어느 정도 뒷받침할 근거는 제공해 줄 수 있겠지만, 결정적인 증명은 결국 불가능할 것입니다.

증명할 수 없는 믿음은 어리석은가

신을 믿기 위해서는 궁극적으로 믿음이 필요합니다. 하지만 유신론자는 이에 실망할 필요가 없습니다. 만일 완벽히 증명할 수 있다면, 그것은 더 이상 믿음이라고 부를 수 없을 것입니다. 우리는 물이 100도에서 끓는다는 사실을 믿지 않고 압니다. 만일 신을 명확히 알 수 있다면, 신앙생활이라는 말은 탐구생활로 바뀌어야 할 것입니다. 물론 이 말이 스스로를 정당화하는 말처럼 들릴 수도 있습니다.

꼭 신이 아니더라도, 인간은 많은 것을 증거 없이 믿고 살아갑니다. 예를 들어, 사람들은 유전자 검사기관에 문의하지 않고도 자신이 친자라고 믿습니다. 운전자들이 신호 체계를 지킬 것이라 믿고 횡단보도를 건넙니다. 직접 본적도 없는 지구의 모양을 믿고, 어린아이를 때리는 게 악한 행위라고 믿으며, 희생이 이기심보다 숭고하다고 믿습니다. 사랑, 믿음, 우정 같은 게 존재한다고 믿기도 합니다. 물론 시간을 들여 증거를 찾는다면, 그중 몇 가지는 증명할수 있을 것입니다. 중요한 것은 우리가 증거를 찾아보지 않고도 이미 많은 것들을 믿고 있다는 사실입니다.

가장 확실한 또 하나의 예를 들어 보겠습니다. 오늘날 대부분의 사람들은 인권을 가장 기본적인 가치로 둡니다. 그러나 인권을 증명할 수 있는 방법은 없습니다. 돼지보다 인간의 생명을 더 귀하게 여겨야 할 이유는 무엇일까요? 이를 증명할 수 있을까요? 심지어 채식주의자들조차 돼지를 도축하는 일과 토막 살인을 동등한 범죄로 바라보지 않습니다. 만일 비교 대상을 돼지에서 모기로 전환해서 생각해 보면 이 사실은 더욱 분명해집니다.

그럼에도 인권은 마치 수학법칙과 같은 공리로 여겨집니다. 그것이 왜 당연하냐고 질문하면 황당하다는 반응을 마주할 뿐입니다. 사회성이 결여된 몇몇 정신질환자를 제외하면, 스스로 남의 인권을 억압하는 사람조차 인권 침해 자체가 옳다고는 주장하지 않습니다. 그저 자신의 행동에 대한 평계를 대거나, 실제로는 그 행동이 인권을 침해하지 않는다고 변명할 뿐입니다. 이처럼 인권에 대한 인간의 믿음은 신앙에 가깝습니다. 특히 많은 이들이 증명 없이 믿는다는 점에서 신과 인권은 닮아 있습니다.

사실 니체는 이를 잘 알고 있었습니다. 그는 기독교적 가치인 평등이나 자비, 연민 등이 진리가 되려면 반드시 신이 존재해야 한다고 보았습니다. 기독교의 진실성은 신에 대한 믿음과 긴밀히 연결되어 있기 때문입니다. 니체가 보기에, 신을 부인하면서도 기독교적 도덕만 취사선택하려는 태도는 모순입니다. 말로는 기독교를 부정하지만 여전히 그리스도인이나 마찬가지인 셈입니다.[6]

노터데임 대학 명예교수인 앨빈 플랜팅가는 한 발 더 나아간 주장을 펼칩니다. 그는 타인이 내면세계 곧 자아를 지니고 있다는 믿음은 증명될 수 없는 것이라고 논증하며, 그럼에도 모든 사람은 이를 증명 없이도 믿고 있다고 말합니다. 그는 이런 종류의 믿음을 가리켜 기초적 믿음basic belief 이라 칭합니다. 기초적 믿음이란 별도의 증거가 없어도 충분히 합리적이라 부를 수 있는 믿음을 뜻합니다. 플랜팅가에 따르면, 신에 대한 믿음도 타인의 정신에 대한 믿음과 비슷한 성질을 지니고 있습니다. 따라서 신에 대한 믿음은 기초적 믿음입니다.[7] 그러니 유신론자들은 신을 증명해 보라는 무신론자들의 요구에 맞추어 줄 필요가 없는 것입니다. 신을 믿는 행위 자체에 별도의 입증책임이 존재하지 않는 것입니다.

그렇다면 신앙은 왜 필요할까

지금까지 우리는 과학과 철학으로는 신을 입증할 수도, 반증할 수도 없음을 살펴보았습니다. 그렇다면 우리에게 종교가 왜 군이 필요할까요? 신을 믿거나 혹은 믿지 않는 일이 모두 믿음의 문제일 뿐이라면, 그저 인간은 결코 신을 알 수 없다고 생각하면 되는 것 아닐까요?

합리적인 의문 제기입니다. 그러나 많은 사람들은 입증과 반증의 문제를 넘어선 실존적 차원의 문제를 안고 살아갑니다. 기독교 신앙에 따르면, 신은 쓸데없는 고민을 늘리는 존재가 아니라 많은 철학적 의문을 해결해 주는 존재입니다. 특별히 예수님으로부터 선포된 복음을 믿고 받아들이는 이들은, 복음이야말로 인간의 고질적 문제인 부조리를 극복할 수 있는 돌파구라고 생각합니다.

인간은 누구나 행복을 추구하지만 행복해질 수 없는 존재입니다. 의아할 수도 있겠지만, 우리의 몸 자체가 이 땅에서 궁극적인 행복을 얻을 수 없도록 설계되어 있기 때문입니다. 육체적인 쾌락이든 정신적인 쾌감이든, 결국 인간은 도파민과 세로토닌 등의 호르몬 작용을 통해 행복이라는 감정을 느낍니다. 그런데 일정 수준의 행복감을 지속적으로 맛보면, 결국 동일한 수준의 쾌감을 얻기 위해 더 많은 양의 호르몬이 필요해집니다.

수학적 표현이 엄밀히 맞아떨어지지는 않겠지만, 직관적인 이해를 돕기 위해 단순한 예를 들어 보겠습니다. 만일 한 달에 200만원을 버는 알바생이 큰마음을 먹고 자기 월급의 20퍼센트 곧 40만원을 들여 꿈에 그리던 태블릿 PC를 구입했다고 가정해 봅시다. 그는 얼마간의 시간 동안 굉장한 행복감을 느낀 채 지낼 것입니다. 그런데 여기 월 20억원을 버는 엄청 부유한 사람이 있습니다. 단순 계산에 따르면, 이 사람은 앞서 알바생이 태블릿 PC를 사는 정도의 쾌감을 느끼기 위해 같은 20퍼센트 곧 4억원을 투자해야 합니다. 동일한 행복감을 위해 스포츠카 한 대를 뽑아야 하는 것입니다.

부자들은 일반인들이 생각하는 것만큼 행복해 보이지 않습니다. 할리우드의 유명 배우인 짐 캐리는 이런 말까지 합니다. "모든 사람이 부자가 되었으면 좋겠습니다. 그래야 부자가 된다고 해서 행복해지는 게 아니란 사실을 깨달을 테니 말입니다." 이는 가진 자의 배부른 소리가 아닙니다. 어쩌면 과학적인 이야기일 수도 있습니다.

SNS에는 값비싼 시계와 고급 승용차, 그리고 여러 이성들과의 관계를 매일 자랑하는 사람들이 있습니다. 시각을 조금 바꾸면 이들의 위태로움을 볼 수 있습니다. 그들은 그토록 많은 자원을 투자해야만 일반적인 사람들이 만족하는 정도의 기분을 느끼는 것입니다. 더구나 사람들의 관심까지도 받아야 합니다. 그러다가 모든 것이 한꺼번에 없어지기라도 하면 한순간에 나락으로 빠집니다.

인생이 상승곡선을 달리는 쾌감은 생각보다 미미한데 반해, 추락하는 고통은 사람으로 하여금 스스로 목을 매달게도 만듭니다. 비트코인과 주식 열풍 가운데 이러한 고통을 직간접적으로 체험해 본 사람들이 우리 주위에 많을 것이라 생각합니다. 주식시장의 그래프는 인생 전체의 그래프와 비슷합니다. 주식이 상승할 때의 매너리즘과 하락할 때의 절망감은 인생에서 우리가 겪는 경험의 축소판입니다.

종교 경전이나 오랜 현인들은 인간의 욕망에 끝이 없다고 주장해 왔습니다. 시간이 지날수록 이 말이 진리라는 사실이 드러나고 있습니다. 쾌감을 얻으려는 모든 행위에는 중독되는 성질이 있습니다. 충분한 자극을 넣어 주지 못했을 때의 허탈감과 금단 현상도 존재합니다. 담배를 끊기가 그렇게 어렵다지만, 사실은 모든 것이 담배일 수 있는 셈입니다. 그러니 행복이나 안정을 인생의 최종 목표로 추구하면 결국 허망한 결론을 맞이합니다.

그래서 행복 추구의 한계를 깨달은 사람들은 의미를 찾게 됩니다. 기부도 하고, 사회와 국가에 공헌하기 위해 노력도 하고, 사람들의 멘토가 되어 동기부여도 하고, 영향력을 끼치기 위해 책도 출간합니다. 그렇지만 이런 의미를 추구하는 행위도 결국에는 허망합니다. 사람은 언젠가 죽기 때문입니다. 쾌락이든 의미든 결국 우리를 온전히 채워줄 수 없습니다.

실존주의 철학의 시초라 불리는 쇠렌 키에르케고어는 쾌락을 추구하는 삶만큼이나 의미를 추구하는 삶도 최종 목표가 될 수 없다고 생각했습니다. 알베르 카뮈의 경우 어떤 방법으로도 행복이나 돌파구를 찾을 수 없는 상황을 마치 이방인과 같은 상태라 표현하는가 하면, 인간의 삶을 페스트라는 질병에 빗대기도 합니다. 장 폴 사르트르는 구토나 벽 등의 이미지를 사용해서 부조리를 표현합니다. 목적 없는 세상에 태어나 산다는 것은 구토 나는 일이며, 벽으로 막힌 것처럼 갑갑한 일입니다.[8]

사뮈엘 베케트의 대표작인 『고도를 기다리며』는 상연용 작품입니다. 그런데 내용이 좀 이상합니다. 두 명의 배우가 나와서 고도라는 존재를 계속 기다립니다. 하지만 결국 두 사람은 고도를 만나지 못한 채 연극이 끝나 버립니다. 게다가 이 고도의 정체 또한 드러나지 않습니다. 어떤 존재인지 알 수 없지만 그저 기다릴 뿐입니다. 극 중 인물인 블라디미르와 에스트라공이 만나는 사람들에게 고도에

대해서 묻지만 아무런 답도 얻지 못합니다.[9]

카뮈와 베케트는 노벨 문학상을 받았고, 사르트르는 수상이 결정되었지만 거절했습니다. 왜 이런 허무한 내용의 글을 쓰는 사람들에게 거대한 상을 준 것일까요? 인간이 어떤 상황에 처했는지를 파악하고 문학적으로 구현한 사람들이기 때문입니다.

괴롭고 허무하나 무엇으로 채워야 할지 모르는 것이 인생입니다. 행복도, 의미도 추구해 보았지만 잘 되지 않습니다. 이런 부조리함을 완전히 극복한 사람이 있는지조차 의심스럽습니다. 그러니 한없이 고도를 기다리는 것입니다. 결국 고도란 행복이자 의미이며, 신이자 구원입니다.

고도는 실제로 다양한 얼굴을 지녔습니다. 로또가 될 수도 있고, 좋은 학벌, 직장, 훌륭한 배우자, 혹은 목숨을 걸고 싶을 만큼 의미 있는 꿈이 될 수도 있습니다. 그러나 베케트는 인간이 결국 고도를 만날 수 없다고 생각했습니다. 죽음 앞에서 이 모든 구원의 수단은 허망합니다.

그런데 인간 존재의 부조리함은 사실 실존주의 작가들이 처음 발견한 것이 아닙니다. 2,500년 이상 된 것으로 여겨지는 구약성경의 전도서는 첫 장부터 이렇게 시작합니다.

다윗의 아들 예루살렘 왕 전도자의 말이다. 전도자가 말한다. 헛되고 헛되다. 헛되고 헛되다. 사람이 세상에서 아무리 수고한들, 무슨 보람이 있는가? 한 세대가 가고, 또 한 세대가 오지만, 세상은 언제나 그대로다.……만물이 다 지쳐 있음을 사람이 말로 다 나타낼 수 없다.……이 세상에 새것이란 없다. '보아라, 이것이 바로 새것이다' 하고 말할 수 있는 것이 있는가? 그것은 이미 오래전부터 있던 것, 우리보다 앞서 있던 것이다. 지나간 세대는 잊혀지고, 앞으로 올 세대도 그다음 세대가 기억해 주지 않을 것이다. 　　　　　전 1:1-11, 새번역

　　이는 모든 사람이 부러워할 만한 돈과 명예, 지혜와 권력을 모두 누려 본 이의 고백이자, 동시에 삶의 권태에 빠진 모든 이의 고백입니다. 신을 믿는 이들은 이러한 사실을 인지하고 있습니다. 그리고 더 나은 가치들이 세상에 존재한다고 믿기 위해 신을 인정합니다. 그리스도인들은 이에 더해 그 신이 직접 인간의 몸을 입고 이 세계에 오셨다고 믿습니다.

결론: 우리에게 오신 그리스도

베케트의 연극은 끝까지 고도가 오지 않음으로 큰 여운을 남깁니다. 하지만 그리스도인들은 우리가 그토록 기다리던 고도가 이 땅에 찾아오셨다고 믿습니다. 그 이름은 예수 그리스도이십니다. 이를 통해 이방인이 신의 나라의 내국인이 되고, 페스트와 같은 괴로운 병들이 치유되며, 사람들 사이를 가로막은 벽들이 무너지고, 구토를 일으키는 현실이 활력 있는 삶으로 뒤바뀝니다.

　　예수님이 이 모든 것을 시작하셨다는 소식이 바로 복음입니다. 이 소식은 단순히 증명 가능성의 여부를 아득히 넘어, 우리의 실존과 부조리함을 해결하는 복된 소식입니다. 어쩌면 영원히 느낄 뻔했던 목마름에 대한 해결책이기도 합니다. 그러니 그리스도인들은 단지 신이 존재한다고 믿는 게 아닙니다. 그들은 구원자를 믿습니다. 그리고 그분을 통해 멀리 있던 신을 마주하게 되었다고 믿습니다.

나눔을 위한 질문 1

누군가가 과학이 신이 존재하지 않음을 밝혀냈다고
말하는 것을 들어 본 적이 있나요?
만일 그렇다면, 어떻게 반응했나요?

_____

_____

_____

_____

나눔을 위한 질문 2

인생의 허무함을 깊이 느껴 본 적이 있나요?
만일 그렇다면, 그것을 어떻게 극복했나요?

_____

_____

_____

_____

_____

나눔을 위한 질문 3

예수님이 이 땅에 오셨다는 사실은
지금 나에게 어떤 변화를 불러오나요?

_____

_____

_____

_____

_____

Q15. 신의 존재를
믿을 만한 근거들이 있을까?

앞선 질문에서 우리는 과학이나 철학으로 신을 증명하거나 반증할 수 없음을 살펴보았습니다. 또한 증명될 수 없음에도 신을 믿는 이유를 살펴보았습니다. 하지만 이것으로는 왠지 부족합니다. 하나님이 우리에게 이토록 중요하다면, 그분의 존재를 믿을 만한 근거를 요구할 수 있지 않을까요? 다행히도 동일한 질문을 던지는 이들이 많습니다. 그중 여러 기독교 철학자들은 지금도 신의 존재와 본질에 대해 탐구하고 있습니다.

예일 대학 명예교수인 니콜라스 월터스토프와 노터데임 대학 명예교수인 앨빈 플랜팅가는 기독교 철학의 두 거장입니다. 휴스턴침례 신학대학의 윌리엄 레인 크레이그, 바이올라 대학의 J. P. 모어랜드, 노터데임 대학의 피터 반 인와겐, 옥스퍼드 대학의 리처드 스윈번 등도 형이상학과 인식론 분야에 주목할 만한 기여를 한 기독교 철학자들입니다. 신에 대한 이들의 탐구는 우리의 사고 지평을 넓히는 데 크게 기여하고 있습니다.

윌리엄 레인 크레이그는 자신의 토론 상대이자 무신

가슴에서 다시 머리로 · 하나님

론 철학자인 퀸튼 스미스를 인용합니다. 스미스는 세속 철학이 주름잡던 20세기 초중반과는 달리 현 철학계에서 유신론이 부활했다고 말합니다.[1] 그는 현재 미국의 철학 교수 중 사분의 일에서 삼분의 일이 유신론자이며, 심지어 그중 대부분이 보수적인 그리스도인으로 보인다고 덧붙입니다. 이러한 배경에서 크레이그는 신이 학계에서 죽었다는 말은 사실이 아니며, 오히려 1960년대를 기점으로 되돌아와 강력한 학문적 요새를 세우고 있다고 설명합니다.[2]

신학이나 철학계는 물론이고, 과학계 출신 중에도 훌륭한 그리스도인들이 많이 포진되어 있습니다. 그중 한 사람을 예로 들면, 프랜시스 콜린스 박사는 인간 게놈 프로젝트의 수장을 맡았던 세계적 유전학자입니다. 그는 무신론자였던 자신이 어떻게 독실한 복음주의 그리스도인으로 회심할 수 있었는지 자신 있게 논합니다.[3]

그 외에도 케임브리지 대학 퀸즈 칼리지의 학장을 지낸 존 폴킹혼은 수리물리학을 가르치던 물리학자였지만, 이후 신학을 공부한 뒤 성공회 사제 서품을 받았습니다. 옥스퍼드 대학에서 분자생물학 박사학위를 받고 전도유망한 생물학자의 길을 걸으려던 알리스터 맥그래스 또한 회심한 뒤 신학자의 길로 들어섰습니다. 이 두 사람은 현재 과학과 종교의 관계를 집중적으로 연구하며 활발한 활동을 펼치고 있습니다.

이처럼 신의 존재를 논하는 세계적인 석학들이 많다는 것은 확고한 사실입니다. 하지만 이들의 존재가 곧 신의 존재에 대한 근거가 될 수는 없음은 인정해야 합니다. 그런 맥락에서 이제 근거 자체를 함께 살펴보도록 하겠습니다.

신의 존재를 믿을 만한 근거들이 있을까요? 중세 스콜라 신학자들은 여러 가지 유형의 신 존재 증명을 발전시켰습니다. 그중 가장 대표적으로 알려진 것이 안셀무스의 존재론적 증명과 토마스 아퀴나스의 우주론적 증명입니다. 여기에 목적론적 증명을 더하면 중세 시대에 가장 자주 논의된 세 가지 증명이 드러납니다.

독일의 철학자 칸트는 이 세 가지 증명을 모두 비판합니다. 그는 이성을 통해 신의 존재를 증명하는 것은 불가능하다는 결론을 내립니다. 칸트에 따르면 신의 실재성은 순수 이성을 통해 증명될 수 없지만, 반대로 거부될 수도 없습니다. 그 대신 그는 실천 이성 곧 도덕성의 영역에서 신의 필요성을 요청합니다. 그러나 가톨릭대 철학과 박승찬 교수는 칸트 이후에도 신 존재 증명에 대한 논쟁이 끊이지 않았다고 말합니다.

> 수많은 학자들은 칸트의 비판이 당대에 퍼져 있던 근대적 신 존재 증명에만 유효할 뿐, 본래적인 중세의 신 존재 증명의 의도는 제대로 이해하지 못했다고 다시 비판했다. 이에 따라 신 존재 증명에 대한 비판에 응답하려는 현대 학자들의 시도도 매우 다양하게 이루어졌다. 신 존재 증명을 매우 상세하게 설명하고 취약점을 수정하거나 보조증명을 도입함으로써 그것의 완성도를 높이는 방법, 신 존재 증명을 한 이들의 의도를 상세하게 설명함으로써 이해력을 높이는 방법, 비판들이 가지고 있는 몰이해를 논박함으로써 비판의 신빙성을 떨어뜨리는 방법, 현대 물리학의 성과를 이용하여 새롭게 증명을 재구성하는 방법 등이 그것이다. 이렇게 개별적인 신 존재 증명의

유효성에 대한 논쟁이 자주 벌어지고 탐구되었지만 전체적인 성과에 대한 평가는 보다 확장된 관점에서만 정당하게 내려질 수 있다.[4]

중세와는 달리 증명이라는 말은 현대에 와서 너무나 막중한 책임을 지닌 단어가 되었습니다. 따라서 현대 철학자들은 신 존재 증명proof보다는 신 존재 논증argument이라는 단어를 선호하는 편입니다. 많은 사람들이 신 존재 논증이 하나님을 완벽히 증명하려는 학문이라고 생각합니다. 그런 시도가 지금까지 성공한 적이 없으니 헛수고라는 말도 덧붙이곤 합니다. 하지만 알리스터 맥그래스에 따르면, 예전에는 사람들이 절대적으로 증명될 수 있는 것만 믿어야 한다고 주장했으나 이제 그런 관점을 지닌 사람은 극소수에 불과합니다.[5]

우리는 완벽히 증명된 것만 받아들여야 할까요? 근대 철학의 아버지로 불리는 데카르트는 모든 것에 대해 의심해 볼 것을 촉구했습니다. '우리가 안다는 사실을 어떻게 아는가? 또한 우리가 무언가를 알 수 있다는 사실을 어떻게 아는가?' 그의 의심은 꼬리에 꼬리를 물어 결국 우리 모두가 악마에 의해 속고 있을 수도 있다는 결론에 이르렀습니다. 우리가 보고 만지고 느끼는 것 모두가 거짓이고, 우리가 어떤 생각을 하든 그 모든 것이 악마가 주는 생각일 수도 있다는 것입니다. 우리에게는 이러한 상상이 사실이 아니라고 증명할 방법이 없습니다.

하지만 데카르트는 스스로 조종받고 있을 수도 있다고 의심하는 '나'라는 존재는 대체 누구인가를 성찰했습니다. 우리가 완벽히 확신할 수 있는 것은, 지금 이 순간 '이 세상이 거짓일 수도 있다고 생각하는 나'라는 존재 외에는 없습니다. 여기서 그 유명한 "나는 생각한다. 그러므로 존재한다"*Cogito, Ergo Sum*라는 명제가 도출됩니다. 데카르트에 따르면, 우리는 자기 자신의 존재 외에는 모든 것을 의심해 볼 수 있습니다.[6]

데카르트의 철학에 대해서도 여러 반론이 제기되었지만, 그가 던진 의문만큼은 여전히 의미심장합니다. 이로 인해 촉발된 인식론에 대한 논의가 현대까지 이어지면서, 이제 엄밀한 의미에서 인간이 완벽히 증명할 수 있는 것은 거의 없다고까지 여겨집니다. 따라서 증명될 수 없다는 이유로 신을 믿지 못한다면, 결국 이 세상 대부분의 것들을 믿을 수 없다는 의미가 됩니다. 그렇기에 모든 세계관에는 결국 믿음의 도약이 필요한 지점이 존재합니다.

그렇다면 신 존재 논증은 이제 폐기되어야 할까요? 박승찬 교수에 따르면, 신 존재 논증은 여전히 각 사람이 지닌 전제를 토대로 실존적인 결단과 선택을 하도록 돕는 이성적 성찰로서의 기능을 지닙니다. 또한 인간이 직접 전체적으로 포괄할 수 없는 신에 대한 이해 가능성을 한 측면에서라도 높여 줄 수 있습니다.[7] 이는 자연과 사람의 마음속에 하나님을 알 만한 것을 심어 두셨다는 로마서의 진술과도 일맥상통합니다.

이제 본격적으로 몇 가지 신 존재 논증들을 함께 살펴보도록 하겠습니다. 짧은 지면 안에서 모든 논증을 깊이 있게 다루기 어려우므로 제가 선호하는 우주론적 논증과 도덕적 논증을 중심으로 신 존재 논증이 어떠한 것인지 간단히 소개할까 합니다.

우주론적 논증

우주론적 논증은 원인을 거슬러 올라가 궁극적인 원인을 찾는 논증입니다. 존재하기 시작한 모든 것에는 원인이 있어야만 합니다. 예를 들어, 나의 존재 원인이 부모의 정자와 난자라고 말한다고 가정합시다. 그렇다면 그 정자와 난자를 제공한 부모 또한 존재의 원인을 지닙니다. 그 위의 조부모에게도 동일한 원인이 있습니다. 그렇게 거슬러 올라가다 보면 결국 자연 자체에 대한 원인까지 올라갈 것이고, 자연을 지배하는 법칙들, 더 나아가 우주 자체의 원인을 묻게 될 것입니다. 이 우주의 원인이 곧 신이라는 것입니다.

그렇다면 우주론적 논증을 한번 삼단논법의 형태로 살펴봅시다.

첫째, 존재하기 시작한 모든 것에는 원인이 있다.

둘째, 우주는 존재하기 시작했다.

셋째, 그러므로 우주에는 원인이 있다.

빅뱅이 곧 우주의 원인이 아니냐는 질문을 자주 받습니다. 하지만 빅뱅은 원인이 아니라 탄생 방식이라고 보아야 옳습니다. 나에게 시계가 하나 있다고 가정해 봅시다. 한 친구가 와서 그 시계를 보고 어떤 브랜드인지 묻습니다. 이에 나는 "응, 이건 쿼츠 무브먼트 시계야"라고 대답합니다. 참고로 쿼츠 무브먼트는 시계를 작동시키는 여러 가지 방식 중 하나입니다. 대답을 들은 친구는 짜증이 나서 다시 묻습니다. "아니, 만든 회사가 어디냐고!"

우주의 원인을 빅뱅이라고 말하는 것은 시계의 원인

을 쿼츠 무브먼트라고 말하는 것과 같습니다. 물론 명백히 틀린 대답은 아니지만 초점이 어긋나 있습니다. 이러한 대답은 어떤 방식으로 시계를 만들었는지를 설명해 줄지는 몰라도, 만든 회사의 존재에 대한 의문을 지우지는 못합니다. 여전히 우리는 시계의 브랜드가 무엇인지 궁금합니다. 이처럼 우주의 브랜드를 묻는 일은 빅뱅이 정설로 자리 잡은 현재에도 여전히 타당합니다.

사실 빅뱅 이론의 증거들이 관측되기 전까지는 우주가 계속 같은 상태로 존재해 왔다는 주장이 물리학자들의 주류 의견이었습니다. 이를테면, 아인슈타인은 1917년 논문에서 우주가 항상 정적인 상태를 유지한다는 정적 우주론을 주장했습니다. 이후 벨기에의 가톨릭 사제이자 물리학 교수였던 조르주 르메트르는 자신의 수학적 계산을 토대로 빅뱅 이론을 주장하게 됩니다. 그러나 빅뱅 이론은 창세기의 천지창조를 연상시킨다는 이유로 많은 반대에 부딪혔습니다. 사제 신분인 르메트르가 종교적 편향을 가지고 연구했다는 비판이 존재할 정도였습니다.

이후 아인슈타인은 허블이 관측한 우주 팽창의 증거를 보고 자신의 생각이 틀렸음을 인정했습니다. 하지만 영국의 물리학자 프레드 호일은 우주에 시작이 있음을 가정하지 않고도 우주 팽창을 설명하는 정상 우주론을 주장하게 됩니다. 이후 빅뱅 이론과 정상 우주론이 양대 체제를 유지하다가, 20세기 후반에 와서는 추가로 발견되는 증거들을 배경으로 빅뱅 이론이 정설로 자리 잡게 됩니다.

사실 빅뱅 이론이라는 명칭은 정상 우주론의 대표 학자인 프레드 호일이 본의 아니게 붙여 준 이름입니다. 아이러니하게도, 처음 이 이름은 빅뱅에 반대하기 위한 조롱조로 쓰였습니다. "그렇다면 크게 쾅big bang 해서 우주가 생겼다는 건가요?"

창세기 1:1에 나타난 천지창조는 정상 우주론보다는 빅뱅 우주론에 더 가깝습니다. 영국의 물리학자 폴 데이비스는 현대 과학의 논의에 따라 우주는 무로부터 존재하기 시작한 것처럼 보인다고 말합니다.[8] 물론 창세기 1장을 무로부터의 창조로 보는 전통적인 견해를 벗어나 혼돈 가운데 질서를 부여한 사건으로 보는 신학자들도 있습니다. 하지만 어느 쪽이 되었든 빅뱅 이론과 충돌할 이유는 없습니다.

현대의 우주론적 논증은 빅뱅 이론에 힘입어 우주 또한 존재하기 시작한 것들 중 하나라는 전제를 자신 있게 말할 수 있게 되었습니다. 이는 곧 우주에도 원인이 필요하다는 뜻입니다. 그런데 우주의 원인은 우주 바깥에 있어야 합니다. 만일 안에 있다면 그것은 여전히 우주의 일부일 뿐, 우주의 원인이 될 수는 없을 것입니다. 마치 닭이 달걀 안에 있을 수 없는 것과 같습니다. 그런데 우주 밖에 있는 이 원인은 시간과 공간, 물질을 초월한 존재여야만 합니다. 물론 우주를 창조할 만큼 엄청난 능력도 필수입니다. 마지막으로, 이 존재는 원인 없이 스스로 존재해야만 합니다.

우리는 정의상 이러한 설명에 가장 부합한 존재를 신이라 부릅니다. 따라서 우주론적 논증은 각종 신의 속성을 지닌 제1의 원리가 우주의 원인으로 자리 잡고 있음을 보여줍니다.

우주론적 논증에 대한 반론들

스티븐 호킹은 『위대한 설계』에서 중력이 무로부터 스스로를 창조할 수 있다고 주장합니다. 또한 이 자발적 창조야말로 무가 아니라 무엇인가가 있는 이유, 우주가 존재하는 이유, 그리고 우리가 존재하는 이유라고 주장합니다.[9] 책의 초반부에 철학이 죽었다고 호언장담한 것에 비해 그의 주장은 매우 철학적입니다. 또한 그가 무(無)라고 부르는 것은 사실 진공 상태를 의미하는 물리학적 용어였습니다. 철학적 의미의 무와는 달리 진공은 양자 요동이 존재하는 상태입니다. 간단히 말하면, 에너지가 빠른 시간 안에 생성되었다가 소멸되는 중이라는 뜻입니다. 옥스퍼드 대학의 수학자 존 레녹스는 스티븐 호킹이 이 두 가지 용어의 차이를 분명히 밝혀야 했다고 지적합니다.[10]

혹자는 진공 안에 존재하는 양자 요동 혹은 자연법칙이 곧 우주의 원인이라고 주장합니다. 그러나 양자 요동 또한 우주의 일부이므로 원인을 지녀야 하는 대상입니다. 그렇다면 자연법칙은 어떠할까요? 존 레녹스에 따르면, 자연법칙이 존재하려면 먼저 자연이 존재해야 합니다.[11] 자연법칙 자체는 아무런 사건도 일으키지 못하기 때문입니다.

만일 어떤 축구선수가 프리킥을 찬다고 가정해 봅시다. 그가 찬 공이 골대에 들어가 팀이 극적인 역전승을 거두었습니다. 그런데 프리킥의 성공 이유가 축구 규칙 때문일까요? 그럴 리 없습니다. 축구 규칙은 스스로 공을 1센티미터도 움직이지 못합니다. 이미 선수가 차서 움직인 공이 골인으로 인정될 수 있는지를 결정해 줄 뿐입니다.

한편, 우주론적 논증으로 인해 신이 도출된다 하더라도 그것이 인격신이나 특정 종교의 신은 아니라는 반론도 가능합니다. 동의할 수 있는 반론입니다. 우주론적 논증을 포함한 신 존재 논증만을 통해 기독교의 하나님이나 특정 종교의 신까지 도달하는 것은 불가능합니다. 그러나 리버

티 대학 철학 교수인 데이비드 베크는 이렇게 되묻습니다.

> 이런 반론을 사용하는 사람들은 종종 우리가 하나님에 관해 모든 것을 알지 않는다면 우리는 그분에 관해 아무것도 알지 못한다고 생각하는 듯하다. 이것은 명백한 오류다. 우리는 어떤 것에 관하여 모든 것을 알지 못하면서도 많은 것을 알 수 있다.[12]

마지막으로, 리처드 도킨스의 반론을 살펴보겠습니다. 그는 설계자가 우주를 창조했다는 가설은 더 복잡한 질문을 불러오기에 정당하지 못하다고 말합니다. 도킨스가 말하는 더 복잡한 질문은 이것입니다. "설계자는 누가 창조했는가?"[13] 윌리엄 레인 크레이그는 이 질문에 두 가지 반론을 내놓습니다.

첫 번째 반론은, 어떤 설명이 제시되었을 시 그에 대한 설명을 별도로 할 필요가 없다는 사실입니다. 크레이그는 한 고고학자의 예를 듭니다. 그가 땅을 파다가 화살촉과 도자기처럼 보이는 것을 발견했습니다. 이것들이 우연히 생겨난 것이 아니라 어떤 부족들이 만들었다고 추론하는 것은 정당합니다. 이들이 누구인지, 어디로부터 왔는지에 대해 아무것도 모른다 할지라도 말입니다.[14] 만일 설명에 대한 설명을 제시해야 한다면, 설명에 대한 설명에 대한 설명도 제시해야 할 것이고, 그렇게 되면 끝이 없습니다. 이런 식이면 과학 자체가 무너지게 될 것입니다.

두 번째 반론은 사실 신의 본질이 매우 단순하다는 점입니다. 도킨스는 우주보다 신이 더 복잡하므로, 더 단순한 존재인 우주를 설명하기 위해 신을 끌고 와서는 안 된다고 주장합니다. 단순성만이 근거의 판단 기준이 될 수 없음은 둘째 치더라도, 신은 육체가 없는 정신으로서 물리적인 기준에서는 매우 단순한 존재입니다. 크레이그는 다음 설명을 덧붙입니다. "물론 이 정신이 매우 복잡한 생각을 할 수는 있다. 매우 복잡한 미적분에 대해서 생각하고 있을지도 모른다. 하지만 정신 자체는 매우 단순한 영적 존재다."[15]

우주론적 논증의 의의

지금까지 우주론적 논증과 대표적인 반론에 대해 간략히 살펴보았습니다. 사실 이 논증이 엄밀한 증명으로 작동하려면 보다 어려운 문제들이 남아 있습니다. 예를 들어, 무한한 과거의 사건이 존재할 수 있다고 생각하는 이들은 우주에 시작점이 있다는 사실을 인정하지 않으므로 이를 먼저 설득해야만 합니다. 혹은 우주론적 논증의 첫 번째 전제 곧 "존재하기 시작한 모든 것에는 원인이 있다"는 진술의 절대성을 의심하는 이들도 있습니다. 따라서 우주론적 논증을 사용하는 사람은 해당 논증 자체를 넘어 더 깊은 철학적 차원의 논의에도 준비가 되어 있어야 합니다.

그럼에도 이 논증은 많은 사람들이 궁금해하는 우주의 기원을 소재로 한다는 점에서 매력적입니다. 철학적 고찰을 통해 신의 속성을 지닌 창조자를 더듬어 올라간다는 점도 주목할 만합니다. 그렇기에 여전히 여러 철학자들이 이 논증을 사용하여 신의 존재를 설명하고 있습니다.

도덕적 논증

다음으로 도덕적 논증에 대해 살펴보겠습니다. 앞서 살펴보았듯이, 칸트는 순수 이성으로 신을 증명하거나 반증하는 것이 불가능하며, 오히려 도덕을 위해 신의 존재가 요청된다고 주장했습니다. 특히 그는 우리가 다른 이익을 얻기 위해 선한 일을 해서는 안 된다고 생각했습니다. 상대에게 호감을 사거나, 훗날 도움을 얻거나, 심지어 사회의 안정을 도모하는 것이 이유가 되어서도 안 됩니다. 칸트에게 있어 선을 행해야 할 이유는 단지 그것이 선하다는 사실뿐입니다.

칸트는 이러한 도덕이 가능하려면 신의 존재가 요청된다고 보았습니다. 신 없이는 언제나 반드시 따라야 할 명령이 존재할 수 없기 때문입니다. 만일 신이 없다면, 도덕은 그저 그 사회에서만 통용되는 합의나 주관적인 판단에 불과할 것입니다. 이러한 전제가 도덕적 논증의 출발점입니다.

많은 그리스도인들의 필독서 가운데 하나인 C. S. 루이스의 『순전한 기독교』 또한 이러한 논증에서 출발합니다. 루이스는 사람들의 다툼을 관찰하다 보면, 그들이 결국 상대가 당연히 알고 있으리라 기대하는 기준에 호소한다고 말합니다. 옳지 못한 일을 했다는 혐의를 입은 사람이라도 실제로는 자신의 행동이 그 기준에 위반되지 않았다고 말하거나, 위반했더라도 그럴 만한 이유가 있음을 보이려고 노력한다는 것입니다.[16]

예를 들어, A가 B에게 왜 자신의 아이스크림을 훔쳐 먹었느냐고 화를 내는 상황을 떠올려 봅시다. 대부분의 경우, B가 보이는 반응은 세 가지 중 하나입니다. 잘못을 인정하고 미안하다고 말하거나, 자신은 그런 적이 없다고 말하거나, 전에 너도 훔쳐 먹었으니 자신이 먹는 것은 정당하다고 말하는 것입니다. 하지만 B가 이렇게 대답한다면 어떨까요? "남의 아이스크림을 훔쳐 먹는 게 왜 잘못이지? 나는 그게 옳은 일이라고 생각해." 이는 매우 황당한 대답입니다. 그 순간 A는 B와 더 이상 인간다운 대화를 하기 어렵다고 판단할 것입니다.

이처럼 도덕적 논증은 사람들이 객관적인 도덕 가치 곧 좋고 나쁨의 기준과 도덕 의무 곧 옳고 그름의 기준이 존재한다는 사실을 알고 있다는 가정하에 진행됩니다. 물론 도덕 가치와 의무가 존재하지 않는다고 말하는 사람들도 있습니다. 하지만 이러한 의견을 주장하기 위해서는 많은 근거가 요구됩니다. 우리들 대부분은 실제로 도덕의 실재와 필요성을 충분히 느끼며 살아가기 때문입니다. 이 사실을 염두에 두고 도덕적 논증의 구조를 살펴보자면 다음과 같습니다.

첫째, 만일 신이 없다면 객관적 도덕 가치와 의무는 존재하지 않는다.
둘째, 객관적 도덕 가치와 의무는 존재한다.
셋째, 그러므로 신은 존재한다.

정리하자면 도덕적 논증은 도덕 가치와 의무가 실제로 존재한다는 가정하에 작동하며, 따라서 모든 사람에게 적용될 수는 없습니다. 하지만 대부분의 사람들은 이미 도덕 가치와 의무가 존재한다는 사실을 믿고 있습니다. 그저 극도로 다원화된 사회 분위기 속에서 누군가에게 자신의 가치관을 알리는 일을 꺼릴 뿐입니다. 그들은 자신의 생각을 다른 사람에게 강제로 이해시키거나 강요하는 것이 객관적으로 잘못되었다고 생각합니다. 그러나 이러한 생각이 옳은 것으로 드러나려면 오히려 객관적인 도덕 의무가 존재해야만 합니다.[17] 만일 그렇지 않다면, 강요가 나쁘다는 말 또한 "난 그렇게 생각 안 하는데?"라는 단순한 한마디 대답에 무너지고 말 것입니다. 이처럼 이미 전제에 동의하고 있는 사람이 많다는 점에서 도덕적 논증은 높은 효율성을 지닙니다.

도덕 자체가 존재하지 않는다는 반론

도덕적 논증에는 여러 반론이 제기될 수 있습니다. 우선 객관적 도덕 가치와 의무가 존재한다는 두 번째 전제에 대한 반론들을 몇 가지만 살펴보려고 합니다. 요즘에는 "옳고 그름 따위는 없다" 혹은 "결국 승자만이 정의다"와 같은 말이 유행합니다. 이런 말이 유행하는 데는 니체의 영향력이 큽니다. 그가 도덕의 계보를 들어 기존 도덕의 허구성을 설파했기 때문입니다.

니체의 생각을 간단히 정리하자면 다음과 같습니다. 서구 사회에서 중시하는 이웃 사랑의 가치나 평등 정신은 기독교의 도덕을 뿌리로 두고 있고, 자연스럽게 이와 반대되는 것들은 악한 것으로 여겨집니다. 그런데 선하다는 말은 원래 강자 혹은 주인에게 속한 단어였습니다. 약자나 노예들은 도덕적 차원에서도 강자들보다 우위에 있지 않았다는 것입니다. 니체에 따르면, 이들은 원한을 품고 강자들에게 배려나 친절 등이 부족하다는 도덕적 함의를 씌우고자 했습니다. 이를 위해 형성된 것이 기독교의 이웃 사랑과 평등의 도덕이라는 것입니다.

니체가 보기에 약자를 배려하는 사상은 노예의 도덕입니다. 또한 기독교에서 강조한 양심과 금욕주의적 이상은 사제들이 자신들의 권력을 얻기 위해 휘둘러 온 수단에 불과합니다. 따라서 그는 노예 도덕을 철폐하고 본래의 지주 도덕 곧 강자의 미덕을 회복해야 한다고 주장했습니다. 그는 로마인들의 강한 기상을 높게 평가했고, 그리스도가 아니라 고대 그리스의 신 중 하나인 디오니소스를 모델로 삼아 주관성을 극대화하고 창조적 행위를 벌일 것을 촉구했습니다.

전문적인 철학자라면 니체의 논증에 직접적인 반론을 펼쳐 볼 수도 있을 것입니다. 하지만 니체의 분석이 모두 옳다 하더라도 도덕의 허구성이 보장되지는 않습니다. 여기에는 두 가지 이유가 있습니다. 우선, 무언가가 발생한 원인을 밝히는 일이 그것의 허구성을 말해 주지 않습니다. 만일 이렇게 주장한다면 발생학적 오류genetic fallacy가 될 것입니다. 발생학적 오류는 대상의 기원이 가진 속성을 그 대상도 가지고 있다고 추리하는 오류입니다. 예를 들어, 누군가가 "당신이 민주주의를 믿는 유일한 이유는 당신이 민주주의 국가만을 경험해 보았기 때문이다. 따라서 민주주의가 가장 좋은 정치체제라고 주장하는 것은 잘못되었다"라고 말한다면, 이는 발생학적 오류입니다. 무언가의 정당성을 판단하는 일은 그것을 받아들이게 된 이유와는 무관하기 때문입니다. 따라서 기독교를 기반으로 한 도덕이 노예의 원한으로부터 발생했기에 곧 허구라는 주장은 비논리적입니다.

둘째로, 니체는 도덕성이 존재하지 않는다고 말한 적이 없습니다. 그의 목적은 단지 기독교적 도덕을 귀족의 도덕으로 대체하는 것이었습니다. 많은 사람들은 니체가 기존 도덕에 반대한 것을 두고 그를 엄밀한 도덕 상대주의자라 부릅니다. 니체의 도덕관에 다소 상대주의적 경향이 있는 것은 사실입니다. 하지만 그가 제시하는 새로운 도덕이 인간의 주관성을 강조했다고 해서, 본인도 그것을 주관적인 의견에 불과하다고 말한 것은 아닙니다. 니체는 분명히 자신의 새로운 도덕을 '객관적으로' 우월한 것이라 주장했습니다.[18]

누군가는 니체의 도덕이 기독교를 기반으로 한 기존 도덕의 힘을 잃게 만들었으며, 그것만으로 충분히 도덕의 객관성을 해체한 것이라고 말할 수도 있습니다. 하지만 기독교적 도덕에 반대했다는 사실만으로 니체가 아무 기준도 받아들이지 않은 것처럼 생각한다면, 이는 현대인들조차 여전히 도덕이라는 개념에서 기독교의 도덕을 떠올릴 뿐이라는 사실을 보여주는 것입니다. 다시 말해, 니체의 기독교 비판만 받아들여졌을 뿐, 그가 대안으로 제시하는 도덕은 전혀 받아들여지지 못한 것입니다.

박홍규 영남대 명예교수는 그의 저서 『반민주적인, 너무나 반민주적인』에서 니체의 도덕관을 통렬히 비판합니다. "내가 읽은 『차라투스트라는 이렇게 말했다』는 평등을 주장하는 민중(여성을 포함하여)을 천민이니 잡것이니 하며 철저히 무시하고, 불평등을 주장하는 초인을 끝없이 예찬하는 책이며, 그러면서도 초인이라는 게 민중을 무시하는 존재인 것 외에는 어떤 존재인지에 대해서 아무런 가르침도 주지 않는 책이다."[19] 이처럼 니체가 제시한 대안은 그의 문제제기에 비해 아직 많은 논란이 있어 보입니다.

그렇다면 옳고 그름은 곧 승자에 의해 정의된 것이라는 주장은 어떻게 바라보아야 할까요? 세계적으로 인기를 누리고 있는 만화 『원피스』에는 도플라밍고라는 악역이 등장합니다. 그는 수많은 사람이 휩싸인 거대한 전쟁 중에 다음과 같이 외칩니다. "정점에 서는 자가 선악을 뒤집는다.……정의는 이긴다고? 그거야 그렇겠지! 승자만이 정의다!" 사실 이러한 생각은 현대 문화를 넘어 니체를 지나 고대 그리스의 소피스트인 트라시마코스까지 거슬러 올라갑니다. 플라톤의 『국가』 1장을 보면, 트라시마코스는 소크라테스와 논리 대결을 시작하며 이렇게 선언합니다. "나는 정의란 곧 강한 쪽의 이익 외에는 아무것도 아니라고 주장합니다."[20]

많은 사람들이 도플라밍고의 대사를 듣고 명대사라는 찬사를 보냈는데, 그의 대사가 우리가 평소에 세상을 살아가며 느끼는 부조리를 긁어 주었기 때문입니다. 도플라밍고는 작품 내에서 굉장히 악랄한 인물로 등장하는데, 악당이 스스로 자신의 부조리한 철학을 드러내는 것을 보고 더 시원하게 느낀 것입니다.

우리는 여기서 사실과 가치를 구분할 필요가 있습니다. "우리가 사는 세상은 승자가 정의를 독점하는 것처럼 보인다"고 할 때, 이것은 사실을 다루는 말에 속합니다. 그리고 실제로 사실일 가능성도 있습니다. 많은 사람들이 이런 가치관으로 약자를 짓밟으며 살아가기 때문입니다. 하지만 "승자만이 정의다"라는 말에는 가치판단이 들어 있습니다. 사람들이 정말 이 말이 옳다고 느껴서 명대사라고 칭하는 것일까요? 만일 이것이 세상의 부조리를 잘 꼬집어 주었다는 이유로 보낸 찬사라면, 그들은 이미 이 대사가 담고 있는 내용을 부인하고 있는 것입니다. 세상이 그렇게 돌아가는 것에 대해 잘못되었다고 느끼고 있으니 말입니다.

현대인은 입으로는 기존의 도덕 질서를 부인하는 것처럼 보입니다. 그들은 도덕이 그저 사회의 구성물일 뿐이며, 오직 승자만이 도덕을 결정한다고 말하길 좋아합니다. 하지만 실제 행동에서도 그럴까요? 오히려 현대 사회는 니체가 기독교적 도덕으로 분류한 이웃 사랑과 평등의 중요성을 이전보다 훨씬 강조하고 있습니다.

팀 켈러는 이런 현상을 지적인 정신분열증에 비견하여 설명합니다. 그는 토론토 대학 마리 루티 교수의 예를 드는데, 가치란 신이 내린 게 아니라 사회적 구성물에 불과하다고 말하면서 동시에 성차별을 문화적 관습으로 치부하는 것은 잘못이며 명백한 불의라고 말하는 그녀의 모순을 지적합니다.

> 보다시피 처음에 그녀는 이 시대를 살고 있는 세속적인 사람으로서 말한다. 모든 도덕 가치는 신에게서 기원한 게 아니라 인간이 만들어 낸 사회적 구성물이라는 것이다. 하지만 그때 그녀에게 반론이 들려온다. 그렇다면 성평등도 문화적으로 구성된 서구의 관습에 불과하므로, 이를 촉구하는 그녀의 말도 들을 필요가 없다는 반론이다. 그러자 그녀는 아니라고 극구 반박한다. 성평등은 어느 문화에서나 존중받아야 할 보편 도덕규범이라는 것이다. 하지만 어떻게 그럴 수 있는가?[21]

실제로 서구권 학생들과 대화하다 보면 마리 루티 교수처럼 지적 분열증에 빠진 청년들을 쉽게 만날 수 있습니다. 많은 학생들이 옳고 그름 따위는 특정 사회의 구성물일 뿐이라고 말하면서, 동시에 인권이나 동물의 권리 혹은 다양성은 반드시 보호되어야 한다고 주장합니다. 더 나아가 이 규범이 특정 국가를 넘어 모든 문화에 보편적으로 적용되어야 한다고 주장합니다.

어떤 이들은 상대주의를 받아들여 객관적 도덕 가치가 존재한다는 두 번째 전제를 거부할지도 모릅니다. 하지만 이런 관점은 금방 허점이 드러납니다. 도덕이 상대적이라고 믿는 사람들조차 단 하나의 옳은 것이 존재한다고 굳게 믿고 있습니다. 그들은 자신의 가치를 다른 사람에게 강제적으로 이해시키거나 강요하는 것이 객관적으로 잘못되었다고 생각합니다. 따라서 상대주의적 미덕조차 일종의 도덕 가치라고 보아야 합니다. 만일 그렇게 생각하지 않는다면, 상대주의의 가치를 알리고 설파하는 일은 진보도 아니고, 옳은 일도 아니며, 그저 의미 없는 일에 불과할 것이기 때문입니다.

도덕이 존재하더라도 원인이 신은 아니라는 반론

그렇다면 '만일 신이 없다면 객관적 도덕 가치와 의무는 존재하지 않는다'는 첫 번째 전제는 어떨까요? 러시아의 대문호 도스토예프스키는 『카라마조프가의 형제들』에 등장하는 인물의 입을 통해, "만일 신이 없다면 모든 것이 허용된다"고 말합니다. 도덕적 논증은 이처럼 신이 없다면 도덕도 존재할 수 없다는 사실을 전제로 두고 있습니다. 이것이 과연 옳은 주장일까요?

우선 널리 퍼진 오해를 하나 풀어야 할 것 같습니다. 이 전제는 신을 믿지 않는 사람은 도덕적일 수 없다는 뜻이 아닙니다. 당연히 신을 믿지 않는 사람도 선한 가치를 따를 수 있습니다. 예를 들어, 남에게 해를 입히지 말아야 한다는 것은 굳이 특정 종교를 믿지 않아도 알 수 있는 사실입니다. 도덕적 논증은 단지 남에게 해를 입히는 일이 옳지 않다는 사실이 신이 없이도 정당화될 수 있는 내용인지를 묻고 있는 것입니다.

첫 번째 전제를 부정하려면 우리가 도덕 가치라고 여기는 것들이 사실은 신 이외에 다른 것으로부터 비롯되었음을 보여주어야 합니다. 여기서는 실제로 논쟁을 하며 가장 많이 들어 본 두 가지 반론을 소개해 보려고 합니다. 첫 번째 반론은 도덕 가치가 진화의 산물이자 본능이라는 것이고, 두 번째 반론은 도덕이 공동체를 위한 사회적 합의로 만들어졌다는 것입니다.

우선, 도덕 가치가 진화의 산물이자 본능이라는 반론부터 살펴봅시다. 이 주장에 따르면, 생존 확률을 높일 만한 행동을 하는 개체들이 환경의 변화로부터 더 많이 살아남았고, 따라서 지금 존재하는 사람들은 본능적으로 특정 행동을 더 옳다고 느끼는 이들입니다. 말하자면, 이기적인 판단만을 내리는 개체보다는 베풀고 협동하는 개체가 더 많이 생존해서 DNA를 남겼고, 이것이 후대에 전해져 도덕성의 기원이 되었다는 것입니다.

이 주장의 가장 큰 문제는 인류의 높은 도덕적 이상과는 별개로 도덕이 지켜지지 않는 사례가 너무 많다는 것입니다. 만일 우리가 도덕을 지켜야만 살아남을 수 있었던 조상들의 후예라면, 왜 도덕을 지켜야만 한다는 생각만큼 실제 행동이 따라 주지 못할까요? 오히려 생존을 위한 이기적인 모습이 인간의 본성이고, 도덕적인 당위는 외부로부터 부여받았다는 설명이 보다 설득력 있게 느껴집니다.

이러한 간극 때문에 어떤 행동은 생존 본능에 반대되면서도 도덕적으로 숭고하게 여겨집니다. 예를 들어, 어린아이를 구하기 위해 목숨을 걸고 불길에 뛰어드는 청년의 행동은 가장 높은 도덕적 이상을 실현한 모습처럼 보입니다. 그러나 이것은 자신의 생존 본능과는 가장 거리가 먼 행동입니다. 살아남기 위한 과정에서 형성된 본능이 곧 도덕이라면, 최소한 목숨을 버리는 것이 옳은 일로 느껴져서는 안 될 것입니다.

이러한 난점을 다른 식으로 극복하려는 시도도 있습니다. 우리의 유전자가 단순히 개인의 생존이 아니라 집단의 생존에 유리한 방향을 택하도록 설정되어 있다는 것입니다. 이러한 관점에서 어린아이를 구하는 것은 청년이 살아남는 것보다 사회 보존에 유익이 될 확률이 높습니다. 그러므로 어린아이를 구하는 것은 도덕적인 일이 됩니다.

C. S. 루이스는 본능끼리의 충돌 상황을 예로 들어 이러한 생각에 반대합니다. 그에 따르면, 본능은 피아노의 건반과도 같습니다. 어린아이를 구하기 위해 불길에 뛰어드는 청년의 예를 계속 사용하자면, 살아남고 싶다는 생존 본능은 첫 번째 건반이고, 아이를 구해야 한다는 집단 본능은 두 번째 건반입니다. 그러나 우리는 도망치고 싶은 충동을 누르고 아이를 구해야 한다는 제3의 목소리를 내면에서 느끼게 됩니다. 이 목소리는 본능 중에서 어떤 것이 우선시되어야 하는지 조율해 주는 역할을 합니다.[22] 따라서 이 목소리는 본능 중 하나라고 볼 수 없습니다. 실제로 우리가 경험하는 양심이나 도덕성이란 피아노 건반이 아니라 연주자에 가깝습니다.

둘째로, 도덕이 공동체를 위한 사회적 합의라는 반론에 대해 살펴보겠습니다. 도덕성이 진화를 통해 심어진 것은 아니지만, 더 좋은 사회를 만들기 위한 인간들 간의 합의로 세워졌다는 것입니다. 이쯤에서 자주 등장하는 주장이 하나 있습니다. 내가 맞으면 아픈 것처럼 상대를 때려도 똑같이 아프다는 지식이, '그러므로 상대에게 해를 입혀서는 안 된다'는 합의를 자연스럽게 도출시켰다는 것입니다. 하지만 이는 지나치게 낙관적인 설명으로 보입니다. 많은 사람들은 상대를 때리면 나처럼 고통을 받는다는 지식을 통해 어떻게 하면 더 아프게 때릴지를 연구해 왔습니다. 이것이 무기의 체계가 발전한 전쟁의 역사입니다.

심지어 백 번 양보해서 역사가 평화로운 방향으로만 흘렀다고 해도, 이 논증은 별로 가망이 없어 보입니다. "A를 하는 것이 공동체를 위해 유익하다"는 말이 자동으로 "A를 해야만 한다"는 결론을 도출하지는 않기 때문입니다. 의사가 되는 일이 공동체에 유익하다고 해서 모든 입시생이 의대에 지원해야만 하는 것은 아닙니다. 이처럼 우리는 유용성을 넘어 당위를 제공해 주는 것이야말로 도덕이라고 생각합니다.

영국의 경험론 철학자 데이비드 흄은 일찌감치 사실과 당위의 관계를 지적했고, 이후 또 다른 영국 철학자 G. E. 무어는 이 문제에 자연주의적 오류라는 이름을 붙였습니다. 요지는 사실의 영역에 속한 진술이 자연스럽게 당위로 도약할 수 없다는 것입니다. 따라서 사회적 합의가 공동체 유지를 위해 유용할 수는 있으나, 도덕적인 당위를 이끌어 낼 수는 없습니다.

도덕적 논증의 의의

만일 다른 후보들이 도덕의 존재를 이끌어 낼 수 없다면, 도덕의 기원은 신이라는 논증의 결론을 받아들여야 합니다. 물론 이 신이 특정 종교의 신은 아니지만, 최소한 선함이라는 속성을 지녔다는 점에서 우주론적 논증에서 밝혀

낸 신보다는 훨씬 기독교적 하나님에 가까울 것입니다.

우주론적 논증과 마찬가지로, 누군가가 특정 철학적 전제를 부정한다면 이 논증은 힘을 잃습니다. 예를 들어, 만일 누군가가 끝까지 옳고 그름이나 도덕 따위는 없다고 주장한다면, 이를 설득할 방법은 없습니다. 그럼에도 도덕적 논증은 우리가 매일 느끼며 살아가는 도덕이라는 경험을 통해 신을 조명하는 역할을 합니다. 특별히 그리스도인은 이 논증을 통해 하나님께로 통하는 하나의 다리를 더 건설할 수 있습니다.

결론: 신 존재 논증을 더 알고 싶다면

현재 논의되는 신 존재 논증의 숫자는 양 손가락에 꼽지 못할 만큼 많으며, 각각의 논증에 대해 별도로 책을 써야 할 만큼 방대합니다. 또한 그 작업은 너무나 전문적이어서 새로운 논증이나 해석을 내놓는 것은 해당 전문가가 아니라면 불가능합니다. 그럼에도 선행된 연구들을 간략하게 소개해 보았습니다. 이 주제에 대해 보다 깊이 알기 원한다면 아래 도서를 참고하기 바랍니다. 대부분 대중을 위해 출간된 도서이므로 큰 어려움 없이 읽을 수 있을 것입니다.

C. S. 루이스, 『순전한 기독교』
윌리엄 레인 크레이그, 『복음주의 변증학』
알리스터 맥그래스, 『우주의 의미를 찾아서』
앨빈 플랜팅가, 『지식과 믿음』
팀 켈러, 『팀 켈러, 하나님을 말하다』[23]

나눔을 위한 질문 1

비그리스도인과의 대화 중 신의 존재를 증명해 보라거나,
신이 존재한다는 증거는 하나도 없다는 말을 들어 본 적이 있나요?
만일 그렇다면, 어떻게 대처했나요?

_____

_____

_____

_____

나눔을 위한 질문 2

우주론적 논증과 도덕적 논증 중
무엇이 더 설득력 있게 느껴지나요?
그 이유는 무엇인가요?

_____

_____

_____

_____

나눔을 위한 질문 3

이번 질문의 논의들을
비그리스도인과의 대화 가운데 활용할 수 있을까요?
그렇게 대답한 이유는 무엇인가요?

_____

_____

_____

_____

Q16. 하나님을 믿는다는 것은 무슨 뜻일까?

교회 다니는 사람들은 대부분 하나님을 믿는다고 말합니다. 길거리에서 전도하는 이들이 교회에 다니는지를 묻는 것만큼 자주 묻는 것도 하나님을 믿느냐는 질문입니다.

그렇다면 하나님을 믿는다는 말은 도대체 무엇을 의미할까요? 몇 년 전 제가 다니는 교회의 순원들에게 이렇게 물어본 적이 있습니다. "하나님을 믿는다는 게 뭐라고 생각해? 내가 그리스도인이 아니라 생각하고 설명해 줄래?" 의외로 대답이 쉽게 나오지 않았습니다. 못 믿겠다면, 이번 주일에 가서 자신이 속한 소그룹의 멤버 한 명에게 한 번 집요하게 물어보기 바랍니다. 그러면 다음 주부터 그 친구의 얼굴을 볼 수 없을지도 모릅니다.

하나님을 믿는다는 것은 분명 감정적 느낌만을 의미하지는 않습니다. 왠지 내가 잘 믿고 있는 것만 같은 기분, 왠지 하나님과 친한 것 같다는 느낌이 믿음을 보장해 주지 않습니다. 이런 느낌을 신앙의 최고 근거로 삼는 이들은 오히려 하나님을 믿는다고 착각하고 있을 확률이 높습니다. 믿는다는 것이 무엇인지 알지 못하는데 어떻게 믿는다고 말할 수 있을까요?

비그리스도인들이 가장 이해하지 못하는 부분 중 하나가 바로 이것입니다. "도대체 저 사람들은 왜 확실한 증거도 없이 신을 믿는다고 고집을 부리는 거야?" 여기서 더 나아가, 전투적 무신론자들은 그리스도인을 비이성적이고 맹목적인 믿음을 지닌 미개한 사람들로 치부하기도 합니다. 많은 신앙인들이 합리적인 생각이 아니라 다른 방법들로 믿음을 강화하는 것처럼 보이기 때문입니다. 이것이 완전히 틀린 지적은 아닙니다. 실제로 많은 교회 안에는 이성을 배제한 믿음을 더 높은 경지로 여기는 분위기가 존재하기 때문입니다.

믿음과 신뢰의 차이

종교 담론에서 생산적인 논의가 이루어지지 못하는 가장 큰 이유는 각자가 생각하는 믿음이라는 말의 정의가 다르기 때문입니다. C. S. 루이스는 「믿음의 고집에 대하여」라는 에세이에서 믿음이라는 말의 정의를 세 가지 단계로 나눕니다.[1] 이 가운데서 가장 중요한 두 단계를 믿음 A와 믿음 B로 놓고 한번 살펴보려고 합니다.

믿음 A는 사실의 참과 거짓에 대한 믿음입니다. 예를 들어 누군가가 "나는 외계인을 믿어"라는 말을 하면, 그 말은 곧 "나는 외계인이 존재한다고 믿어"라는 뜻입니다. 반면에 믿음 B는 인격적인 관계 안에서의 신뢰를 의미합니다. 예를 들어 "나는 내 아버지를 믿어"라는 말은 아버지가 존재한다고 믿는다는 말이 아니라, 아버지를 인간적으로 신뢰한다는 뜻입니다. 똑같은 단어를 사용했지만 완전히 다른 의미를 내포하고 있습니다.

신에 대해 논할 때, 비신앙인은 대부분의 경우 믿음 A의 의미로 말합니다. 말하자면, 신이 존재하느냐 존재하지 않느냐에 초점을 맞추는 것입니다. 이는 사실 당연한 일입니다. 존재한다고 생각하지도 않는 신을 어떻게 신뢰하겠습니까? 반면에 그리스도인의 경우, 신을 믿는다고 말할 때 보통 믿음 B를 의미합니다. 신을 신뢰한다는 의미로 믿음을 정의한다는 뜻입니다.

사실 모든 종교가 믿음 B까지 요구하는 것은 아닙니다. 범신론 기반의 종교들은 인간과 신의 인격적인 관계를 핵심요소로 다루지 않기 때문입니다. 소위 고등 종교 중에서 오직 아브라함계 뿌리인 유대교, 기독교, 이슬람교만이 신과 인간의 인격적 관계를 다루고 있습니다. 그중에서도 기독교가 유독 이런 부분이 강합니다. 유대교나 이슬람교의 경우 신약이 아니라 구약의 하나님의 모습에 강하게 뿌리를 내리고 있습니다. 물론 구약에도 하나님과의 인격적 관계가 등장하기는 하지만, 신약과 비교했을 때 아무래도 통치자의 측면이 더욱 강조됩니다.

반면에 기독교는 신약성경을 가장 핵심적인 경전으로 여기고 있습니다. 그런데 이 신약성경의 핵심에는 하나님이 인간과의 인격적 관계를 위해 직접 역사 한복판에 내려오셨다는 사실이 자리 잡고 있습니다. 다시 말해, 신과 인간의 관계가 크게 부각되는 셈입니다. 자연스럽게 믿음 B가 강조될 수밖에 없습니다. 따라서 신약성경에서 계속해서 반복되는 키워드도 바로 '관계'입니다. 예수 그리스도와 인격적 관계를 맺어서 하나님과의 끊어진 관계를 회복하고, 이를 통해 거듭나서 다시 다른 인간들과의 관계를 회복합니다. 이러한 연쇄 반응으로 결국 세상과 하나님 사이의 관계가 회복되는 것, 그리고 이 땅이 새 하늘과 새 땅으로 회복되는 것이 기독교가 말하는 복음의 메시지입니다.

이러한 차이로 인해 신약이 구약보다 믿음을 훨씬 강조합니다. 개역개정 성경을 기준으로 성경 전체에서 믿음이라는 단어가 233번 등장하는데, 그중 오직 세 번을 제외하고 신약에서만 230번 사용됩니다. 그렇다면 성경에서 말하는 믿음 또한 믿음 A가 아니라 믿음 B 곧 신뢰를 의미한다고 정리해 볼 수 있겠습니다.

그렇다면 믿음 B는 믿음 A와 어떻게 다를까요? 한 가지 예를 들면, 믿음 B는 "자신의 아내를 믿는다"는 말과 비슷합니다. 당연히 이는 아내가 존재한다고 믿는다는 의미가 아닙니다. 아내를 믿는다는 말에는 매우 다양한 의미가 들어 있고, 상황에 따라서도 의미가 계속 변합니다. 이를테면 아내가 바람을 피우지 않을 것이라 믿거나, 그녀가 좋은 여자일 것이라 믿거나, 자신을 계속해서 사랑해 줄 것이라 믿는다는 의미가 될 수 있습니다. 이러한 신뢰에는 별개의 이성적 검증 절차가 필요하지 않습니다. 오히려 관계에 대한 신뢰는 증거 없이 믿을수록 도덕적으로 훌륭한 일이 되는 경우가 많습니다.

어떤 과학자 남편이 있다고 가정해 봅시다. 그가 어느 날 갑자기 자기 아내에 대한 신뢰성을 심각하게 의심하기 시작하더니, 아내가 자신을 배신하지 않을 확률에 대해 가설을 세우고 데이터를 수집하여 근거를 제시하고 논문을 발표합니다. 그리고 이 논문이 통과되기 전까지는 아내를 믿을 수 없다고 선언하고 돌연 아내와 별거를 시작합니다. 이 사람은 어떤 사람일까요? 제대로 미친 사람입니다. 이런 남편이 존재한다면 빨리 도망치는 편이 낫습니다. 물론 실험실에서는 냉철하고 이성적일수록 훌륭한 과학자일 수 있습니다. 실험을 하는 와중에 무언가를 맹목적으로 믿는다면 자격 미달일 것입니다. 하지만 신뢰는 과학적 검증이나 데이터 분석과는 전적으로 다릅니다.

이런 맥락에서 믿음과 관련된 신약 구절 가운데 특히 예수님이 하신 말씀들을 살펴보려고 합니다. 믿음이라는 단어를 신뢰로 바꿔서 읽으면 보다 쉽게 이해할 수 있습니다.

> 오늘 있다가 내일 아궁이에 들어갈 들풀도 하나님께서 이와 같이 입히시거든, 하물며 너희들을 입히시지 않겠느냐? 믿음이[신뢰가] 적은 사람들아!　　　　　마 6:30, 새번역

> 그런데 바다에 큰 풍랑이 일어나서, 배가 물결에 막 뒤덮일 위험에 빠지게 되었다. 그런데 예수께서는 주무시고 계셨다. 제자들이 다가가서 예수를 깨우고서 말하였다. "주님, 살려 주십시오. 우리가 죽게 되었습니다." 예수께서 그들에게 "왜들 무서워하느냐? 믿음이[신뢰가] 적은 사람들아!" 하고 말씀하시고 나서, 일어나 바람과 바다를 꾸짖으시니, 바다가 아주 잔잔해졌다. 사람들은 놀라서 말하였다. "이분이 누구이기에, 바람과 바다까지도 그에게 복종하는가?"　　마 8:24-27, 새번역

마지막으로 한 구절 더 살펴보겠습니다. 귀신 들린 아이를 제자들이 해결하지 못하자 예수께서 직접 고쳐 주신 뒤에 이어지는 장면입니다.

> 그때에 제자들이 따로 예수께 다가가서 물었다. "우리는 어찌하여 귀신을 쫓아내지 못했습니까?" 예수께서 그들에게 대답

하셨다. "너희의 믿음이[신뢰가] 적기 때문이다. 내가 진정으로 너희에게 말한다. 너희에게 겨자씨 한 알만한 믿음이라도 [신뢰라도] 있으면, 이 산더러 '여기에서 저기로 옮겨가라!' 하면 그대로 될 것이요, 너희가 못할 일이 없을 것이다."

마 17:19-20, 새번역

여기서 우리는 믿음을 신뢰로 바꿔서 읽는 최대의 장점을 발견하게 됩니다. 많은 사람들이 믿음이라고 하면 믿는 사람 본인의 능력 중 하나인 것처럼 생각합니다. 그런데 믿음에 대한 오해의 대부분은 여기서부터 시작됩니다. 마치 믿음을 좋게 하기 위해 30일 특별 새벽기도회에 빠지지 않고 가야 할 것 같고, 성경을 100번 정도는 읽어야 할 것만 같습니다. 그러면 믿음이 상승해서 결국 산을 옮기는 사람이 될 것이라 생각하는 것입니다. 하지만 그게 아닙니다!

만일 성경이 말하는 믿음이 곧 신뢰를 의미한다는 사실을 알게 되면, 누구를 신뢰할 것인지에 초점이 맞추어지게 됩니다. 신뢰하는 주체인 나는 주인공이 아닙니다. 오직 신뢰의 대상만이 주인공입니다. 내가 아무리 최선을 다해서 열심히 신뢰해도, 신뢰받는 당사자가 능력이 없는 존재라면 아무 소용이 없는 것입니다.

믿음 A의 경우에는 맹목적이어서는 안 됩니다. 다음과 같은 태도로 보일 우려가 있기 때문입니다. "외계인은 있어. 외계인은 있다고! 증거는 없지만 그냥 있어!" 어떻습니까? 신의 경우를 대입해도 마찬가지입니다. "하나님은 계셔. 몰라. 그냥 계셔!" 이런 태도는 단호한 믿음이 아니라 그저 어리광에 불과합니다. 만일 이것이 좋은 믿음이라는 생각을 가지고 있다면 대화하는 데 적지 않은 어려움을 겪을 것입니다.

무신론자들은 그리스도인이 믿음을 처음 가지게 된 계기에 대해서 충분히 비판할 수 있습니다. 한 사람이 믿음 A를 가지게 된 데에는 여러 가지 이유가 있을 텐데, 누군가는 신적 체험을 통해 하나님의 존재를 인식했을 것이고, 누군가는 이성적으로 고민하다가 그리스도인이 되었을 수도 있을 것입니다. 누군가는 신 존재 논증을 통해 신이 있을 수도 있다는 생각을 하게 되었을지도 모릅니다. 중요한 것은 믿음 A에 대해서는 맹목적인 선포보다 대화와 토론이 필요하다는 점입니다.

그리스도인이 비그리스도인과 의견을 교환할 수 있는 부분은 사실 대부분 믿음 A의 경우입니다. 믿음 B에 대해 이야기할 경우, 먼저 신뢰라는 측면을 분명히 인식시킨 다음 자신의 경험에 근거하여 이야기를 시작하는 수밖에 없습니다. 그렇지 않으면 모든 종교적 대화는 난관에 봉착합니다. 신의 존재 여부를 묻는 사람에게, 하나님은 너무나 좋으신 분이며, 그분의 사랑을 체험하지 않고서는 자신의 말을 이해하지 못할 것이라고 말한다면 질문자의 입장에서는 무척 황당할 것입니다. 물론 이런 대답이 좋은 방향으로 작용하는 경우도 있다는 것을 부정하지는 않지만, 대화의 초점이 안 맞는 것은 분명합니다.

그러나 믿음 A는 결국 신앙의 출발점에 불과합니다. 이후 갖게 되는 믿음 B 곧 신뢰만큼은 합리적 증거 없이도 가능합니다. 자신의 가족을 신뢰하는 남자를 비이성적이라 욕할 사람은 아무도 없을 것입니다. 오히려 의처증이 비난의 대상입니다. 또한 일제 강점기에 활동하던 독립투사들의 민족 해방에 대한 확신은 제3자가 보기에는 맹목적으로 보였을 것입니다. 그럼에도 그들의 믿음은 숭고합니다.

일단 어떤 이유에서든 믿음 A를 받아들이고 신앙을 갖게 된 사람은 신이 존재하느냐 존재하지 않느냐의 차원을 넘어 하나님과의 인격적인 관계 안에 들어온 것입니다. 따라서 그가 하나님을 믿는다고 말하는 것은 의리 혹은 정조의 관념과 비슷해집니다. 잠시 눈앞에서 신뢰할 이유가 사라지더라도 계속해서 신뢰하는 것입니다.

무엇을 신뢰해야 하는가

신뢰라는 측면에 대해 좀 더 깊이 생각할 때 '도대체 누구를 어떻게 신뢰할 것인가?'라는 질문이 따라오는데, 이는 결코 쉬운 질문이 아닙니다. 평생을 기독교 신앙을 갖고 사는 사람들도 신앙이 무엇이냐는 질문에 곧바로 대답하기가 쉽지 않습니다.

제가 여러 고민의 과정들을 거쳐 현재로서 받아들인 신앙의 정의는 이것입니다. "그리스도인의 신앙이란, 하나님이 신실하신 분이라는 사실을 믿는 것이다." 종교적 색채를 빼고 말하면 다음과 같습니다. "그리스도인의 신앙이란, 하나님이 약속을 지키시는 분이라는 사실을 믿는 것이다." 이게 무슨 말일까요? 하나님이 지금까지 약속을 지켜 오셨고, 지금도 지키고 계시고, 앞으로도 지키실 분임을 신뢰한다는 뜻입니다.

성경은 이런 신뢰를 항상 가질 것을 재촉합니다. 반면에 성경은 믿음 A를 재촉하지 않습니다. 믿음 A에 대해서는 그와 반대인 경우도 많습니다. 오히려 하나님은 자신의 존재에 대한 증거를 보이길 좋아하는 분처럼 보입니다. 그래서 요한복음 20장이나 고린도전서 15장은 그리스도의 부활을 신앙의 증거라는 식으로 표현하는 것입니다. 기드온이 표징을 보여 달라고 요청할 때, 하나님은 두 번이나 보여주셨습니다(사 6:17-40). 하나님은 신의 존재를 입증하는 대결에서도 엘리야 앞에 불을 떨어뜨려 주시는 분입니다(왕상 18:20-40).

그렇다면 성경이 말하는 신뢰는 무엇일까요? 하나님의 존재와 그분이 하신 일들의 진위 여부를 일단 믿게 된 사람들은 이제 그분과의 관계 안에 들어왔습니다. 이 관계는 아버지와 자녀의 관계입니다. 그때부터 자녀들에게는 아버지의 '신실하신 성품'에 대한 다소 맹목적으로 보이는 믿음이 요구됩니다. 그러나 이 믿음은 사실 맹목이 아니라 자연스러운 의리입니다.

세상에는 사람의 눈으로 보기에 너무나 이해가 되지 않는 일들이 널려 있습니다. 그 와중에 이렇게 말하고 싶은 충동이 듭니다. "내가 신을 해도 이보다는 잘하겠다."

이것이 인간의 교만함입니다. 아마도 아담 또한 선악과를 따서 먹을 때 이와 비슷한 생각을 했을 것입니다. 톰라이트의 표현에 따르면, 인간의 본성은 하나님에게 "당신은 신으로서 낙제 점수를 받아 마땅하다"고 윽박지르고 싶어 합니다.[2] 이처럼 하나님을 불신하고 모든 책임을 떠넘기는 것은 인간의 자연스러운 본능입니다. 심지어 무신론자인데도 일이 잘 안 풀렸을 때 신의 탓으로 돌리는 사람들을 어렵지 않게 찾아볼 수 있습니다.

하나님을 신뢰한다는 것은 결코 쉬운 일이 아닙니다. 모든 어려움과 부조리 가운데서도 그분의 신실하심을 잠잠히 믿는 것이 바로 성경이 말하는 신뢰이기 때문입니다. 이해할 수 없는 사건들이 벌어지거나 세상에서 정의가 모두 사라진 것 같더라도, 그분이 여전히 큰 그림을 그리고 계시다고 믿는 것입니다. 그리고 그 증거로 자신의 아들을 보내서 죽음에 이르게 하기까지 희생시키셨음을 믿는 것입니다.

성경은 하나님이 의로우신 분이라고 말합니다. 이 표현에 대해서도 한 가지 팁을 말하자면, 신약성경에서 의라는 단어가 나올 때마다 의리로 바꿔서 읽으면 이해가 쉽습니다. 문장의 뉘앙스가 완전히 새롭게 와 닿게 될 것입니다. 물론 성경에 나오는 의라는 단어가 의리와 정확히 매치되지는 않습니다. 하지만 하나님의 의라고 하면 하나님이 선하고 도덕적이라는 뜻만 내포하고 있는 것처럼 보이기에, 이 또한 성경이 표현하고자 하는 바를 정확히 전달하지는 못하는 것 같습니다. 인간과의 관계 내에서 약속을 성실하게 이루시는 하나님의 의를 이해하고자 한다면, 의리라는 개념이 어느 정도 도움이 될 것입니다. 그분은 수천 년 전의 약속도 무조건 지키시는 분입니다. 다시 말해, 우리도 하나님께 의리를 지켜야 하는 것이 도리라는 것입니다.

아브라함의 믿음

성경에서 대표적인 믿음의 사람을 꼽자면 아브라함을 떠올릴 수 있습니다. 아브라함은 자신의 아들 이삭을 바치라고 말씀하시는 하나님께 분노를 표출하지 않았습니다. 오히려 그분의 신실하심을 믿었습니다. 여기서 신실하심도 약속을 지키신다는 말로 바꿔서 읽으면 이해가 쉽습니다. 아브라함은 하나님이 약속을 지키실 것이라는 사실을 믿었습니다. 그 약속은 바로 아브라함의 자식을 통해 별과 같이 많은 자손들의 조상이 되게 하시겠다는 약속입니다(창

22:17). 그리고 그 자식이 바로 이삭입니다.

하나님이 아브라함의 믿음을 시험하셨다는 말은(창 22:1), 아브라함이 이삭보다 자신을 좋아하는지 검증하겠다는 의미가 아닙니다. 한번 약속하신 것은 무슨 대가를 치러서라도 지키시는 하나님의 성품을 과연 아브라함이 얼마나 알고 있는지 테스트하신 것입니다. 자식을 바치라는 명령은 믿음의 조상이 될 자격 테스트임을 감안해도 꽤나 험난한 시험이었습니다. 그럼에도 아브라함은 이 험난한 시험을 통과하였습니다.

아브라함이 하나님으로부터 들은 요구는 분명 비합리적입니다. 백 살에 어렵게 낳은 자식을 죽이라는 것입니다. 당황스러운 나머지 이게 뭔가 싶었을 것입니다. 하지만 아브라함은 이렇게 생각했습니다. "이삭이 없으면 어떻게 되지? 하나님이 나와의 약속을 못 지키시지 않나. 그런데 하나님은 무조건 약속을 지키는 분인데?"

아브라함이 이 사실을 얼마만큼 믿었는가 하면, 하다못해 자기가 이삭을 죽이면 하나님이 부활시켜서 약속을 지키실 것이라는 확신을 가지고 있었습니다(히 11: 17-19). 이러한 진술과 아브라함의 믿음을 의로 여기셨다는 로마서의 진술을 종합해 보면(롬 4:13-22), 하나님은 그의 믿음을 마치 신약의 백성들이 그리스도의 부활을 믿은 것과 같은 믿음으로 여기신 것 같습니다. 따라서 바울은 그리스도의 부활을 믿는 우리 모두도 아브라함처럼 의롭다는 인정을 받게 될 것이라는 결론을 내립니다(롬 4: 24-25).

하나님은 아브라함과의 약속을 지키셨습니다. 그분이 아브라함에게 허락하신 별과 같이 많은 자손들은 결국 하나님의 신실하심을 믿는 그리스도인들을 뜻합니다. 이 약속은 아브라함의 아들인 이삭의 간접 부활을 통해 실재가 되었고, 하나님의 아들인 예수님의 직접 부활을 통해서 완성되었습니다. "그런즉 믿음으로 말미암은 자들은 아브라함의 자손인 줄 알지어다"(갈 3:7).

결론: 지금 우리가 믿는 것

그렇다면 이것이 지금 우리와 무슨 상관이 있을까요? 21세기의 그리스도인이 믿는 내용도 거의 비슷합니다. 예수를 믿는다는 건 다음의 내용을 믿고 살아가는 것입니다. 하나님은 아브라함, 모세, 다윗, 그리고 수많은 선지자들에 걸쳐서 약속하신 모든 내용을 자신의 아들인 예수의 십자가와 부활을 통해 지키셨습니다. 이를 통해 세상에는 새 창조가 시작되었고, 허무에서 벗어난 새로운 방식의 삶이 가능해졌습니다.

하나님은 세상의 마지막 날에 있을 그리스도의 재림을 통해 마침내 완전히 공의로운 하나님의 나라를 이 땅에 완성시키실 것입니다. 그렇게 약속의 화룡점정을 찍으실 것입니다. 그날에 우는 자들의 눈물이 닦이고, 억울하고 원통한 자들의 마음이 위로받을 것입니다. 이것이 그리스도인이 믿어야 할 구원의 내용입니다.

진정으로 예수님을 믿고 하나님의 의리를 믿는 사람들은 자신들도 의리가 넘칩니다. 하나님에게도, 이웃들에게도 의리 있는 사람이 됩니다. 하나님이나 이웃들과 충분한 신뢰를 주고받을 수 있는 사람들, 이들은 믿음 좋은 사람들입니다. 하나님의 약속이 완전히 완성될 날을 손에 잡힐 듯이 기다리기 사람은 마음속으로 항상 이렇게 외치면서 살아갑니다. "마라나타, 아멘. 주 예수여, 오시옵소서!"

하나님에 대한 믿음의 정의가
다른 사람과 달라서 곤란했던 적이 있나요?
만일 그렇다면, 구체적으로 나누어 봅시다.

_____

_____

_____

_____

일이 잘 풀리지 않거나 기도를 듣지 않으시는 것 같은 순간에도
계속해서 하나님을 신뢰할 수 있을까요?
만일 그렇다면,
무엇이 우리로 하여금 그분을 신뢰할 수 있게 하나요?

_____

_____

_____

재림 혹은 하나님 나라의 완성을
진정으로 기대하고 있나요?

_____

_____

_____

_____

_____

에필로그

당신의 의심은 이웃을 위한 것입니다

SNS 사역자 자격으로 「교회오빠」라는 영화의 시사회에 초대받은 적이 있습니다. 암투병의 고통 앞에서도 믿음을 지켜내는 이관희 집사의 모습을 담은 다큐멘터리 영화였습니다. 이 영화의 초반부에 등장하는 그의 모습은 항상 신앙의 정답을 말하는 신앙인이었습니다. 암 세포에도 주님의 깊은 뜻이 있음을 믿어 의심치 않는 경이로운 모습이었습니다. 그러나 고통을 호소하거나 하나님께 원망하는 아내를 꾸짖는 모습은 다소 이질적으로 느껴졌습니다.

그러나 영화의 후반부에 들어서자 그는 조금 다른 모습을 보입니다. 죽음의 문턱 앞에서 하나님이 느껴지지 않는다고 솔직하게 고백한 것입니다. 마치 예수님이 하나님과의 단절을 겪으셨듯이, 자신도 죽음 앞에서 하나님이 느껴지지 않아서 고통스럽다는 호소였습니다. 그럼에도 결국 끝까지 하나님에 대한 신뢰를 놓지 않고 죽음을 맞이했습니다.

저는 입장 전에 눈물을 닦으라고 나누어 준 티슈를

영화가 거의 끝날 즈음에 사용했습니다. 하나님이 느껴지지 않는다고 호소하던 이관희 집사의 모습에서 겟세마네의 예수님이 보였기 때문입니다. 만일 하실 수만 있다면 이 고난을 자신에게서 지나가게 해달라는 예수님의 인간적인 모습이 신앙인들을 여러 감정에 사로잡히게 하듯,(마 26:39) 그의 마지막 분투에서도 많은 도전과 감동을 받을 수 있었습니다. 아무리 하나님이 느껴지지 않을 때라도 신앙을 버리지 않겠다는 개인적인 결단까지 드리게 되었습니다.

신앙의 내용만 놓고 보면 그가 초반부에 보인 모습이 더 훌륭해 보일지도 모릅니다. 하지만 굳건한 신앙보다 흔들리는 신앙이 보다 강한 호소력을 지닐 때가 많습니다. 흔들려도 포기하지 않는 모습에는 강한 확신과 함께 겸손한 인간성이 묻어 있기 때문입니다. 이 두 성질의 완벽한 조합이 바로 우리가 섬기는 예수님의 인격이었습니다.

이 길만이 확실하니 무조건 믿으라는 엄포보다는, 나도 흔들리지만 그럼에도 예수님을 포기할 수 없다는 고백이 더 강합니다. 저도 신앙이 흔들리던 시기에 가장 많은 선교의 열매를 마주했습니다. 그러므로 신앙에 회의가 찾아왔다고 자포자기할 필요가 없습니다. 오히려 하나님은 우리의 약함을 복음을 전할 기회로 바꾸실지도 모릅니다.

그러나 또 다른 문제가 있습니다. 의심을 통과하며 신앙이 굳건해지더라도, 한번 식은 마음을 되돌려 놓기가 어렵다는 것입니다. "첫사랑을 회복하라", "처음 믿었을 때의 열정을 회복하라." 교회는 계속해서 뜨거운 상태로 되돌아가라고 가르칩니다. 이런 메시지는 여러 가지 이유로 이전의 감정적 뜨거움을 회복하지 못하고 있는 이들에게 죄책감을 심어 줍니다.

하지만 뜨거운 감정만이 그리스도인이 지닐 수 있는 최선의 모습이라는 생각은 선입견입니다. 성경은 그리스도와 성도의 관계가 부부의 관계와 같다고 가르치고 있습니다. 부부가 된 지 수십 년이 지났는데도 연애 초기의 뜨거움을 지니고 있으면 그게 더 이상한 일 아닐까요?

신앙의 연차가 오래된 성도들은 이미 신앙적 뜨거움을 누릴 시기가 지나갔을지도 모릅니다. 문득 찾아오는 뜨거움이 단비처럼 느껴지지만, 첫 회심 때 지속적으로 타오르던 신앙의 불꽃은 다시 돌아오기가 어렵습니다. 우선은 이를 인정하고 받아들여야 합니다. 만일 아쉬운 마음에 감정적 격정을 선사하는 특별한 집회나 단체만 찾아다니게 된다면, 우리의 신앙은 밑 빠진 물독과 같이 되고 말 것입니다.

그렇다면 왜 하나님은 성숙한 그리스도인들에게 지속적인 뜨거움을 허락하지 않으시는 것일까요? 그것은 다른 이들이 뜨거운 경험을 누릴 수 있도록 양보하는 사람들로 세우시기 위함입니다. 분명 감정적 뜨거움은 우리에게 귀중한 경험을 선사합니다. 하지만 신앙생활이 쌓이다 보면 너무 뜨거운 상태로는 감당할 수 없는 일들을 만나게 됩니다.

현실적인 예를 들어 보겠습니다. 어떤 공동체의 목사님이나 장로님들이 막 회심한 20대 청년의 뜨거움을 지닌 채 교회를 운영한다고 가정합시다. 누군가 교회에서 큰 사고를 쳐서 치리를 해야 하는데, 그저 불쌍히 여겨 감싸 주려고만 합니다. 공정한 판단을 촉구하는 성도들에게 "예수님은 잃어버린 양 한 마리를 위해 99마리를 버리라고 하셨습니다. 일흔 번씩 일곱 번이라도 용서하라고 하셨습니다!"라고 말하며 격정적으로 반응한다고 생각해 보십시오. 혹은 교회의 예산을 배정해야 하는데, 어려운 지체의 소식을 듣고 마음이 불타올라서 모든 재정을 다 주기로 결정한다고 생각해 보십시오. 이 교회에는 얼마 지나지 않아 큰 문제가 발생할 것입니다.

교회도 사람이 모인 공동체라 분명히 일터와 비슷한 부분이 있습니다. 행정적인 일을 맡게 될수록 뜨거운 열정보다는 냉철한 머리가 절실해집니다. 특히 시간이 지날수록 나의 신앙적 고집과 열정이 공동체를 힘들게 할 수도 있다는 사실을 배워 갑니다. 타인이 누릴 뜨거움을 위해 내 머리를 차갑게 놔두는 희생을 감당할 시기가 오는 것입니다.

교회는 경력과 직책이 쌓일수록 주인공의 자리에서 멀어지는 특이한 단체입니다. 오히려 처음 와서 서툴고 아무것도 모르는 사람들이 가장 많은 스포트라이트를 받습니다. 이것이 교회의 본질이라는 것을 알면서도 때로는 서러울 때가 있습니다. 교회를 오래 다녀 본 이들이라면 대부분 이런 감정을 느껴 보았을 것 같습니다.

그렇다면 어떻게 해야 할까요? 최대한 멋있고 폼 나는 직분을 맡아서 자신을 주인공의 자리로 되돌려 놓을까요? 많은 사람들이 실제로 그와 같은 시도를 합니다. 그리고 심심치 않게 성공합니다. 사실 교회생활의 노하우가 쌓였다면 누구나 할 수 있는 일입니다. 그러나 여기에 무슨 의미가 있을까요? 교회의 주인공은 오직 한 분이어야 한다는 사실을 우리는 이미 잘 알고 있습니다.

신앙에 대한 회의와 의심으로 어려움을 겪고 있는 우리 시대 그리스도인들을 응원합니다. 당신의 의심은 이웃을 위한 것입니다. 우리는 의심을 통과하며 마침내 다른 고민하는 이들을 공감할 수 있게 되었습니다. 그리고 신앙이 없는 사람들과도 마음을 터놓고 대화할 수 있게 되었습니다. 의심 가운데서도 신앙을 잃지 않으려는 우리의 모습은 후배들에게 큰 영감을 줄 것입니다. 의심을 통과하며 차가워진 가슴은 우리를 새로운 섬김의 자리로 이끌 것입니다. 이 모든 것이 하나님의 계획 안에 있습니다.

우리는 지금 회의와 의심 없는 신앙이라는 이름의 알을 깨는 중입니다. 이 알을 깨고 나면 우리에게 날개가 생겼다는 사실을 깨닫게 될 것입니다. 하지만 이것은 홀로 날기 위한 날개가 아닙니다. 오히려 우리를 위해 하늘의 모든 것을 버리고 내려오신 예수님의 날개입니다. 이 땅 위에 힘들어하는 주위 사람들을 덮어 주십시오. 그분께서 더 큰 날개로 언제나 우리를 보호하실 것입니다.

주

Q1. 그리스도인이 되려면 이전 생활을 모두 포기해야 할까?

1   여기서는 '신앙의 시작'과 '신앙생활의 시작'을 구분하려고 한다. 신앙생
    활이라는 표현에 교회 공동체에 출석하여 신앙을 가져 보려는 노력까
    지 포함시키겠다.

2   G. K. 체스터턴, 『G. K. 체스터턴의 정통』, 홍병룡 옮김(서울: 아바서원,
    2016), 170-171.

Q3. 그리스도인끼리 질투하지 않을 수 없을까?

1   르네 지라르, 『나는 사탄이 번개처럼 떨어지는 것을 본다』, 김진식 옮김
    (서울: 문학과지성사, 2004), 21.

Q4. 우울증을 기도로만 극복할 수 있을까?

1   이금숙, "우울증 환자 80%는 혼자 해결하려다 병 키워…우울증은 치료
    하면 좋아지는 병입니다", 「헬스조선」(2018년 2월). https://health.chosun.
    com/site/data/html_dir/2018/02/20/2018022002428.html.

2   OECD Health Statistics 2015, http://dx.doi.org/10.1787/health-data-
    en.

3   C. S. 루이스, 『피고석의하나님』, 홍종락 옮김(서울: 홍성사, 2011), 93-94.

4   Andrew B. Newberg, et al., *Why God Won't Go Away: Brain Science and
    the Biology of Belief* (New York, NY: Ballantine Books, 2002). (『신은 왜 우리 곁을
    떠나지 않는가』 한울림)

5   이 연구의 논문은 2014년에 『미국의학협회저널 정신의학』(*JAMA*

Psychiatry)에 실렸다. Lisa Miller, Ravi Bansal, Priya Wickramaratne, et al., Neuroanatomical Correlates of Religiosity and Spirituality: A Study in Adults at High and Low Familial Risk for Depression. JAMA Psychiatry. 2014;71(2):128?135, https://jamanetwork.com/journals/jamapsychiatry/fullarticle/1792140.

6 Cho, Seo-Eun, et al., "Geographical and Temporal Variations in the Prevalence of Mental Disorders in Suicide: Systematic Review and Meta-Analysis," Journal of Affective Disorders, vol. 190, 2016, 704?713, https://www.sciencedirect.com/science/article/abs/pii/S0165032715306832?via%3Dihub.

Q5. 주일성수가 우리의 신앙을 보장해 줄까?

1 이민규, 『신앙, 그 오해와 진실』(서울: 새물결플러스, 2014), 135.

Q6. 오직 은혜라면서 왜 율법도 지키라고 말할까?

1 디트리히 본회퍼, 『나를 따르라』(서울: 복 있는 사람, 2016), 9, 30.

2 제2성전기 문헌을 방대하게 조사한 E. P. 샌더스의 『바울과 팔레스타인 유대교』(서울: 알맹e, 2018) 출판 이후에 이러한 경향이 두드러진다. 샌더스는 1세기 유대교가 단순한 율법주의가 아니라 선택과 언약 안에 머무는 방편으로 율법을 중시하는 언약적 율법주의를 지녔다고 주장하는데, 이는 이후 바울에 대한 새관점에 영향을 주었다.

Q7. 대형 예배당 건축이 정말 하나님의 뜻일까?

1 권영진, 『성경, 오해에 답하다』(서울: 새물결플러스, 2015), 242-243.

2 알리스터 맥그래스, 『신학이란 무엇인가』, 김기철 옮김(서울: 복 있는 사람, 2014), 930.

3 존 H. 월튼, 『아담과 하와의 잃어버린 세계』, 김광남 옮김(서울: 새물결플러스, 2018), 85.

4 피터 엔즈, 『성육신의 관점에서 본 성경 영감설』, 김구원 옮김(서울: CLC, 2006), 115.

5 같은 책, 116.

6 브루스 C. 버치 외, 『신학의 렌즈로 본 구약개관』, 차준희 옮김(서울: 새물결플러스, 2016), 618.

7 같은 책, 602-603.

8 D. S. 러셀, 『신구약 중간시대』, 임태수 옮김(서울: 컨콜디아사, 1977), 47-48.

Q8. 예수천국 불신지옥은 최선의 전도일까?

1 리처드 도킨스의 『만들어진 신』(파주: 김영사, 2007)에 대한 비판은 알리스터 맥그래스의 『도킨스의 망상』(파주: 살림, 2008) 혹은 윌리엄 레인 크레이그의 『복음주의 변증학』(서울: CLC, 2019)에서 찾아볼 수 있다.

2 "특집토론: 한국 기독교, 세상과 어떻게 대화할 것인가?", CBS TV(2007년 9월 24일).

3 알리스터 맥그래스, 『알리스터 맥그래스의 기독교 변증』, 전의우 옮김 (서울: 국제제자훈련원, 2014), 36.

Q9. 성경 속 기적들이 실제로 일어날 수 있을까?

1 C. S. 루이스, 『피고석의 하나님』, 홍종락 옮김(서울: 홍성사, 2011), 83-84.

2 "What Did Resurrection Mean in the First Century? N. T. Wright Explains," The Veritas Forum (Nov. 9, 2010), www.youtube.com/watch?v=zVhgAiGihoA.

3 프랜시스 S. 콜린스, 『신의 언어』, 이창신 옮김(파주: 김영사, 2009), 59.

4 리처드 도킨스, 『리처드 도킨스 자서전 2』, 김명남 옮김(파주: 김영사, 2016), 275-276.

5 프랜시스 S. 콜린스, 『신의 언어』, 58.

6 같은 책, 59.

7 C. S. 루이스, 『피고석의 하나님』, 15.

8 William Lane Craig, *Reasonable Faith: Christian Truth and Apologetics* (Wheaton, IL: Crossway, 2008), 270.

9 같은 책, 271.

10 John Earman, *Hume's Abject Failure: The Argument Against Miracles* (New York: Oxford University Press, 2000), 25. "이러한 장치(베이즈 정리)를 통해 기적에 반대하는 흄의 논증을 비판하는 것이 정당할까? 나의 답은 '전적으로 그렇다'이다"(저자 번역).

11 폴 코판, 『카페에서 하나님께 묻다』, 홍병룡 옮김(서울: 새물결플러스, 2016), 83.

12 C. S. 루이스, 『피고석의 하나님』, 20.

13 같은 책, 24.

14 같은 책, 26.

Q10. 성경은 차별과 노예제를 지지할까?

1 크리스토퍼 라이트, 『크리스토퍼 라이트, 성경의 핵심 난제들에 답하

다』, 전성민 옮김(서울: 새물결플러스, 2013), 134.

2　존 바턴, 『온 세상을 위한 구약 윤리』, 전성민 옮김(서울: IVP, 2017), 77.

3　톰 라이트, 『성경과 하나님의 권위』, 박장훈 옮김(서울: IVP, 2011), 306-307.

4.　박종수, "구약성서에 나타난 간음죄와 그 배경", 『신학논문총서: 구약신
　　학 26권』(서울: 학술정보자료사, 2004), 1-29.

5　같은 논문.

6.　오경준, 『우리가 알고 있는 것들 성경에는 없다』(서울: 홍성사, 2004), 260.

7　같은 책, 262-263.

8　존 워윅 몽고메리가 『세상이 묻고 진리가 답하다』(서울: IVP, 2011)에 기
　　고한 에세이에서 자신의 책 *Tractatus Logico-Theologicus*, 4thed. (Bonn,
　　Germany: Verlagfuer Kultur and Wissenschaft, 2009)을 인용한 것을 재인용함.

9　존 바턴, 『온 세상을 위한 구약 윤리』, 145.

10　같은 책, 143.

11　조던 B. 피터슨, 『12가지 인생의 법칙』, 강주헌 옮김(서울: 메이븐, 2018), 271.

12　개체주의(Personalism)는 개체(개인)가 궁극적인 실체라고 믿는 입장이다.
　　현실은 개체로 되어 있어 오직 개별적인 것(혹은 개인)만이 진실이라고
　　말한다. 고대 원자론, 중세 유명론, 근대 라이프니츠의 단자론 등이 이에
　　속한다. 이후 유럽과 미국에서 가톨릭의 신학 사상과 결합하여 크게 발
　　전하였다.

13　"Steven Pinker vs Nick Spencer·Have Science, Reason and Humanism
　　Replaced Faith?," The Big Conversation, ChristainRadio and Templeton
　　Religion Trust (June 22, 2018), www.youtube.com/watch?v=Ssf5XN5o9q4.

14　Timothy Keller, "Humble Cultural Engagement," A Faith and
　　Work Conference (Nov. 4-5, 2011), https://www.youtube.com/
　　watch?v=xMgsZKzZp-g.

15　톰 홀랜드, 『도미니언』, 이종인 옮김(서울: 책과함께, 2020), 22.

16　같은 책, 33.

Q11. 복음을 들어 볼 기회가 없었던 사람들은 지옥에 갈까?

1　C. S. 루이스, 『고통의 문제』, 이종태 옮김(서울: 홍성사, 2005), 37.

2.　피터 엔즈, 『성육신의 관점에서 본 성경 영감설』, 김구원 옮김(서울: CLC,
　　2006), 153-154.

3.　C. S. 루이스, 『영광의 무게』, 홍종락 옮김(서울: 홍성사, 2008), 138.

4　레슬리 뉴비긴, 『다원주의 사회에서의 복음』, 허성식 옮김(서울: IVP,
　　1998), 15.

5. 제임스 K. A. 스미스, 『누가 포스트모더니즘을 두려워하는가?』, 박삼종, 배성민 옮김(파주: 살림, 2009).

6 팀 켈러, 『답이 되는 기독교』, 윤종석 옮김(서울: 두란노, 2018), 287에서 재인용.

7 Karl R. Popper, *The Open Society and Its Enemies* (Princeton, NJ: Princeton University Press, 2013), 581. (『열린사회와 그 적들』 민음사)

8 William James, *The Varieties of Religious Experience* (New York: Oxford University Press, 2012), 32. (『종교적 경험의 다양성』 한길사)

9 샘 스톰스, 『터프 토픽스』, 장혜영 옮김(서울: 새물결플러스, 2016), 171-172.

10 C. S. 루이스, 『순전한 기독교』, 장경철·이종태 옮김(서울: 홍성사, 2005), 102.

11 "William Lane Craig Q&A: Is Jesus the Only Way to God?," Reasonable Faith with William Lane Craig, Drcraigvideos (Sept. 25, 2013), www.youtube.com/watch?v=a82G0UdfHZ8.

Q12. 그리스도인은 동성애를 특별한 죄로 여겨야 할까?

1 John Boswell, *Christianity, Social Tolerance, and Homosexuality: Gay People in Western Europe from the Beginning of the Christian Era to the Fourteenth Century* (Chicago: University of Chicago Press, 1981).

2 Tim Keller, "What Do Christians Have against Homosexuality? Tim Keller at Veritas [8 of 11]," The Veritas Forum (Nov. 30, 2011), www.youtube.com/watch?v=IZFCB9sduxQ.

3 정치적 올바름(Political Correctness, PC)은 말의 표현이나 용어의 사용에서 인종, 민족, 언어, 종교, 성차별 등의 편견이 포함되지 않도록 하자는 주장을 나타낼 때 쓰는 말이다. 특히 다민족국가인 미국 등에서 정치적인 관점에서 차별과 편견을 없애는 것이 올바르다고 하는 의미에서 사용하게 되었다. 이후 극단주의자들의 등장과 더불어 표현의 자유나 역차별 문제를 제기하는 사람들이 생겨났다.

4 르네 지라르, 『나는 사탄이 번개처럼 떨어지는 것을 본다』, 김진식 옮김(서울: 문학과지성사, 2004), 51.

Q13. 예수님이 이 땅에 오신 게 나와 무슨 상관일까?

1 몇 가지 예를 들면, 한나 아렌트의 악의 평범성에 대한 보고는 평범한 시민들도 비판적인 사고를 잃으면 언제든 홀로코스트와 같은 거대한 악의 톱니바퀴가 될 수 있다는 점을 보여주며, 밀그램의 복종 실험 또한

평범한 사람이 권위에 복종하기 위해 타인에게 어디까지 고통을 줄 수 있는지를 보여준다. 비록 밀그램 실험 자체는 어느 정도 연출된 면이 있다는 의혹을 받고 있지만, 후속 사례들은 여전히 이 실험의 의의가 유효함을 보여주고 있다. 또한, 우리에게 잘 알려진 알렉산드르 솔제니친의 『수용소 군도』(서울: 열린책들, 2009)는 권력 아래에서 인간성을 잃어버린 이들의 모습을 생생하게 전하고 있다. 그가 그리는 전체주의 사회의 모습은 끔찍하다 못해 재앙과도 같다. 마지막으로, 랭던 길키의 『산둥 수용소』(서울: 새물결플러스, 2014)가 보여주는 보고는 인류 사회의 축소판이라 볼 수 있는 수용소의 작은 사회 안에서 사람들이 도덕성을 잃어버린 모습을 적나라하게 보여준다.

2   C. S. 루이스, 『실낙원 서문』, 홍종락 옮김(서울: 홍성사, 2015), 177-178.

3   플라톤, 『국가』, 조우현 옮김(서울: 올재, 2013), 316-319.

4   C. S. 루이스, 『피고석의 하나님』, 홍종락 옮김(서울: 홍성사, 2011), 329.

5   팀 켈러, 『팀 켈러의 일과 영성』, 최종훈 옮김(서울: 두란노, 2018), 271.

Q14. 과학과 철학의 발전이 신을 죽였을까?

1   프리드리히 니체, 『즐거운 학문·메시나에서의 원전시·유고』, 안성찬·홍사현 옮김(서울: 책세상, 2005), 125.

2   스티븐 호킹 외, 『위대한 설계』, 전대호 옮김(서울: 까치, 2010), 9.

3   C. Stephen Evans, *Why Christian Faith Still Makes Sense: A Response to Contemporary Challenges* (Grand Rapids, MI: Baker Academic, 2015), 23.

4   프랜시스 S. 콜린스, 『신의 언어』, 이창신 옮김(파주: 김영사, 2009), 170.

5   "신이 지금의 인간을 만들었다는 결정적인 증거", 1분과학(2017.3.3), https://www.youtube.com/watch?v=bQ-sJxuJ5R8.

6   Friedrich Nietzsche, *Twilight of the Idols and the Anti-Christ* (New York: Penguin Classics, 1990), 40.

7   앨빈 플랜팅가, 『신과 타자의 정신들』, 이태하 옮김(파주: 살림, 2004), 286.

8   다음 책들을 참조하라. 알베르 카뮈, 『이방인』, 김화영 옮김(서울: 민음사, 2011); 『페스트』, 김화영 옮김(서울: 민음사, 2011), 장 폴 사르트르, 『구토』, 방곤 옮김(서울: 문예출판사, 1999); 『벽』, 김희영 옮김(서울: 문학과지성사, 2005).

9   사뮈엘 베케트, 『고도를 기다리며』, 오증자 옮김(서울: 민음사, 2000), 158.

Q15. 신의 존재를 믿을 만한 근거들이 있을까?

1   William Lane Craig, "The Revolution in Anglo-American Philosophy,"

Reasonable Faith with William Lane Craig, https://www.reasonablefaith.
org/writings/popular-writings/apologetics/the-revolution-in-anglo-
american-philosophy.

2   같은 아티클.

3   프랜시스 콜린스의 대표적인 저서로는 다음을 보라. 프랜시스. S. 콜린
스, 『신의 언어』 이창신 옮김(파주: 김영사, 2009); 『믿음』, 김일우 옮김(서울:
상상북스, 2011).

4   박승찬, "중세 시대 신 존재 증명의 전제와 유효성", 『가톨릭철학 32권』
(부천: 한국가톨릭철학회, 2019), 101-138.

5   알리스터 맥그래스, 『알리스터 맥그래스의 기독교 변증』, 전의우 옮김
(서울: 국제제자훈련원, 2014), 160.

6   르네 데카르트, 『방법서설』, 김형효 옮김(서울: 올재, 2014), 17.

7   박승찬, "중세 시대 신 존재 증명의 전제와 유효성", 101-138.

8   "In the Beginning: In Conversation with Paul Davies and Philip Adams,"
The Big Questions (January 17, 2002), http://www.abc.net.au/science/
bigquestions/s460625.htm.

9   스티븐 호킹·레오나르드 플로디노프, 『위대한 설계』, 전대호 옮김(서울:
까치, 2010), 227-228.

10 존 C. 레녹스, 『빅뱅인가 창조인가』, 원수영 옮김(고양: 프리윌, 2013), 53.

11 같은 책, 55.

12 낸시 피어시 외, 『기독교를 위한 변론』, 박찬호 옮김(서울: 새물결플러스,
2016), 26.

13 리처드 도킨스, 『만들어진 신』, 이한음 옮김(파주: 김영사, 2007), 245.

14 윌리엄 레인 크레이그, 『복음주의 변증학』, 오성민 외 옮김(서울: CLC,
2019), 170.

15 같은 책, 171.

16 C. S. 루이스, 『순전한 기독교』, 장경철·이종태 옮김(서울: 홍성사, 2005),
26.

17 윌리엄 레인 크레이그, 『복음주의 변증학』, 178.

18 프리드리히 니체, 『선악의 저편·도덕의 계보』, 김정현 옮김(서울: 책세상,
2002), 446-447.

19 박홍규, 『반민주적인, 너무나 반민주적인』(서울: 필맥, 2008), 237-238.

20 플라톤, 『국가』, 조우현 옮김(서울: 올재, 2013), 36.

21 팀 켈러, 『팀 켈러의 답이 되는 기독교』, 윤종석 옮김(서울: 두란노, 2018),
256-257.

22 C. S. 루이스, 『순전한 기독교』, 35-36.

23 C. S. 루이스, 『순전한 기독교』, 장경철·이종태 옮김(서울: 홍성사, 2005); 윌리엄 레인 크레이그, 『복음주의 변증학』, 오성민 외 옮김(서울: CLC, 2019); 알리스터 맥그래스, 『우주의 의미를 찾아서』, 박규태 옮김(서울: 새물결플러스, 2013); 앨빈 플랜팅가, 『지식과 믿음』, 박규태 옮김(서울: IVP, 2019); 팀 켈러, 『팀 켈러, 하나님을 말하다』, 최종훈 옮김(서울: 두란노, 2017).

Q16. 하나님을 믿는다는 것은 무슨 뜻일까?

1 C. S. 루이스, 『세상의 마지막 밤』, 홍종락 옮김(서울: 홍성사, 2014), 21.

2 톰 라이트, 『이것이 복음이다』, 백지윤 옮김(서울: IVP, 2017), 194.